だるまんの陰陽五行

「木《もく》」の章 ココロの不思議を測るの巻

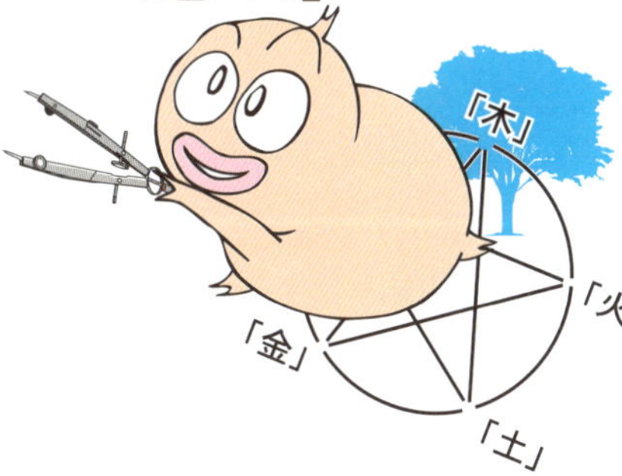

「木」の章　目次

まえがき

陰陽五行《いんようごぎょう》は東洋哲学はもちろん、医学や日常の習慣に至るまであらゆる事象の下敷きとなっている思想である。しかも、その範囲は「霊」などの「見えない世界」にまで及んでいる。先人の知識の集大成であるのに、今まで医学とか民俗学とかジャンルごとの解説書は多数あったが、全体を包み込むようなものがなかった。本シリーズはそれに挑んでいる。

本シリーズでは、第一巻「木《もく》」の章と第二巻「土《ど》」の章で主として、人文系の話題に哲学、宗教、心理学、神秘学的などをからめて取り上げ、第三巻「火《か》」の章と第四巻「金《きん》」の章で歴史、民俗学の話題を取り上げることにする。そして第五巻「水《すい》」の章と、全巻を通して自然科学と、東洋医学、そして「魂の進化」の考え方を取り上げる予定である。

たとえば「木《もく》」という五行の一要素がある。これは色なら青、年齢なら若さ、季節なら春、臓器なら肝臓の象徴になるのだが、普通にはなかなか「肝臓＝若さ＝青＝春」というつながりは思いつかない。しかし、そこでばかばかしいとは思わずにナゼなのかと考えてみると、確かに若い時期を「青春」と言うし、若さを得るために猿の肝《きも》をほしがる王様のおとぎ話もあることに気づく（本編第十四話）。そしてこれをもっと発展させていくと、「木《もく》」の欠点（悩み多く未熟である若者）を他の「土《ど》」という要素との関係で解消できる（本編第十七話参照）のではないかとも気づくことになる。このようにして社会的な問題から日常の個人的問題に至るまで五行を「ものさし」にして解決の糸口をつかんでいくことも可能になってくる……。

時代的にも今回のタイミングはベストのタイミングなのではないかと思う。アメリカ合衆国に黒人大統領の登場、経済界の激震、新型のインフルエンザウイルスなど、いままでの常識では通用しないような出来事が次々に起きている。これはやっと人類が新たな時代に入った証拠であり、まさに、新しい理性を持って我々をナビゲートする「だるまん」の登場にふさわしい時なのである。

陰陽五行を用いる事で、人体の事、歴史の事、そして我々の生きている時代も読み測ることができる事が、本書を通じてご理解いただけると思う。「陰陽五行」とは、それほどにすばらしいツールであるということも。

二〇〇九年　六月

堀内信隆

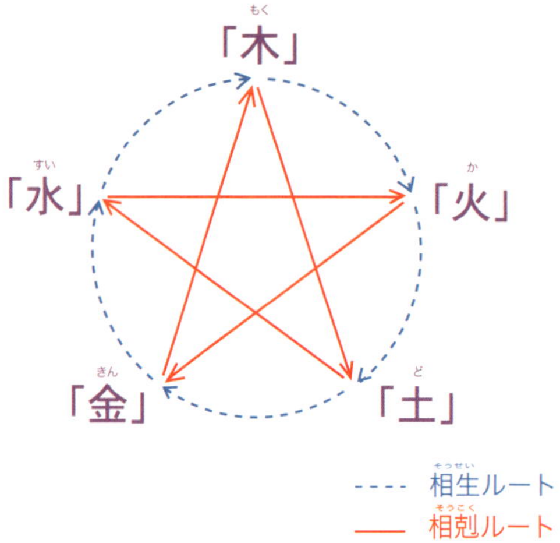

「木《もく》」
「火《か》」
「土《ど》」
「金《きん》」
「水《すい》」
相生《そうせい》ルート
相剋《そうこく》ルート

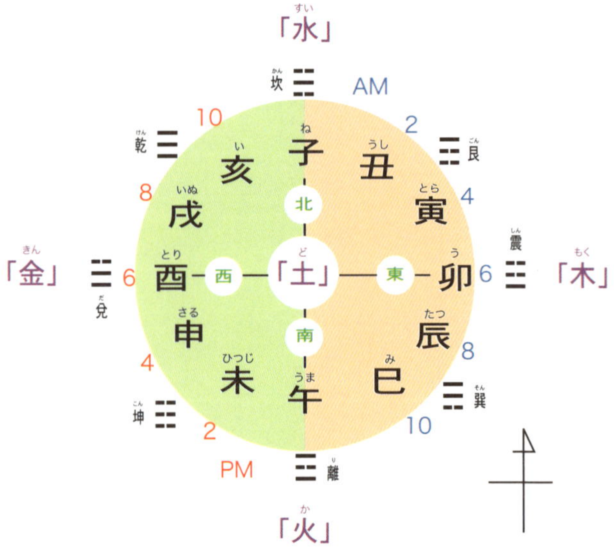

「水《すい》」
坎《かん》
AM
10
2
乾《けん》
艮《ごん》
子《ね》
亥《い》
丑《うし》
8
4
戌《いぬ》
寅《とら》
北
震《しん》
「金《きん》」
6
酉《とり》
西
「土《ど》」
東
卯《う》
6
「木《もく》」
兌《だ》
申《さる》
辰《たつ》
南
8
4
未《ひつじ》
午《うま》
巳《み》
坤《こん》
巽《そん》
2
10
PM
離《り》
「火《か》」

1 節

五《ご》行《ぎょう》とは何？

これは私の夢の物語である。
しかし夢とはいっても、それはある知性体の連続講演会と化していた。
この知性体を私は「だるまん」と呼んでいる。
だるまんは私に神秘の謎を解きあかしてくれる。
「人はどこから来てどこへ行くのか…」
本当に答えはあるのだろうか…？

01　だるまん登場

ひとが誰しも一度は思うこと…
なぜ、ここに生きているんだろう…
ボクが生きてることには何の意味があるんだろう…
ある人はこう言う
バカバカしい!
食うためだよ
またある人は…
意味は自分で作るものです
結局わからないし、「正解」はない。だが、
意味がわかればどんなにいいだろう…
そうなったならば…
いてっ
石かあ…
こんな時にも
今、ボクはこの石に出会った
何億、何兆個とある石のうちで、出会ったこの石とはどんな縁なのか?
おまえ…
バカじゃないの?
プ
ま、これは言い過ぎだとしても、外からわからない裏の意味が世界にはあるかもしれない…

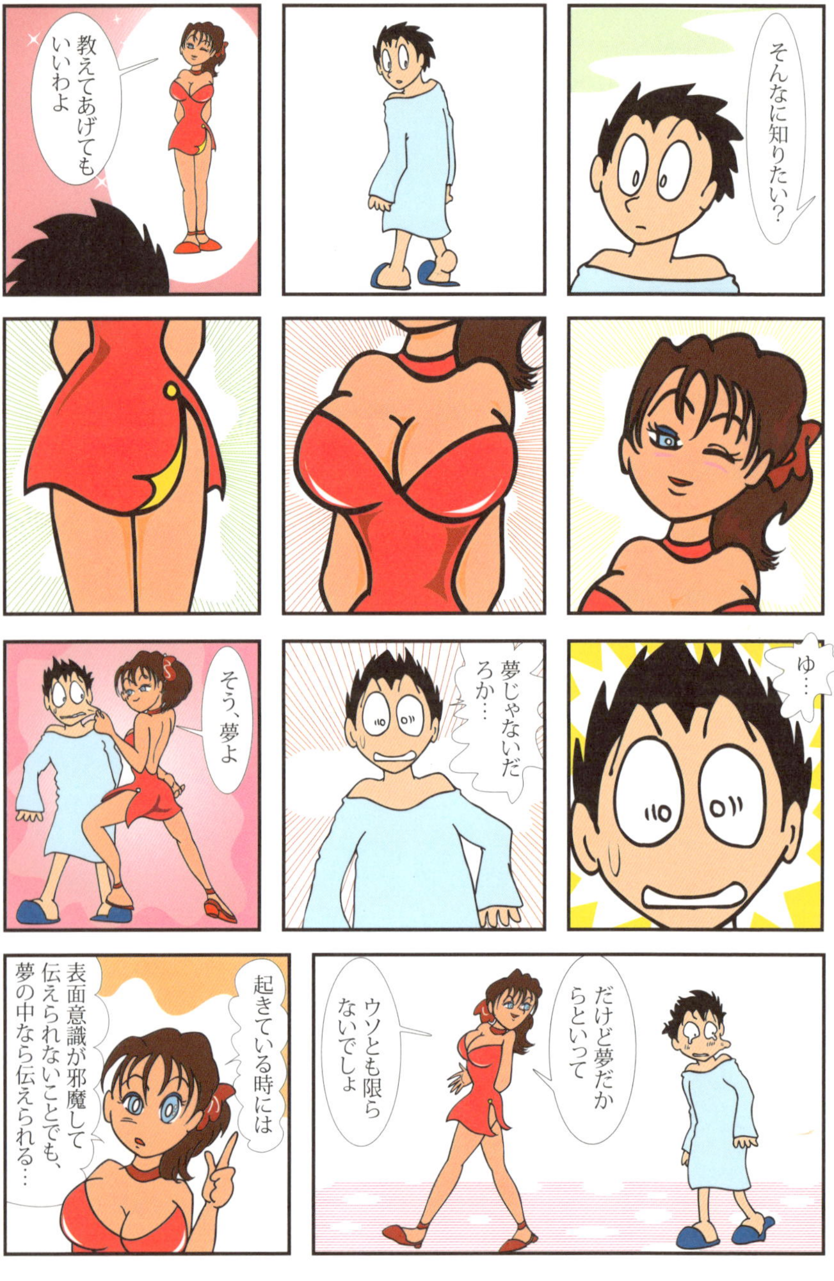
そんなに知りたい?
教えてあげてもいいわよ
ゆ…
夢じゃないだろか…
そう、夢よ
だけど夢だからといって
ウソとも限らないでしょ
起きている時には
表面意識が邪魔して伝えられないことでも、夢の中なら伝えられる…

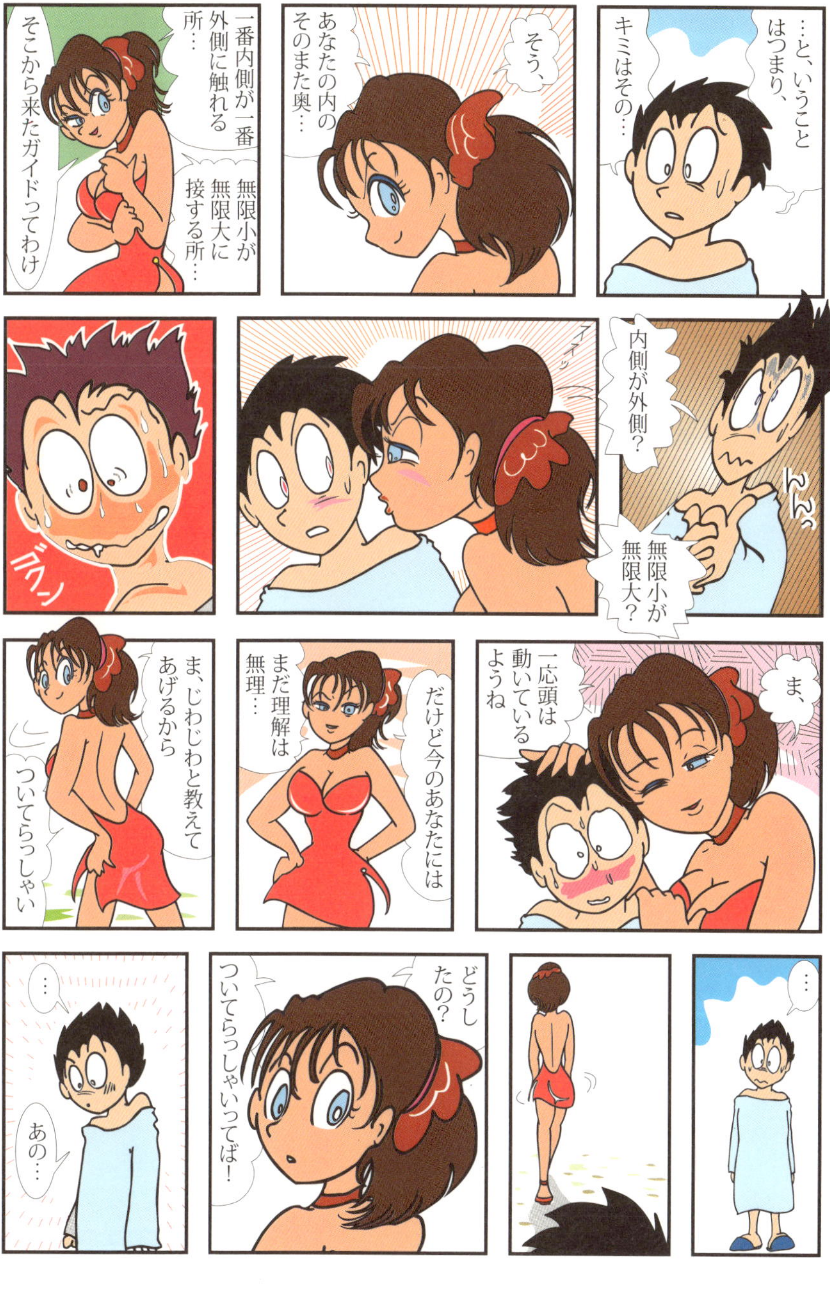
…と、いうことはつまり、
キミはその…
そう、
あなたの内のそのまた奥…
一番内側が一番外側に触れる所…
無限小が無限大に接する所…
そこから来たガイドってわけ
内側が外側?
んんっ
無限小が無限大?
ま、
一応頭は動いているようね
だけど今のあなたには
まだ理解は無理…
ま、じわじわと教えてあげるから
ついてらっしゃい
…
どうしたの?
ついてらっしゃいってば!
…
あの…

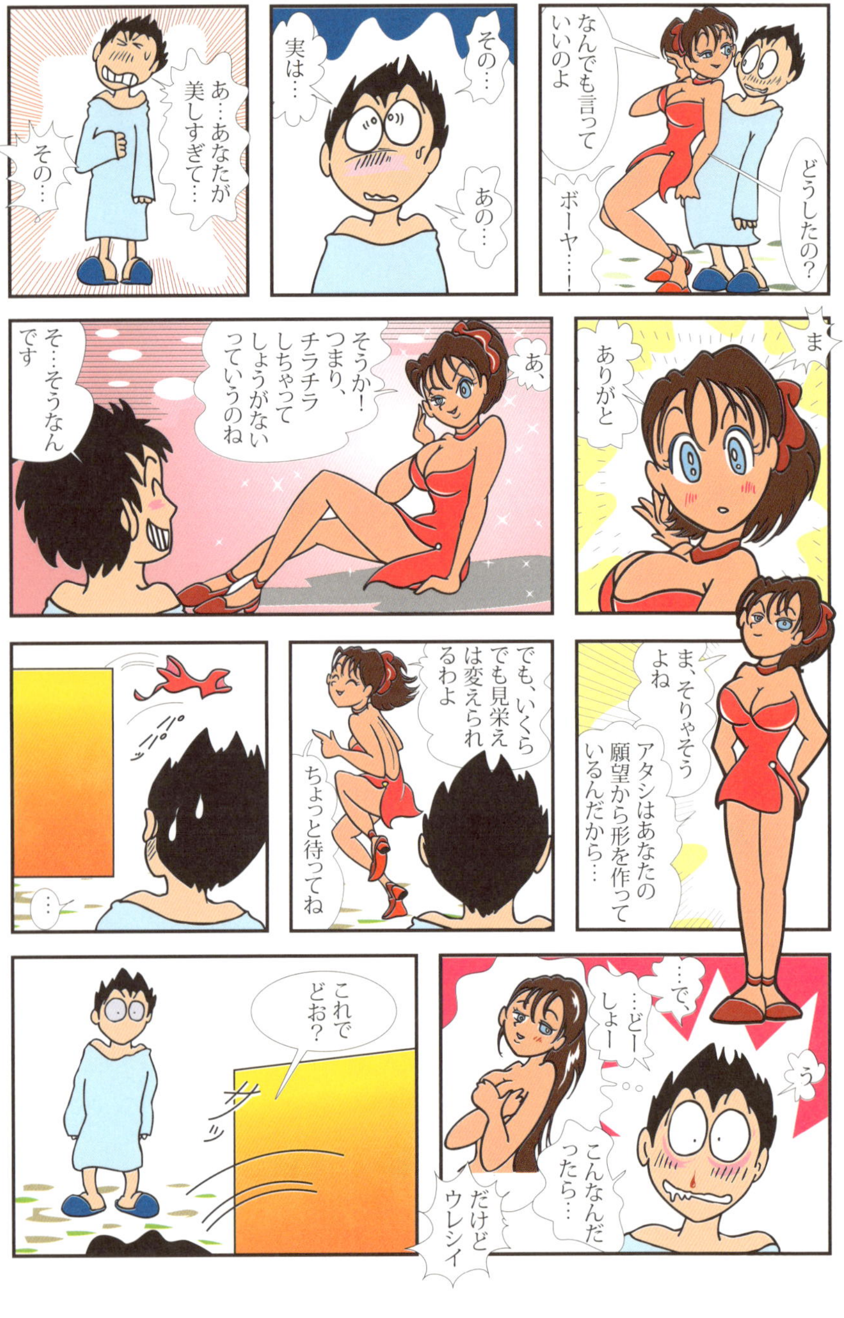
なんでも言っていいのよ
どうしたの?
ボーヤ…!
その…
実は…
あの…
あ…あなたが美しすぎて…
その…
ま
ありがと
あ、
そうか!つまり、チラチラしちゃってしょうがないっていうのね
そ…そうなんです
ま、そりゃそうよね
アタシはあなたの願望から形を作っているんだから…
でも、いくらでも見栄えは変えられるわよ
ちょっと待ってね
パパッ
…
…で、
…どーしょー
う
こんなんだったら…
だけどウレシイ
これでどお?
ガサッ

どんだ？
これならチラチラすないべ
そ
それはそうなんですが、その…
ダミか？
わがままだんべなあ
これならいいんでないかい？
サッ
ハ…
ハアア？
よオし
それならいっそのこと…
これだ！
え～？!?
これなら中性的だしチラチラもないだろ？
さあ！いくぞ！

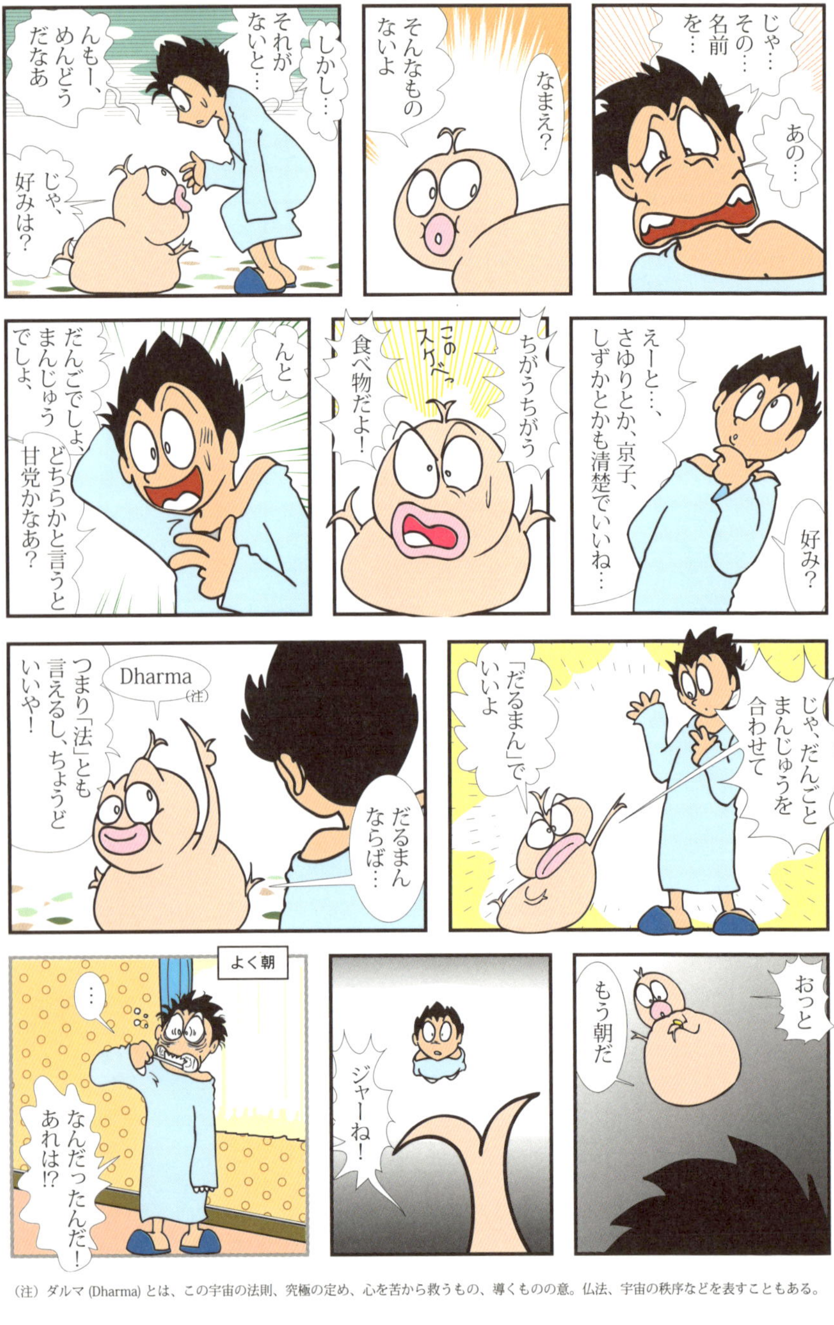
あの…
じゃ…その…名前を…
なまえ?
そんなものないよ
しかし…
それがないと…
んもー、めんどうだなあ
じゃ、好みは?
好み?
えーと…、さゆりとか、京子、しずかとかも清楚でいいね…
ちがうちがう
このスケベっ
食べ物だよ!
んと
だんごでしょ、まんじゅうでしょ、
どちらかと言うと甘党かなあ?
じゃ、だんごとまんじゅうを合わせて
「だるまん」でいいよ
だるまんならば…
Dharma(注)
つまり「法」とも言えるし、ちょうどいいや!
おっと
もう朝だ
ジャーね!
よく朝
…
なんだったんだ!あれは!?

（注）ダルマ (Dharma) とは、この宇宙の法則、究極の定め、心を苦から救うもの、導くものの意。仏法、宇宙の秩序などを表すこともある。

02　だるまん「五行《ごぎょう》」を語る

うーん
わっ
オス！
メス！
キス！
ヒトはどこから来てどこへ行くのか
それを探る航海へいざ出発！
なんてね
夢だ…
これは夢なんだ…
だから言ったでしょ
夢ならすべてウソということにはならないって！
しかもね
考えてごらん
たいていの夢は夢だと気付いていないでしょ
夢であると気付いているということは、それだけ「場の認識」があるってことさ！
「場の認識」ねえ…
ちょっと難しかったかな？
それにしてもね…

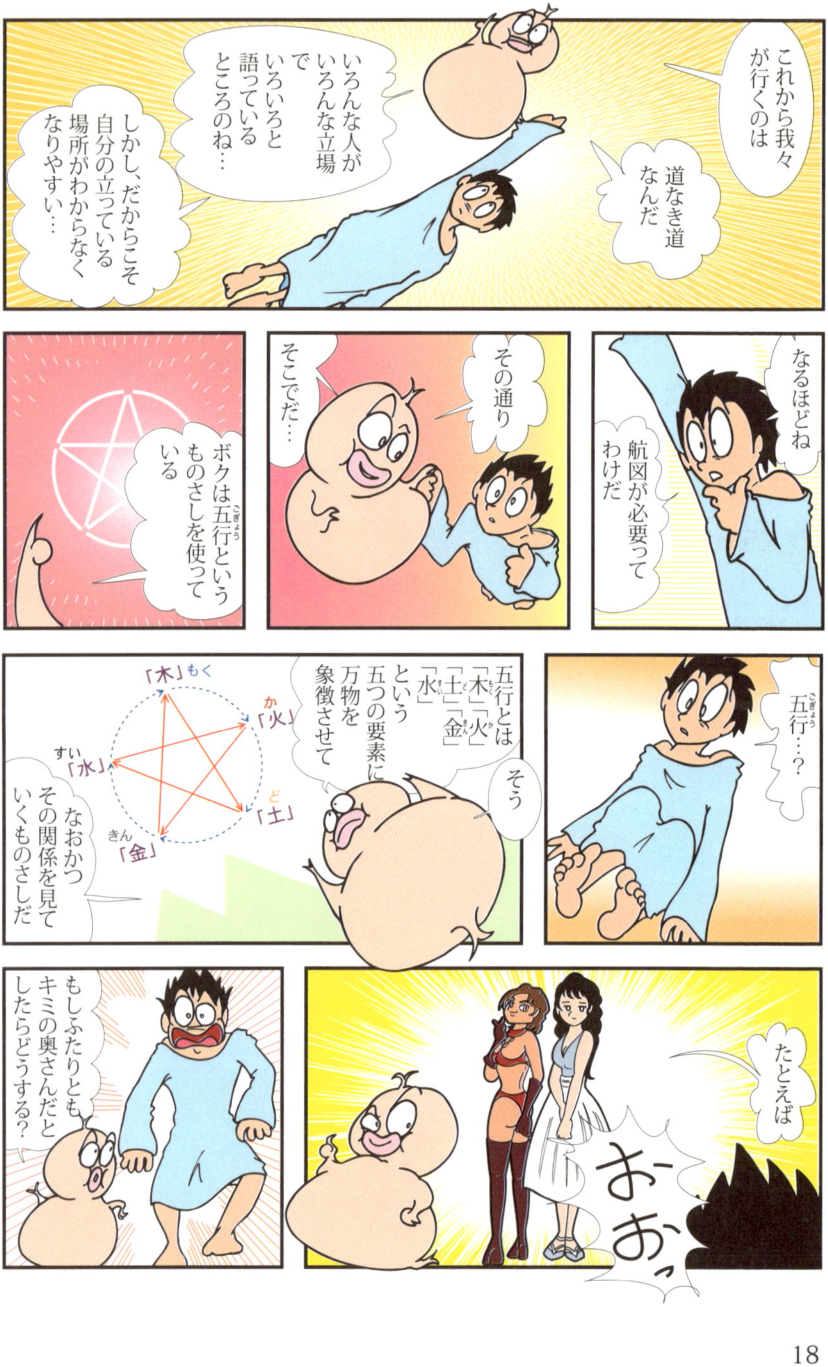

これから我々が行くのは
道なき道なんだ
いろんな人がいろんな立場でいろいろと語っているところのね…
しかし、だからこそ自分の立っている場所がわからなくなりやすい…
なるほどね
航図が必要ってわけだ
その通り
そこでだ…
ボクは五行《ごぎょう》というものさしを使っている
五行《ごぎょう》…?
五行とは「木《もく》」「火《か》」「土《ど》」「金《きん》」「水《すい》」という五つの要素に万物を象徴させて
そう
「木《もく》」
「火《か》」
「土《ど》」
「金《きん》」
「水《すい》」
なおかつその関係を見ていくものさしだ
たとえば
おおっ
もしふたりともキミの奥さんだとしたらどうする?

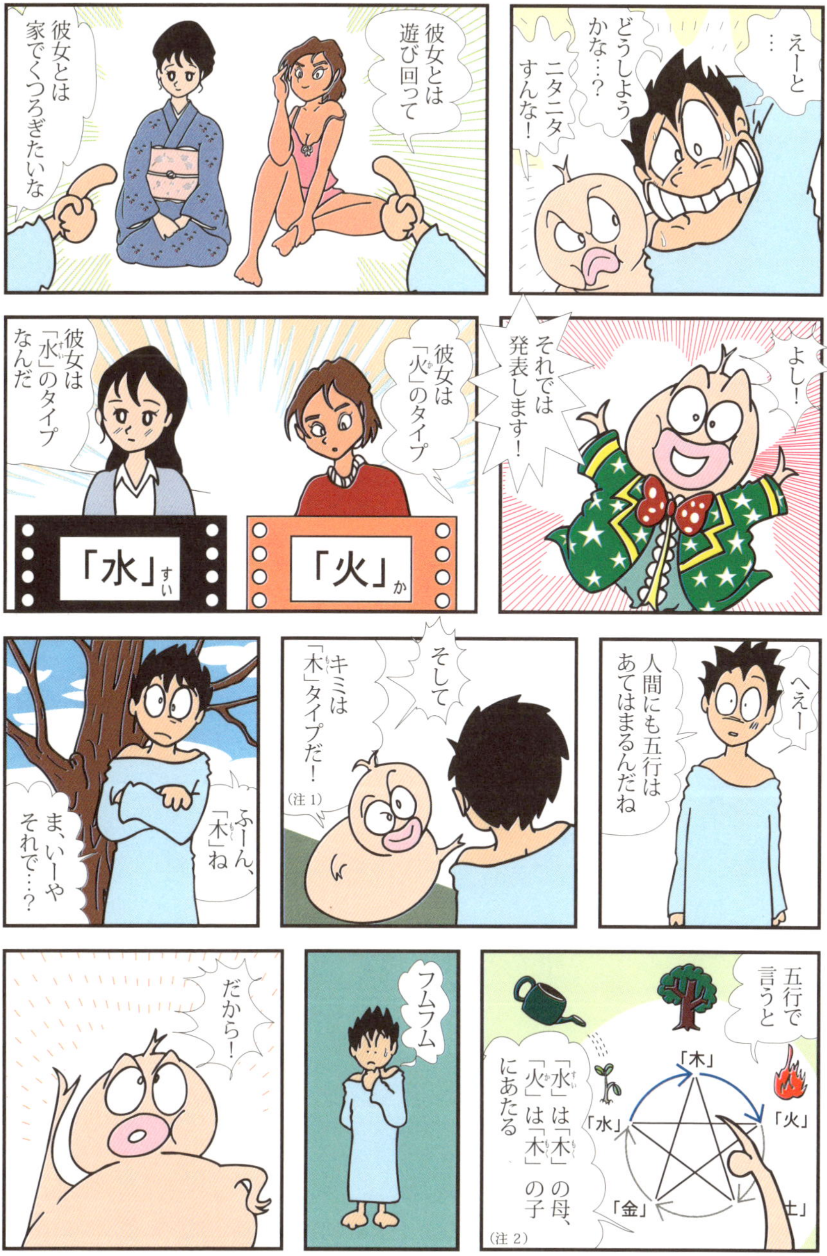
えーと……
どうしようかな…?
ニタニタすんな!
彼女とは遊び回って
彼女とは家でくつろぎたいな
よし!
それでは発表します!
彼女は「火《か》」のタイプ
彼女は「水《すい》」のタイプなんだ
「火」か
「水」すい
へえー
人間にも五行はあてはまるんだね
そして
キミは「木《もく》」タイプだ!
(注1)
ふーん、「木《もく》」ね
ま、いーやそれで…?
五行で言うと
「木」
「火」
「水」
「金」
「土」
「水《すい》」は「木《もく》」の母、「火《か》」は「木《もく》」の子にあたる
(注2)
フムフム
だから!

(注1) ヒトの五行別タイプ分類に関しては23ページの解説参照。

(注2) 五行の相生関係による。相生、相剋ルートに関しては98ページ(第13話)および63ページの解説参照。

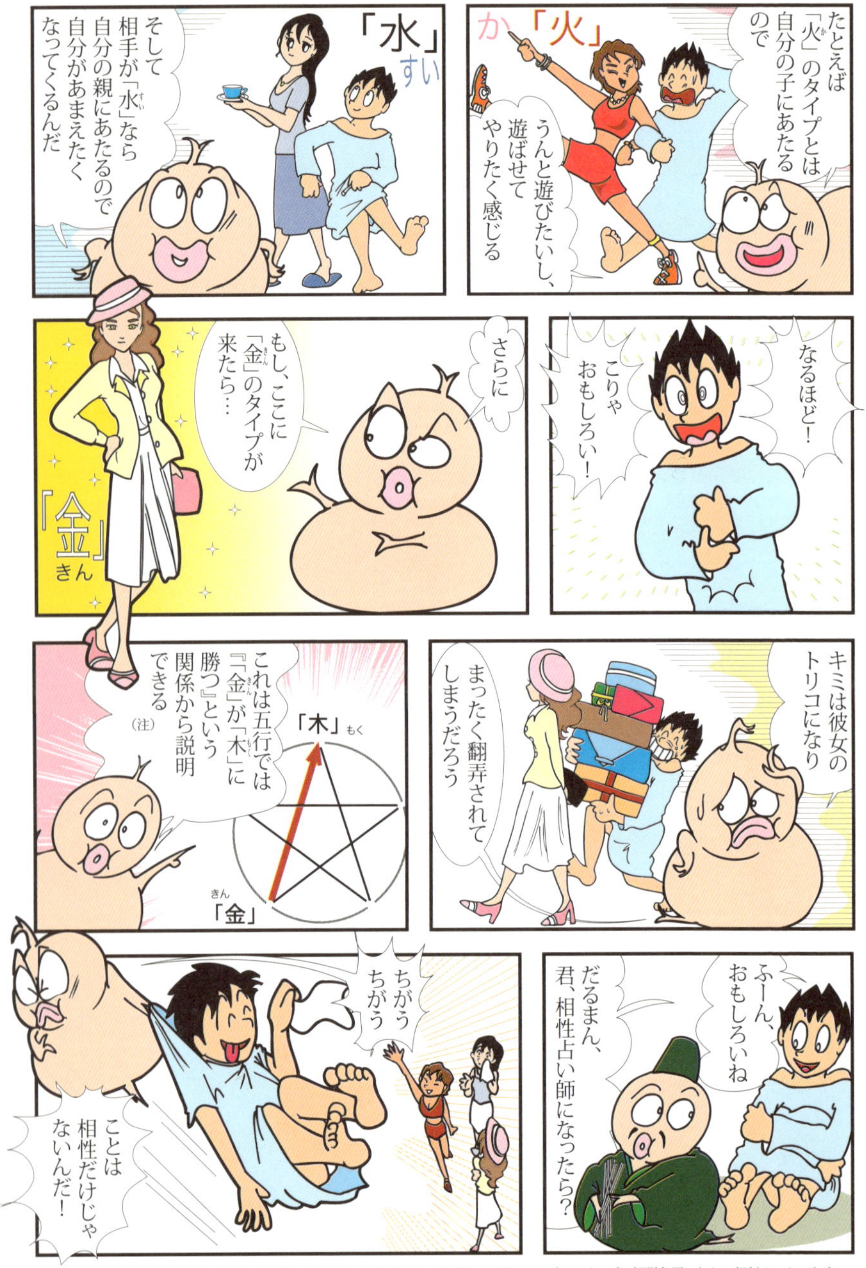
たとえば「火《か》」のタイプとは自分の子にあたるので
か「火」
うんと遊びたいし、遊ばせてやりたく感じる
「水」すい
そして相手が「水《すい》」なら自分の親にあたるので自分があまえたくなってくるんだ
なるほど！
こりゃおもしろい！
さらに
もし、ここに「金《きん》」のタイプが来たら…
「金」きん
キミは彼女のトリコになり
まったく翻弄されてしまうだろう
これは五行では『「金《きん》」が「木《もく》」に勝つ』という関係から説明できる
（注）
「木」もく
きん「金」
ふーん、おもしろいね
だるまん、君、相性占い師になったら？
ちがうちがう
ことは相性だけじゃないんだ！

（注）　五行の相剋関係による。相生、相剋ルートに関しては 98 ページ（第 13 話）および 63 ページの解説参照。なお、相剋ルートの矢印には単なる「勝ち負け」を越えた意味合いが含まれるのだが、それについては 91 ページ解説ならびに第 16 話 117 ページを参照のこと。

たとえば今キミが「木《もく》」の場に居るとする！
「木《もく》」
「火《か》」
「土《ど》」
「金《きん》」
「水《すい》」
「木《もく》」は「火《か》」を生みやすく
「木《もく》」は「土《ど》」に勝ちやすい
しかし「火《か》」になったら燃えてしまうよな！
そんな時は「水《すい》」が「火《か》」に勝つ
また「木《もく》」が「土《ど》」に勝つというのは
土の場を奪って根を張るからだ
こんな時は「金《きん》」が「木《もく》」に勝つ
カナモノで木が切れるからだ
これが五行のアウトラインだ
ね、
わかんないよぉ
「場」ってなんだよ？
それに親子とか勝ち負けとか…
あと人間のタイプ以外にはどう使うんだよ

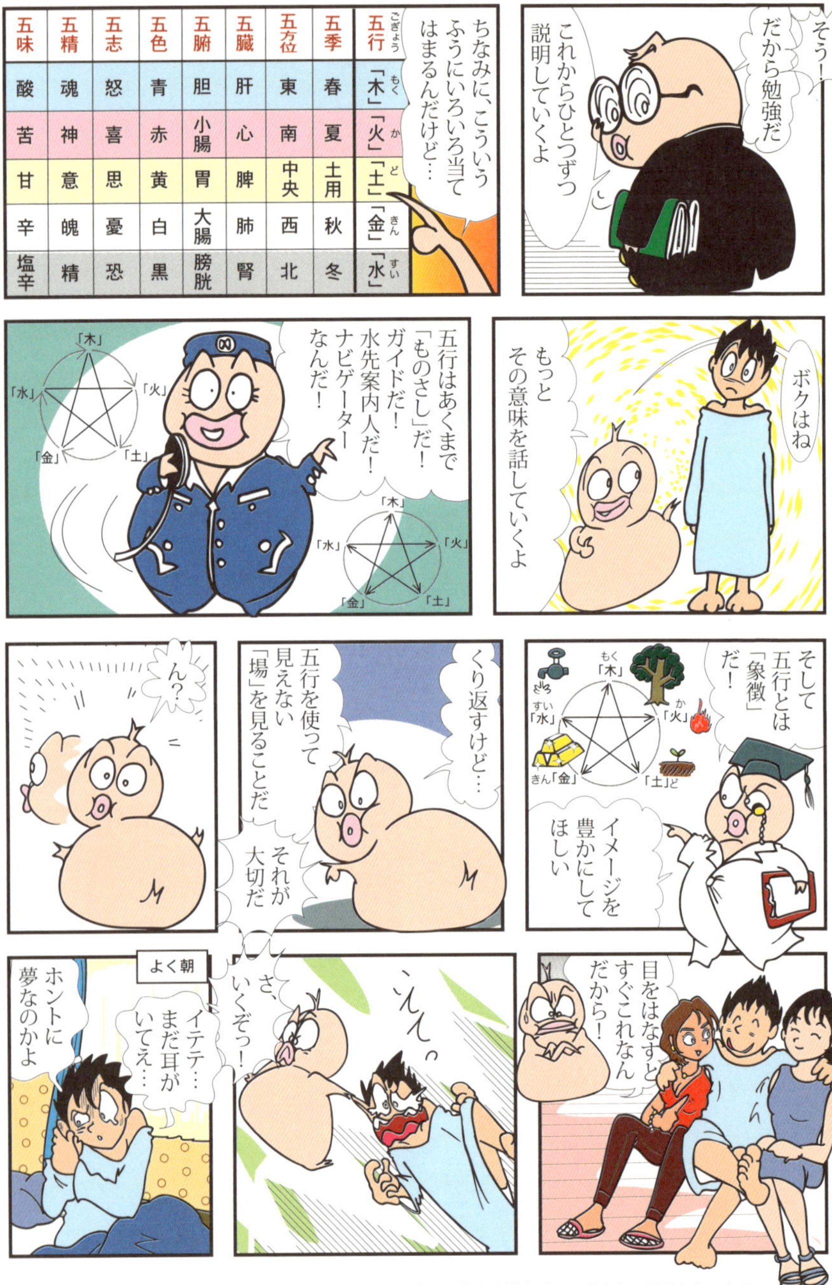
そう！
だから勉強だ
これからひとつずつ説明していくよ
ちなみに、こういうふうにいろいろ当てはまるんだけど…
ボクはね
もっと その意味を話していくよ
五行はあくまで「ものさし」だ！ガイドだ！水先案内人だ！ナビゲーターなんだ！
「木」
「火」
「土」
「金」
「水」
そして五行とは「象徴」だ！
イメージを豊かにしてほしい
「木《もく》」
「火《か》」
「土《ど》」
「金《きん》」
「水《すい》」
くり返すけど…
五行を使って見えない「場」を見ることだ
それが大切だ
ん？
目をはなすとすぐこれなんだから！
さ、いくぞっ！
よく朝
ホントに夢なのかよ
イテテ…まだ耳がいてえ…

五行《ごぎょう》	五季	五方位	五臓	五腑	五色	五志	五精	五味
「木《もく》」	春	東	肝	胆	青	怒	魂	酸
「火《か》」	夏	南	心	小腸	赤	喜	神	苦
「土《ど》」	土用	中央	脾	胃	黄	思	意	甘
「金《きん》」	秋	西	肺	大腸	白	憂	魄	辛
「水《すい》」	冬	北	腎	膀胱	黒	恐	精	塩辛

check! 五行とは「木」「火」「土」「金」「水」という五要素に万物を象徴させて、私たちの世界をみてゆくための「ものさし」である。

五行の基本は、五つの要素に何が当てはまるか（配当という）を理解することである。隣の二二ページの配当表をご覧いただきたい。その上でタイプ論も含めて述べてみたい。以下、［臓器］とあるのは五臓の配当であり、［自然］と［一般］は私の理解の上でまとめた「だるまん五行」での独自のキーワードである。

【木《もく》】……［臓器］肝　［自然］柱　［一般］思い（正確には「想い」）

西洋医学で言う肝臓と、ここで言う肝とは微妙に異なるが、煩雑になるのでここでは一応同じものとして説明する。以下も同様である。さて、肝臓は人体の化学工場であるように、五行でも「木《もく》」は五行という歯車を回転させるためのエネルギーである。エネルギーであるがゆえに若々しく暴発しやすく、実体を持たず、ぎゅーんと伸びていくという点で長さ、遠くとつないでいく「柱」にも通じる。実体を持たないという点では「思い」にも通じる。一日の始まりである朝、季節の始まりである春、そして五行も「木《もく》」から始まると考える。タイプ論では長さゆえに長い顔、背は高め、そして肝であるからカン高い声……ということになる。

【火《か》】……［臓器］心　［自然］火（抽象陽）［一般］愛（超越的自己）

心臓は血液を全身に送る命の源である。そういう点で太陽とか神とか、我を超えた大いなるものへとつながる。しかし大いなるものであるがゆえに人間の理解を超えたところがあり、破壊的な力にも通じる。「金《きん》」も神や破壊力につながるが「火《か》」の場合はその背後に意図のようなものが見えず、人智を超えている。また「共感」も大切なキーワードであり、小腸の栄養吸収システムも一種の共感性と言える。従って小腸も「火《か》」の配当である。タイプ的には火が強いところから焦げるということで、しゃがれ声、背は低くて（焦げて）チリチリ頭や禿頭になりやすいと見る。共感が重要なので胸が厚く、声を聞くために耳も上つきである。

【土《ど》】……［臓器］胃（脾）［自然］地（具象陰）［一般］現実

胃は全くの異物であるところの食物を分解（消化）して自分の一部へと変えようとする。つまり異なる世界へと隙間を埋めて「平たくする」力であり、これは養育する母や現実的社会、植物をえこひいきなく育てる土《つち》のイメージに通じる。しかしこれが同時に個々の独自性をつぶしてしまうという欠点につながり、それが毒素（邪気）として溜まりやすいところと見る。また、異なるもの同士の接点ということで季節のつなぎ目である土用《どよう》、人体の関節も「土《ど》」にあたる。このように「育む力」でありながら邪気の溜まる「腐らせる力」であるという二面性が大きな特徴となる。しかし、方位的にも人体の中でも中心となる存在なのである。タイプ的には平たいことから、四角い顔、育むことから暖かみのある声、すべてを飲み込むようなおおらかさがある。

【金《きん》】……［臓器］肺［自然］天（具象陽）［一般］排泄

肺とか皮膚は呼吸に関わると同時に外界との接点を示す。ゆえに自他を分け不用を捨てさせる厳しさを秘め、同時に外界と関わろうとする積極性がポイントとなる。易では「乾《けん》」という崇高な天を示す卦が「金《きん》」になるが、どちらかというと皇帝や将軍のイメージである。タイプでは筋骨たくましくスポーツマン、キンキン声で、正義感も強いがその分、単純思考になりやすい。また、同じく易で「兌《だ》」という享楽を示す卦も「金《きん》」であり、こちらは聖に対する俗を示す。これが強く出ると声とか性を扱う芸能事に才能を示すことになる。

【水《すい》】……［臓器］腎［自然］水（抽象陰）［一般］自我

五行の中でも一番「陰」の要素が強く、静かで暗いがしっかりとした生命力を持つ。これは文化の発祥でも、一般的な生活でも重要な「水まわり」に関わり、人体ではこれを扱う腎臓の性格にも似ている。タイプ的には低い声で考え深いがその分、権謀術数《けんぼうじゅっすう》にたける執念深さも持つ。世間的な評価に左右されない私と言える私（自我）を示すという点で、これからの時代で最も必要な要素となる。しかしエゴに流されやすいという欠点も持つ。

2節

「思い」をみつめる

なぜ「思い」は「木《もく》」か？

二二ページの配当表を見てほしい。このうち「思」が「土《ど》」に入っていることに気づかれると思う。こうなると「思い」は「土《ど》」なのである。しかし私は本書で「思い」は「木《もく》」であるとたびたび述べている。その理由は次の通りである。

すなわち、五行配当表での「思」は「五情」というヒトの感情のひとつとして「怒」や「喜」と共に挙げられているのだ。従って、「思い煩う」という感情の動きは主として「土《ど》」に入れられるのだが、本書で言う「思い」とはまず「想念」という「思いのエネルギー」を指しており、この場合は「木《もく》」になるのである。「想念」とはヒトの認識の始まりであり、春のかげろうのようにモヤモヤと実体なくわき上がるものなのである。そういった点で、「木《もく》」にくくられることになるのだ。

たとえば、「思い煩う」ことによって起きる疾患として「胃潰瘍」がある。これだけ見ると確かに「胃」は「土《ど》」の配当なので「思」は「土《ど》」ということになるが、その背後にはストレスという精神的負担ゆえにオーバーワークになった肝の働きが隠れていることは見逃せない。東洋医学的には、オーバーワークに陥った肝臓がその仕事量ゆえに体の血液を要求し、隣の胃の血液まで奪ってしまう（肝気横逆《かんきおうぎゃく》という）ので胃液にさらされた胃壁に穴があくのが胃潰瘍なのである。肝は「木《もく》」の配当であり、ここからも「想念」そのもの、つまり「思い」というエネルギーが「木《もく》」の配当に当たることはおわかりになると思う。

03 「思い」のエネルギー

ちょんちょん
ん？
やあ
だるまん
今日はどこに行くんだい？
あれだよ
この二人がいったいどうかしたのかい？
まあ黙って見てなって！

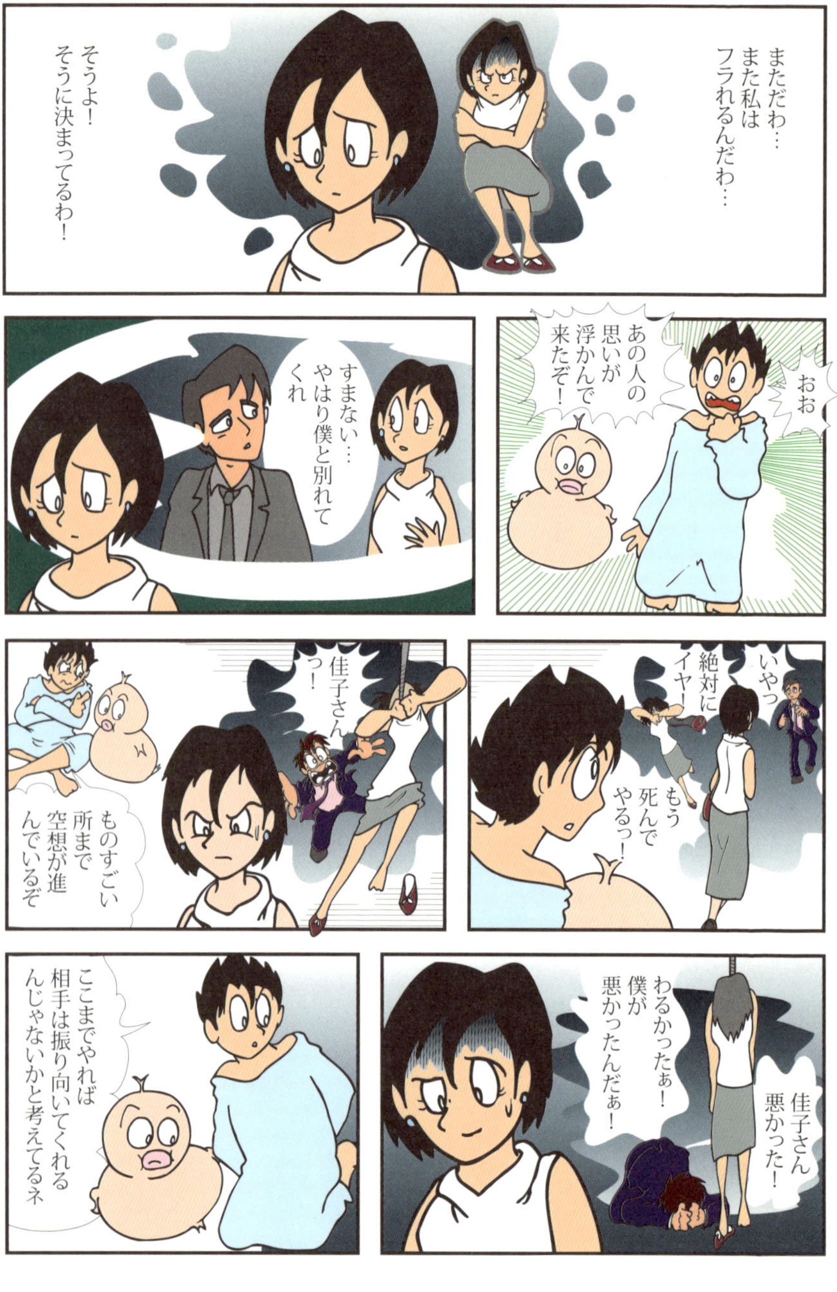
まただわ…
また私は
フラれるんだわ…
そうよ！
そうに決まってるわ！
おお
あの人の
思いが
浮かんで
来たぞ！
すまない…
やはり僕と別れて
くれ
いやっ
絶対に
イヤ！
もう
死んで
やるっ！
佳子さん
っ！
ものすごい
所まで
空想が進
んでいるぞ
佳子さん
悪かった！
わるかったぁ！
僕が
悪かったんだぁ！
ここまでやれば
相手は振り向いてくれる
んじゃないかと考えてるネ

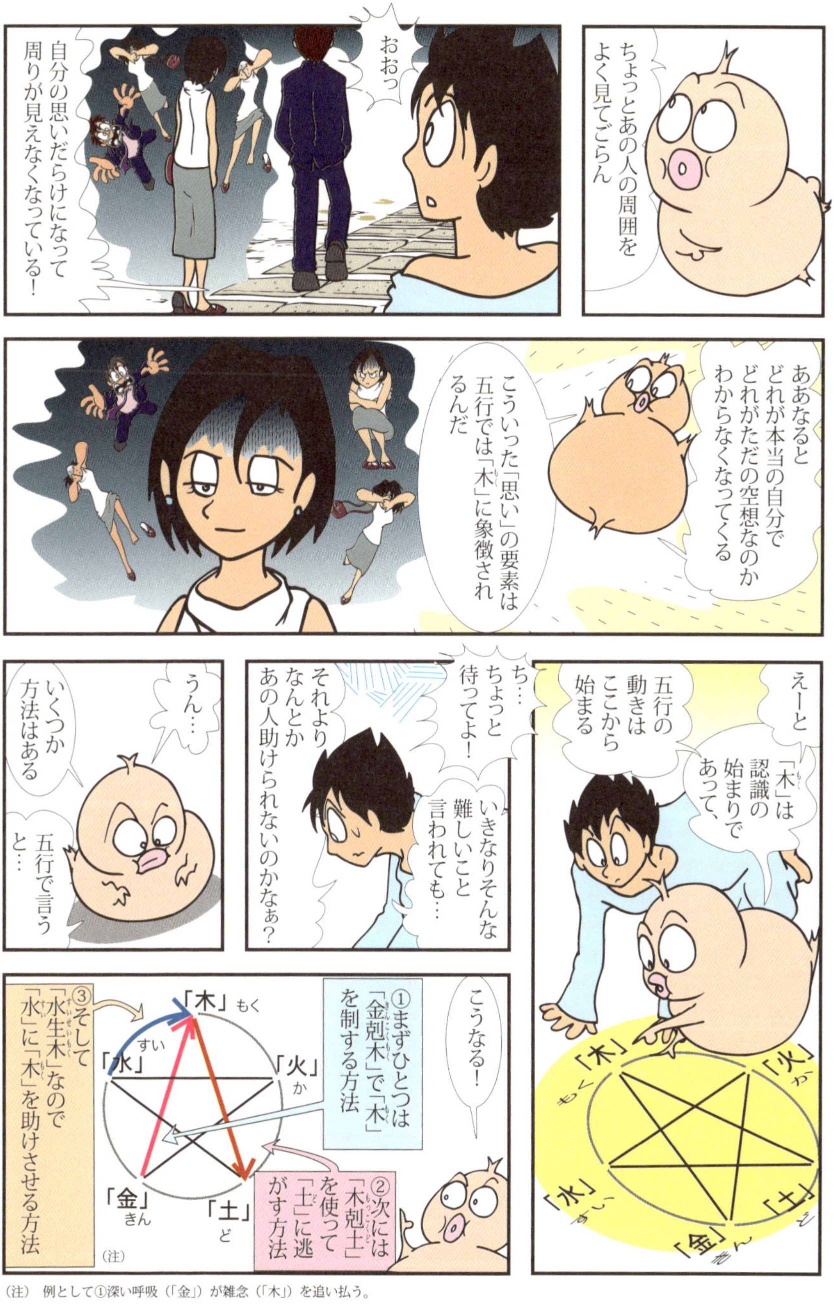
ちょっとあの人の周囲をよく見てごらん
おおっ
自分の思いだらけになって周りが見えなくなっている!
ああなるとどれが本当の自分でどれがただの空想なのかわからなくなってくる
こういった「思い」の要素は五行では「木《もく》」に象徴されるんだ
えーと
「木《もく》」は認識の始まりであって、
五行の動きはここから始まる
「木」もく
「火」か
「土」ど
「金」きん
「水」すい
ち…ちょっと待ってよ!
いきなりそんな難しいこと言われても…
それよりなんとかあの人助けられないのかなぁ?
うん…
いくつか方法はある
五行で言うと…
こうなる!
①まずひとつは「金剋木《きんこくもく》」で「木《もく》」を制する方法
②次には「木剋土《もっこくど》」を使って「土《ど》」に逃がす方法
③そして「水生木《すいせいもく》」なので「水《すい》」に「木《もく》」を助けさせる方法
「木」もく
「火」か
「土」ど
「金」きん
「水」すい
(注)

(注)　例として①深い呼吸(「金」)が雑念(「木」)を追い払う。

②現実(「土」)が「思い」(「木」)に負けやすいので、もっと周囲の現実をよく見る。

③「私が私が」という我欲(「水」)が今の「思い」(「木」)を助長させていることに気づく。

だ…、
だからさ、
ますますワカンねぇ…
そんな事言われてもボクにはまだ何がなんだかさっぱりで
…
ああそうだったね
まだ五行のことなんて何も知らないんだからね
ではここでは
「木《もく》」つまり「思い」について少し学んでおこう
ちょっとこっちへ来てごらん
そもそも人間は「思い」ゆえに幸福になるし、「思い」ゆえに不幸になるんだ
行き交う人々を見てごらん
みんな自分の思いの中でもんもんとしているだろう
言うなれば
人々はみんな自分の「思い」の中に閉じてしまっているんだ…。
ヒトは「思い」があるからこそ自分を鼓舞して努力もできるんだが
ちなみに、これは「ヤルゾ」という思いね
「思い」のために自分の力を制限してしまって活路を失ってしまうこともあるんだよ
ちなみに、これは「もうダメだ」という思いだ

ついでに言うとね
「思い」の力は主に思春期ごろから明瞭になってくるんだ
五行で言うとね
「思」も「春」もすべて「木《もく》」の象徴に相当するんだ
そして
大人の顔つきは「思っている所」そのものになっていく
つまり今までに何を思ってきたかを表しているんだ
なるほど顔はその人の履歴書ってわけだ
それについてはリンカーンの面白い話がある
大統領！なぜA氏を組閣からはずしたのです！
A氏は有能であることは御存じのはずですぞ！
信じられません！
理由を知りたいかね？
ええ！
ゼヒ！
私は彼の顔が気に食わんのだ
かお？
カオだなんて！
キミ！
男が四十を過ぎたら
自分の顔は自分の責任だぞ
そうは思わんかね？

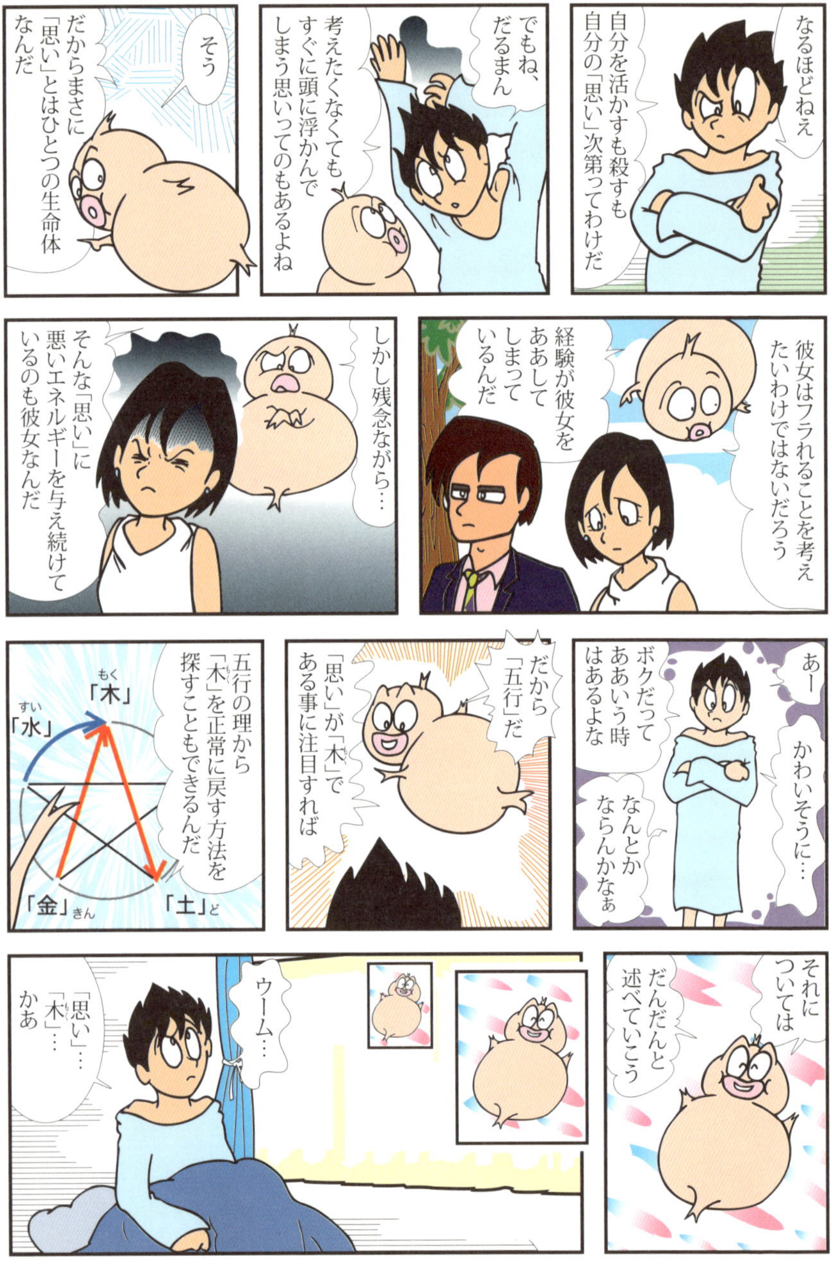
なるほどねえ
自分を活かすも殺すも自分の「思い」次第ってわけだ
でもね、だるまん
考えたくなくてもすぐに頭に浮かんでしまう思いってのもあるよね
そう
だからまさに「思い」とはひとつの生命体なんだ
彼女はフラれることを考えたいわけではないだろう
経験が彼女をああしてしまっているんだ
しかし残念ながら…
そんな「思い」に悪いエネルギーを与え続けているのも彼女なんだ
あー
かわいそうに…
ボクだってああいう時はあるよな
なんとかならんかなぁ
だから「五行」だ
「思い」が「木《もく》」である事に注目すれば
五行の理から「木」を正常に戻す方法を探すこともできるんだ
「木《もく》」
「水《すい》」
「金《きん》」
「土《ど》」
それについては
だんだんと述べていこう
ウーム…
「思い」…「木《もく》」…かあ

check! 「思い」とは一種の生命体（エネルギー）であり、「思い」ゆえに努力もできるが失望して体力を失うこともある。

04　ユーレイと「思い」

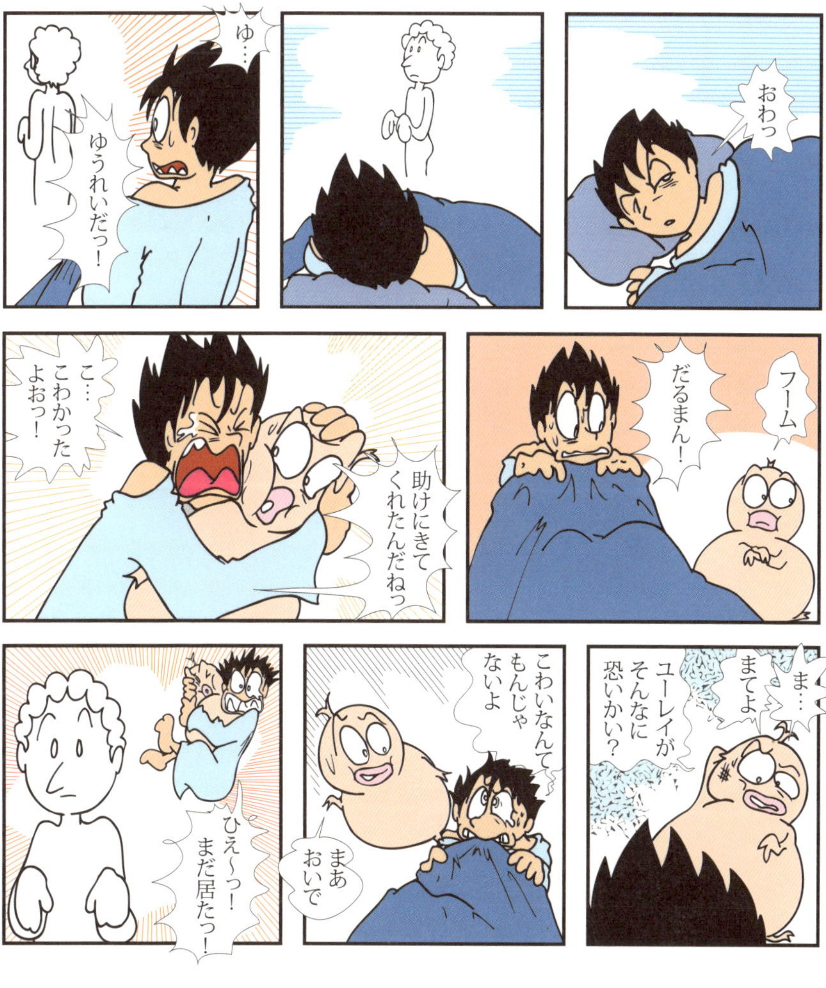

おわっ
ゆ…
ゆうれいだっ！
フーム
だるまん！
助けにきてくれたんだねっ
こ…こわかったよおっ！
ま…
まてよ
ユーレイがそんなに恐いかい？
こわいなんてもんじゃないよ
まあおいで
ひえ～っ！まだ居たっ！

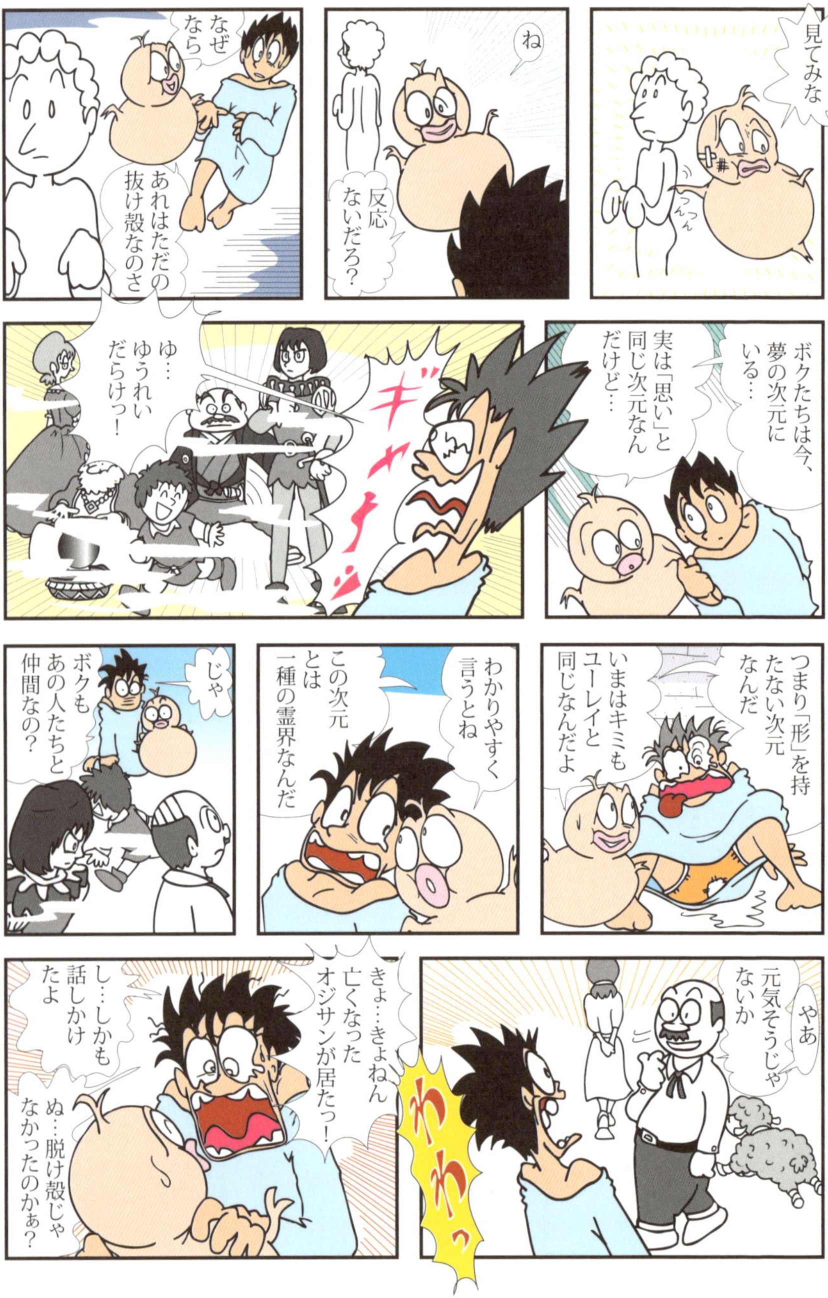
見てみな
つんつん
ね
反応ないだろ?
なぜなら
あれはただの抜け殻なのさ
ボクたちは今、夢の次元にいる…
実は「思い」と同じ次元なんだけど…
ギャーッ
ゆ…ゆうれいだらけっ!
つまり「形」を持たない次元なんだ
いまはキミもユーレイと同じなんだよ
わかりやすく言うとね
この次元とは一種の霊界なんだ
じゃ
ボクもあの人たちと仲間なの?
やあ
元気そうじゃないか
わわっ
きょ…きょねん亡くなったオジサンが居たっ!
し…しかも話しかけたよ
ぬ…脱け殻じゃなかったのかぁ?

うーん
ちょっと混乱してきたようだね
いいかい?
ユーレイには正確には三種類ある
ひとつは抜け殻のユーレイ
これは肉体に近い霊体なのでいずれは崩壊する
次に死んだ人から出てきた霊体
これもいずれこの次元から去るんだけどね
だけどこの場合は抜け殻ではないから
話もできる。いわば本物の、いわゆる霊というわけだね
そして三つ目は
キミさ
つまり今現在生きている人の霊体
ボ…
ボク?
そう
「生き霊」というわけだ
以上、全部霊体なんだけど(注)
肉体人間が人間の赤ん坊を生むように
霊体も霊を生む

(注) 第11話を参照。ここに述べられる三種の幽霊とは、81ページの図にあるエーテル体、アストラル体などをさす。

あ
あのひとは たしか 「思い」で 苦しんで…
まてよっ
人が生む 霊とは 「思い」の こと？
その通り
そして その 「思い」で がんじがらめに なっているのが キミたちの 実態と いうわけだ
そして 死後にまで 思いを ひきずって まだ がんじがらめに なっている連中も居る
ひぇぇぇ〜
うう…
もっと 食いたい もっと 飲みたい
ああ…女房や 子供が心配だ
おのれ… あいつめ
のろって やる
あれらの ユーレイは 抜け殻でも 霊界の霊でも ない
自分の思いの 中から抜け出 すことができ ないままに
この世と あの世の中間を うろついている 「地縛霊《アースバウンデッドスピリット》」（注） というやつらだ

（注）霊は地（現実世界）から去っていく者なのに、「思い」ゆえにこの世に留まっているので、こう呼ぶ。

お
ちょっと待って
てやんでえってんだ!
ウ～イ
見ててみな
ちょっとおもしろそうだよ
ウ～イ
さ…
酒のにおいだ…
スーッ
は
はいっちゃったよ!
地縛霊は思いだけで生きているから自分の思いと波長の合う所に引かれてしまうんだよ
まさに思いが思いを呼ぶんだ
これでわかったろう
生きてても死んでてもその人の思いこそがすべてを決めるんだよ
ちょっと復習するとね

死ぬと肉体を脱いでいくんだけど
同じように霊体もだんだんと脱ぎ捨てながら軽くなって霊界に昇っていく
その時、「思い」が強すぎて脱ぎきれないと地縛霊となる…
ちなみに脱いだ殻はやがて消滅する…
その殻に入り込んでイタズラする自然霊の類いも居るけどね（注）
自然霊って？
いまだ肉体を持たない生命体さ
さて
これらの霊の中で最も身近なのが「思い」というわけさ
「思い」のあり方がその人の霊的な体の重さを決めるんだ
ボクはボクの霊で…
これがボクの肉体かあ
じゃボクの本体は霊であり「思い」なんだね
そうでもないんだな、これが…
ま、それはまたにしよう
ジャーネ
ウ〜ム
「思い」って大切なんだな
「思い」を管理するにはどうしたらいいんだろう…

check! ヒトの「思い」は肉体を越えた次元に存在する一種の霊体とも言える。

（注）自然霊…各国に伝わる妖怪や化け物の類の正体はこれであるとする説もある。

05　「思い」の癖とサングラス

チッ
チッ
ウーイ
じゃオヤスミー
う
まずいな…
今日の診療つらいな
酔っぱらって醜態さらしたような気がする…
がし
がし
まずいなあ
言っちゃいけないこと言ったりしなかったろうなあ…
ああ…オレはだめなやつだなあ…
実は病院に勤務する歯科医師
ギュッ

だ！
だるまん！
いまはまずいよ
仕事に遅れそうなんだ
それにみんな見てるし…
なに言ってんの？
下を見てごらんよ
ん
え？
え？
これは夢なのか!?
何がただの「思い」なのか、「現実」なのか
その区別はむずかしいって
言ったろ
わかる？
いつもいつも思ってることは重くなって「殻」のようにかたくなり
しまいに自分の「思い」から出られなくなってしまう
つまり思いが現実を作ってしまうんだ
だから今日は自分の「思い」の管理について話そう

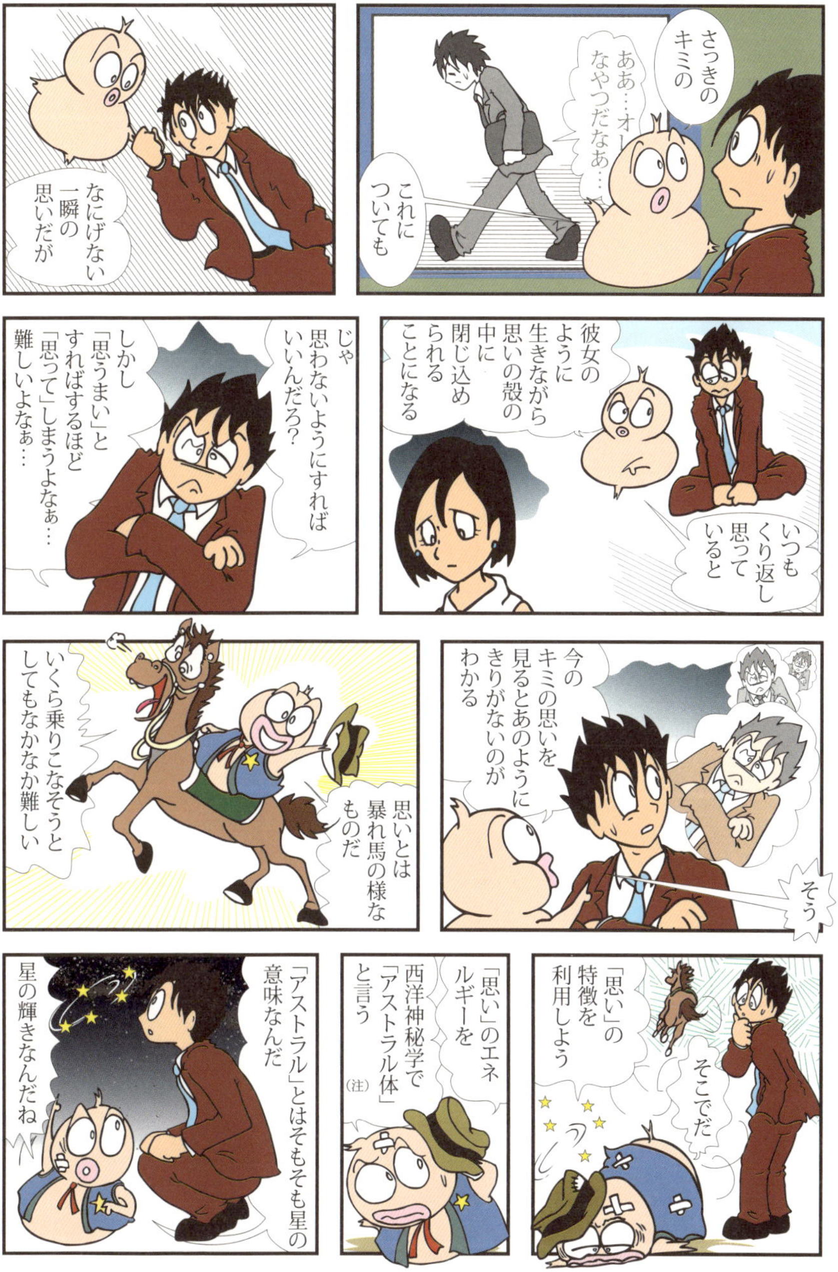
さっきのキミの
ああ…オ
なやつだなあ…
これについても
なにげない一瞬の思いだが
いつもくり返し思っていると
彼女のように生きながら思いの殻の中に閉じ込められることになる
じゃ思わないようにすればいいんだろ?
しかし「思うまい」とすればするほど「思って」しまうよなぁ…難しいよなぁ…
今のキミの思いを見るとあのようにきりがないのがわかる
そう
思いとは暴れ馬の様なものだ
いくら乗りこなそうとしてもなかなか難しい
そこでだ
「思い」の特徴を利用しよう
「思い」のエネルギーを西洋神秘学で「アストラル体」と言う
(注)
「アストラル」とはそもそも星の意味なんだ
星の輝きなんだね

（注） ヒトの「思い」の担い手である「こころ」のことで、霊体の一種。 66ページコラムを参照されたし。

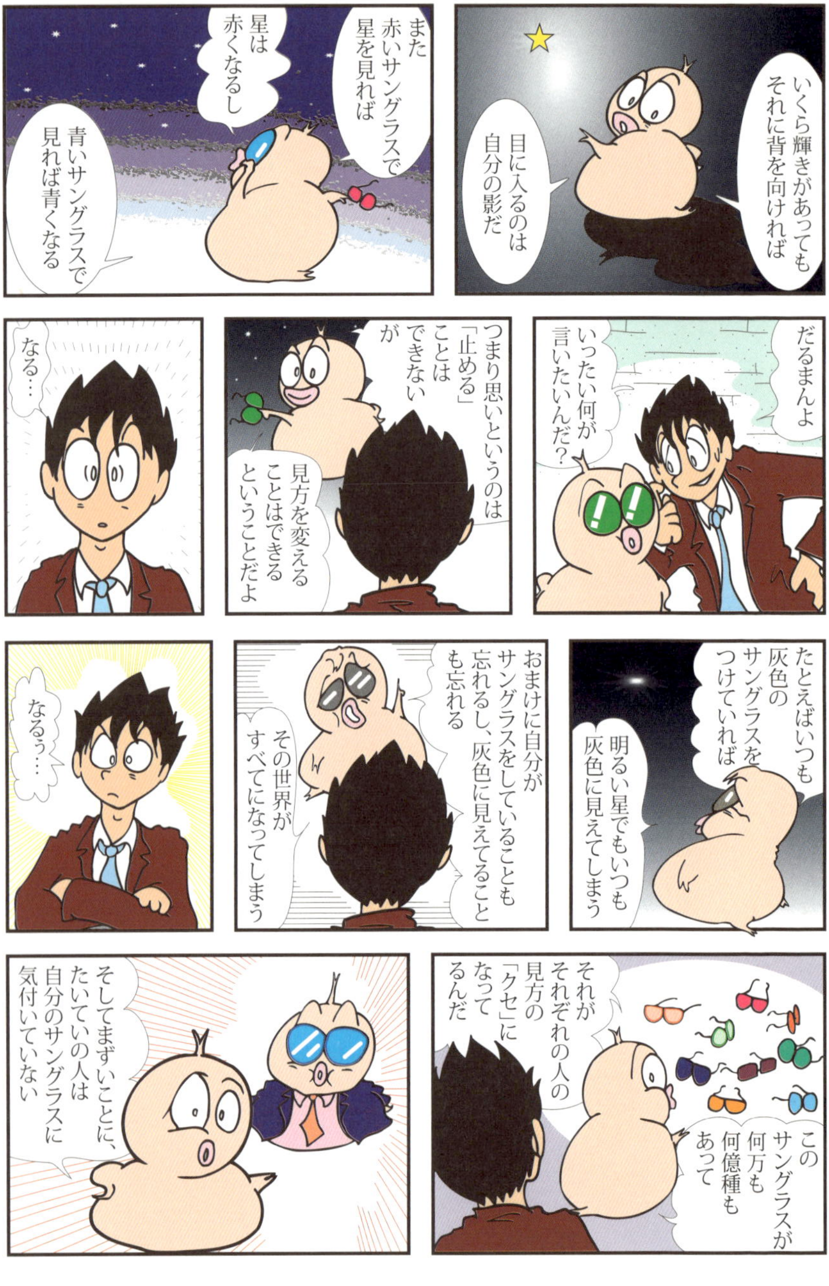
いくら輝きがあってもそれに背を向ければ
目に入るのは自分の影だ
また赤いサングラスで星を見れば
星は赤くなるし
青いサングラスで見れば青くなる
だるまんよ
いったい何が言いたいんだ？
つまり思いというのは「止める」ことはできないが
見方を変えることはできるということだよ
なる…
たとえばいつも灰色のサングラスをつけていれば
明るい星でもいつも灰色に見えてしまう
おまけに自分がサングラスをしていることも忘れるし、灰色に見えてることも忘れる
その世界がすべてになってしまう
なるぅ…

このサングラスが何万も何億種もあって

それがそれぞれの人の見方の「クセ」になってるんだ

そしてまずいことに、たいていの人は自分のサングラスに気付いていない

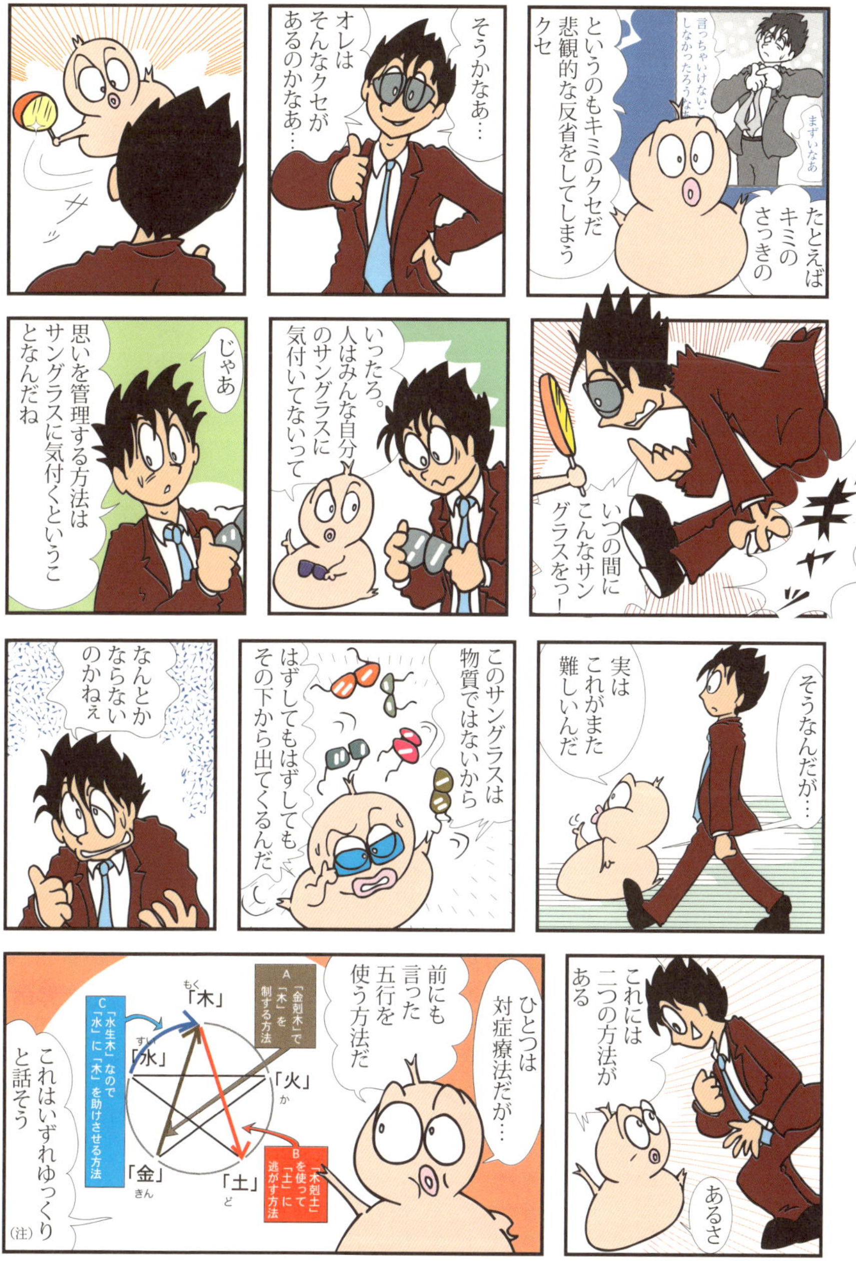

たとえばキミのさっきの
言っちゃいけないこ
しなかったろうな
まずいなあ
というのもキミのクセだ悲観的な反省をしてしまうクセ
そうかなあ…
オレはそんなクセがあるのかなあ…
サッ
いつの間にこんなサングラスをっ！
いったろ。人はみんな自分のサングラスに気付いてないって
じゃあ
思いを管理する方法はサングラスに気付くということなんだね
そうなんだが…
実はこれがまた難しいんだ
このサングラスは物質ではないから
はずしてもはずしてもその下から出てくるんだ
なんとかならないのかねぇ
これには二つの方法がある
あるさ
ひとつは対症療法だが…
前にも言った五行を使う方法だ
「木」《もく》
「火」《か》
「土」《ど》
「金」《きん》
「水」《すい》
A 「金剋木」で「木」を制する方法
B 「木剋土」を使って「土」に逃がす方法
C 「水生木」なので「水」に「木」を助けさせる方法
これはいずれゆっくりと話そう
（注）

（注）例として　A　見方の癖を捨てる（「金」）ことで、「思い」（「木」）を新たにする。

B　世間的常識（「土」）を無視するほどに自分の「思い」（「木」）が勝っていないか確認する。

C　プライドや自己嫌悪（「水」）が「思い」（「木」）をゆがめていないか調べる。

もうひとつはさっきのように
いつも自分に気付くという方法だ
しかしぃ…気付けと言ってもなぁ…
昔から言うだろ他人は自分の鏡だって
自分の周囲に居る人たちゃ
じゃオヤスミー
いま自分の居る環境…
これが実は「サングラスの世界」そのものなんだ
『類は友を呼ぶ』と言うだろ
宝の地図
つまり
同じタイプのサングラスの人が自分の周りに多いってことさ
前に酒好きの地縛霊が酔っ払いにひかれていったのを見たろう
生きてようが死んでようが原理は同じなのさ
だからもし
イヤな人と知り合いになったならばこう考えてみることだ
自分のどこが彼と縁を成したのか…って
それに気づけばキミは自分のサングラスに気付くことになるのさ
そうか…ムニャムニャ
いけねえっ!
今度は本当に朝だっ!

check! 思い方の癖が人間関係や人生を作っている。だからその癖に気づく事が大切である。

06 「思い」の鏡

あれ?
やあ
やあ…、じゃないよっ!どーしてオレが胎児なのよっ!
だるまんっ!
まあまあ
さあ、キミが生まれるぞ
なんだかヘンな気分…
本当だ
ん?
これは?
なんだろ?
なめてやれ
まじいな
えーい
つまんないやっ!
およっ

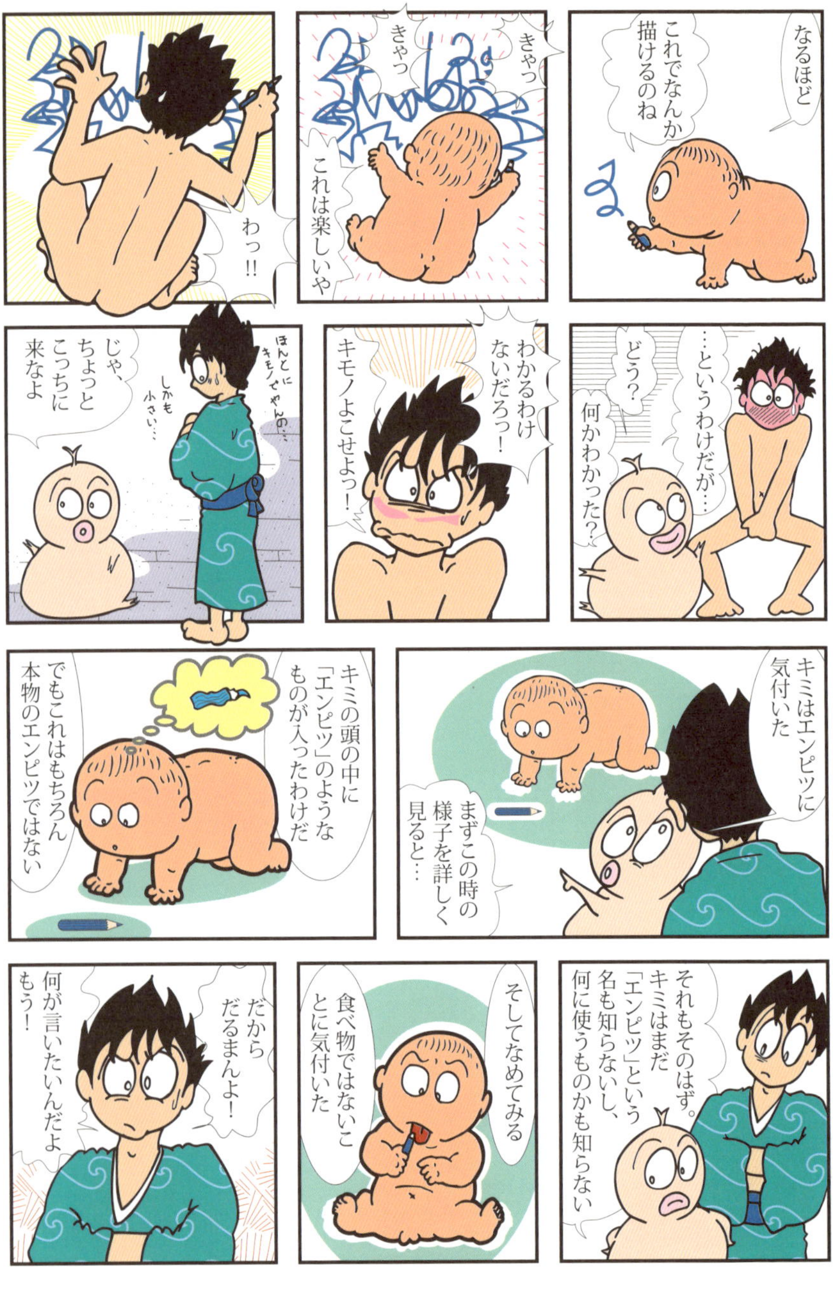

なるほど
これでなんか描けるのね
きゃっ
きゃっ
これは楽しいや
わっ!!
…というわけだが…
どう?
何かわかった?
わかるわけないだろっ!
キモノよこせよっ!
ほんとにキモノでやんの…
しかも小さい…
じゃ、ちょっとこっちに来なよ
キミはエンピツに気付いた
まずこの時の様子を詳しく見ると…
キミの頭の中に「エンピツ」のようなものが入ったわけだ
でもこれはもちろん本物のエンピツではない
それもそのはず。キミはまだ「エンピツ」という名も知らないし、何に使うものかも知らない
そしてなめてみる
食べ物ではないことに気付いた
だからだるまんよ!
何が言いたいんだよもう!

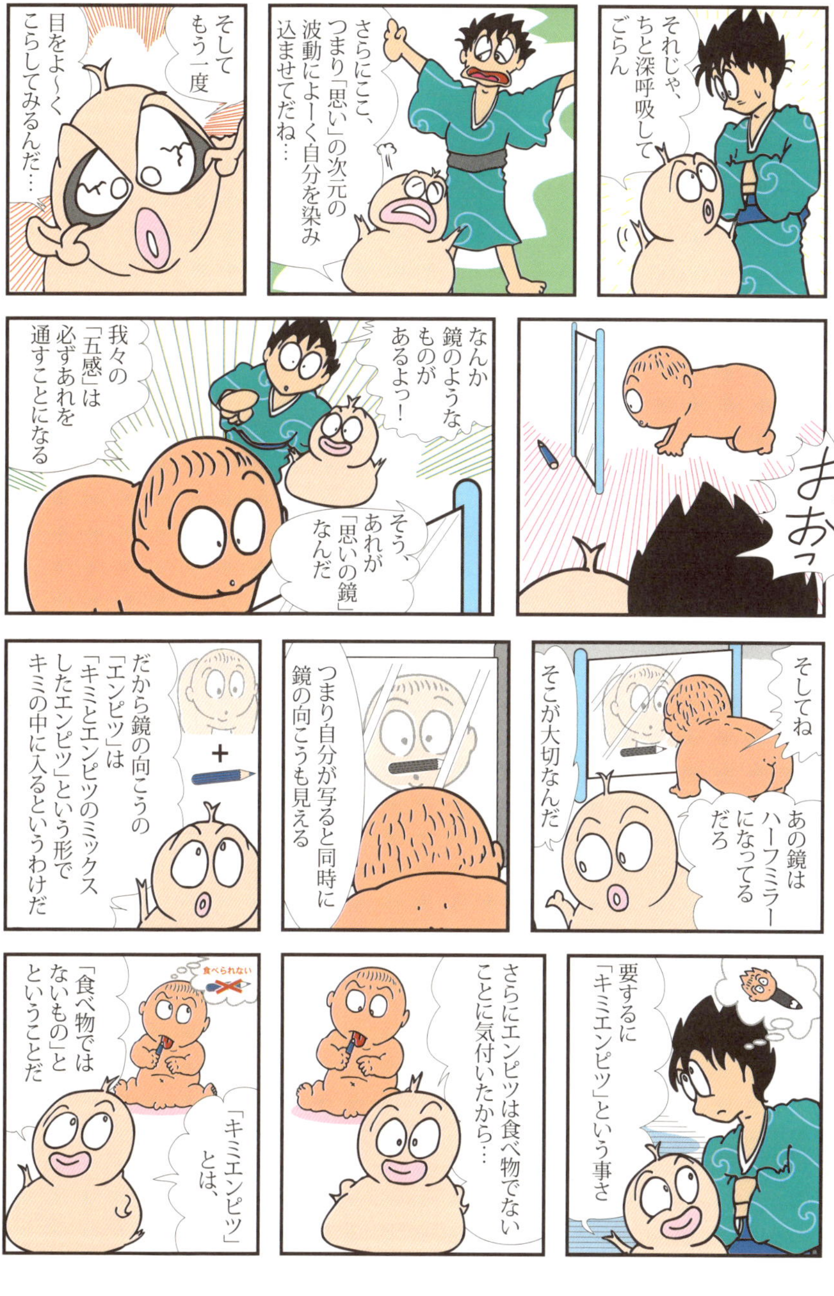
それじゃ、ちと深呼吸してごらん
さらにここ、つまり「思い」の次元の波動によーく自分を染み込ませてだね…
そしてもう一度
目をよ～くこらしてみるんだ…
おおっ
なんか鏡のようなものがあるよっ!
そう、あれが「思いの鏡」なんだ
我々の「五感」は必ずあれを通すことになる
そしてね
あの鏡はハーフミラーになってるだろ
そこが大切なんだ
つまり自分が写ると同時に鏡の向こうも見える
だから鏡の向こうの「エンピツ」は「キミとエンピツのミックスしたエンピツ」という形でキミの中に入るというわけだ
要するに「キミエンピツ」という事さ
さらにエンピツは食べ物でないことに気付いたから…
食べられない
「キミエンピツ」とは、
「食べ物ではないもの」ということだ

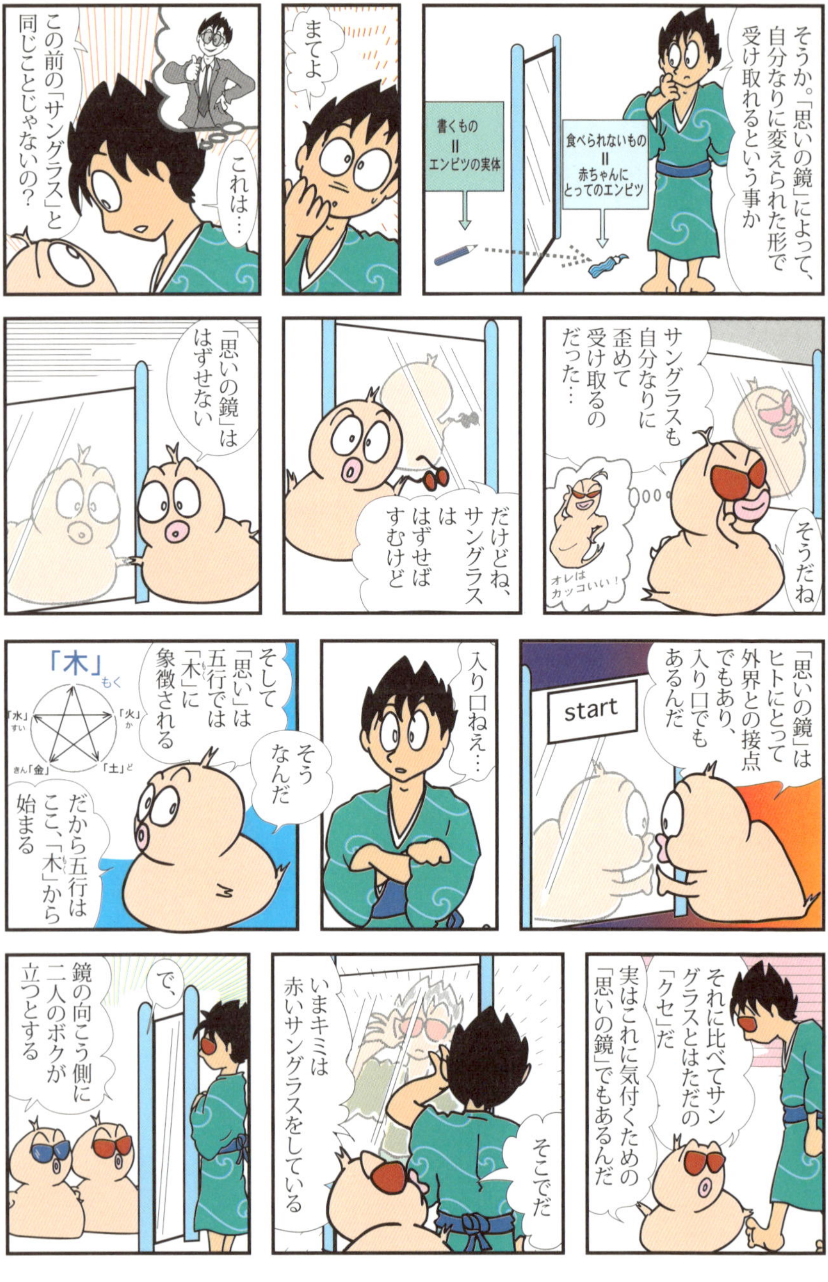
そうか。「思いの鏡」によって、自分なりに変えられた形で受け取れるという事か
食べられないもの
=
赤ちゃんにとってのエンピツ
書くもの
=
エンピツの実体
まてよ
これは…
この前の「サングラス」と同じことじゃないの?
サングラスも自分なりに歪めて受け取るのだった…
オレはカッコいい!
そうだね
だけどね、サングラスははずせばすむけど
「思いの鏡」ははずせない
「思いの鏡」はヒトにとって外界との接点でもあり、入り口でもあるんだ
start
入り口ねえ…
そして「思い」は五行では「木《もく》」に象徴される
「木」もく
「火」か
「土」ど
きん「金」
「水」すい
そうなんだ
だから五行はここ、「木《もく》」から始まる
それに比べてサングラスとはただの「クセ」だ
実はこれに気付くための「思いの鏡」でもあるんだ
そこでだ
いまキミは赤いサングラスをしている
で、
鏡の向こう側に二人のボクが立つとする

ひとりはキミと同じ赤いサングラス
そしてもうひとりは青いサングラスだ
で、まずどっちとお話してみたい？
うーん、なんとなく右かなぁ？
サングラスはずしてごらん
あ…右は同類か
同じ色の人には違和感を感じにくい
同じ色は同じ色をめだたなくするんだ
同類となら、自分のサングラスのことも忘れてしまう
つまり、自分のサングラスが見えなくなってしまうのさ
ここに自分のクセを気付かせるポイントがあるということさ
そして同類とはどんな人なのかチェックする事だ
そしてキミがここに気付けば
「思いの鏡」はサングラスをはずせるように働けるんだ
つまり歪んだクセを治し、本質が見やすくなるのさ
さて
赤ん坊のキミはエンピツでモノが描けることに気付いた
さらにここに別のエンピツが現れた場合…
思いに写るエンピツはもはや前とは違っている
フム
何かを書けるものとして受け取れるわけね
そうだ

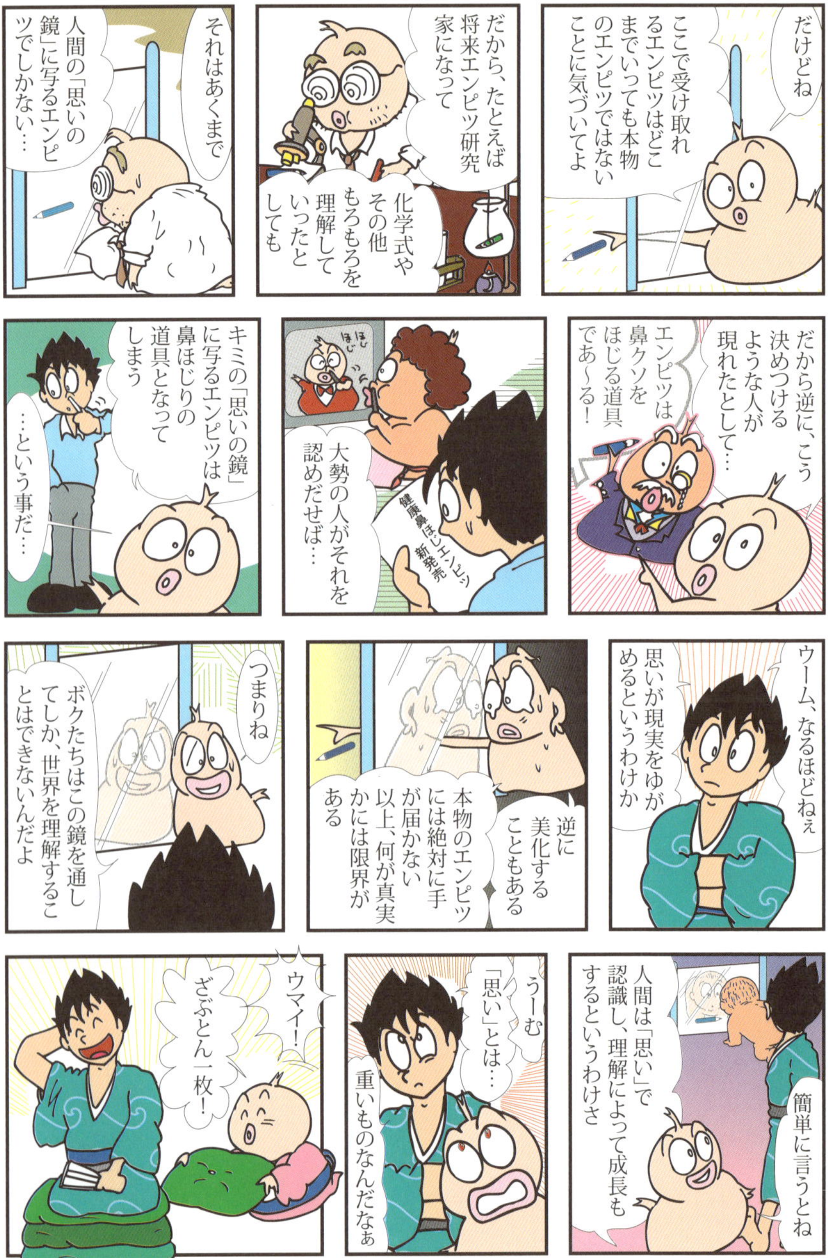
だけどね
ここで受け取れるエンピツはどこまでいっても本物のエンピツではないことに気づいてよ
だから、たとえば将来エンピツ研究家になって
化学式やその他もろもろを理解していったとしても
それはあくまで
人間の「思いの鏡」に写るエンピツでしかない…
だから逆に、こう決めつけるような人が現れたとして…
エンピツは鼻クソをほじる道具であ〜る!
ほじほじ
健康鼻ほじエンピツ新発売
大勢の人がそれを認めだせば…
キミの「思いの鏡」に写るエンピツは鼻ほじりの道具となってしまう
…という事だ…
ウーム、なるほどねぇ
思いが現実をゆがめるというわけか
逆に美化することもある
本物のエンピツには絶対に手が届かない以上、何が真実かには限界がある
つまりね
ボクたちはこの鏡を通してしか、世界を理解することはできないんだよ
簡単に言うとね
人間は「思い」で認識し、理解によって成長もするというわけさ
うーむ
「思い」とは…
重いものなんだなぁ
ウマイ!
ざぶとん一枚!

check! 現実世界との接点に必ず「思い」がある。それは成長への入り口であり、五行では「木」に象徴される。

07 「思い」と体験

ひっ
うわっ
パカーン
ブリブリ
あぜん
だるまん!
なにボーゼンとしてるの?
ああ、これ?
今の宇宙人のウンコだよ
彼はキミと友だちになりたいと言ってるんだね

…!!
ど…どこの世界にヒトの顔ぶったたいてヒト前でウンコして友人になる奴がいるかよっ!
あそこに居るけど…
…
だって、あれが彼の星の挨拶なんだよ
キミと常識が違うだけさ
ちょっとキミの頭から
挨拶についての「思い」を引き出してみると…
フムフム
こういった所だろう…
ちょっとこの「思い」の出所を尋ねてみようよ
ホラ入るよ
これがキミたちの挨拶の仕方の常識だという事は
キミの体験から始まってるんだ
ホラね
子供の頃のキミはお母さんに挨拶を仕込まれている
では
もっと深い所に入ってみようよ

あっ
あれは！
そう
赤ん坊の時のキミが「思い」の鏡の前に居る所だね
こんどはここに入るぞ
なんだかわけのわからないイメージが
いっぱい浮かんでいるぞ
あ、あれはウチの母親のイメージだよ
おっと、ウワサをすれば…
向こうに本物のお母さんが現れたよ
ご飯を食べようと言ってる所のようだね
今、こうして赤ん坊のキミは…
ご飯を食べている…
さて、よく見てごらん
体験が「思い」になる瞬間だぞ
フワ
フワ
おおっ

見ろよっ！だるまんっ！
母親のイメージとご飯のイメージがくっついたぞ！
そう。こうしてキミの頭の中で
お母さんはご飯をくれるヒトだという思いができてくるんだね
あぁっこんどはエンピツのイメージがっ
絵を描いているイメージとつながったぞ！
描ける物だと知ってるからイタズラ描きを始めたよ
おっと！怒ってるね
母親とご飯のイメージがまだくっついてらぁ
れれ？でも…
そう。まるで条件反射だね
では思いの鏡の方を見てごらん
…あれは？
？
ああ…
本当は怒ってる母親がご飯を持ってきているように写ってるんだ！

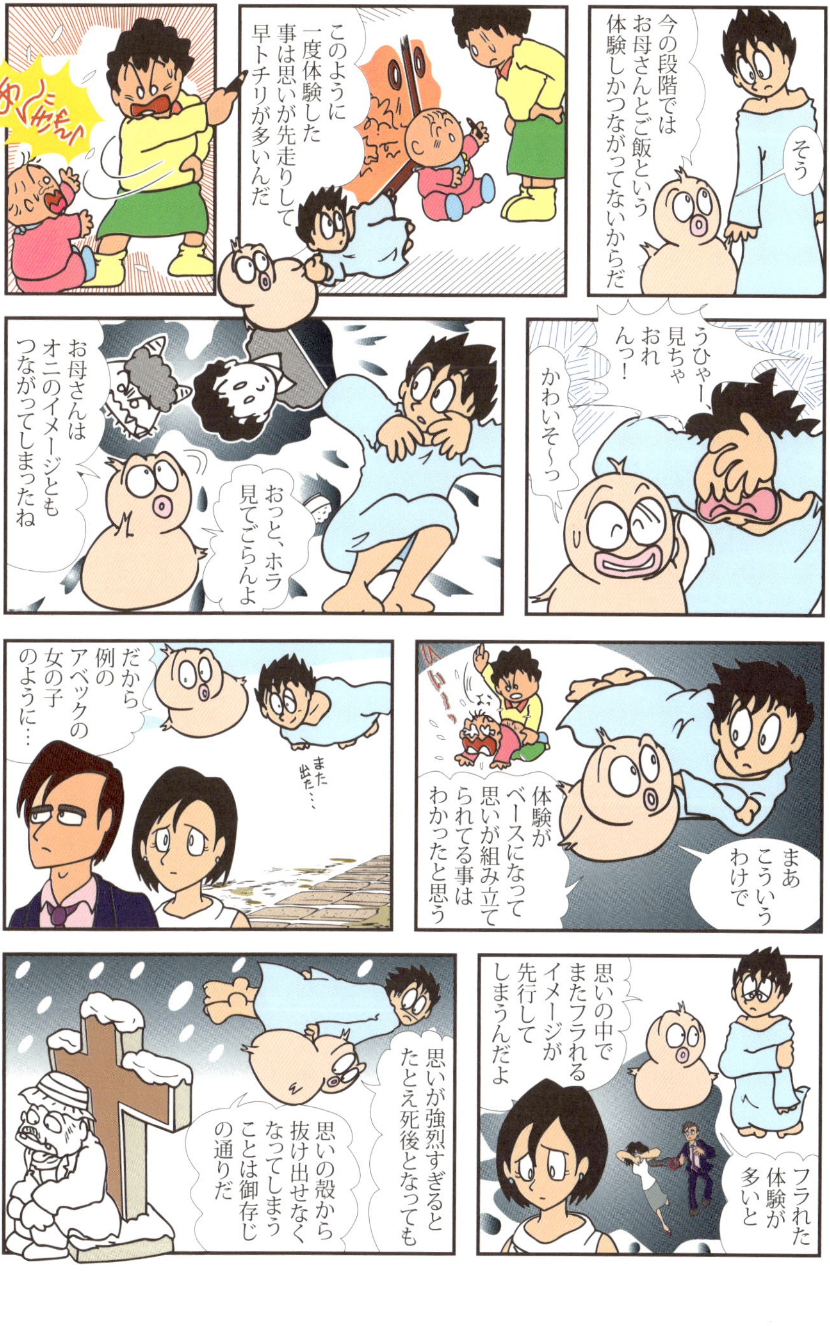
そう
今の段階ではお母さんとご飯という体験しかつながってないからだ
このように一度体験した事は思いが先走りして早トチリが多いんだ
うひゃー、見ちゃおれんっ!
かわいそ～っ
おっと、ホラ見てごらんよ
お母さんはオニのイメージともつながってしまったね
まあこういうわけで
体験がベースになって思いが組み立てられてる事はわかったと思う
だから例のアベックの女の子のように…
また出た…
フラれた体験が多いと
思いの中でまたフラれるイメージが先行してしまうんだよ
思いが強烈すぎるとたとえ死後となっても
思いの殻から抜け出せなくなってしまうことは御存じの通りだ

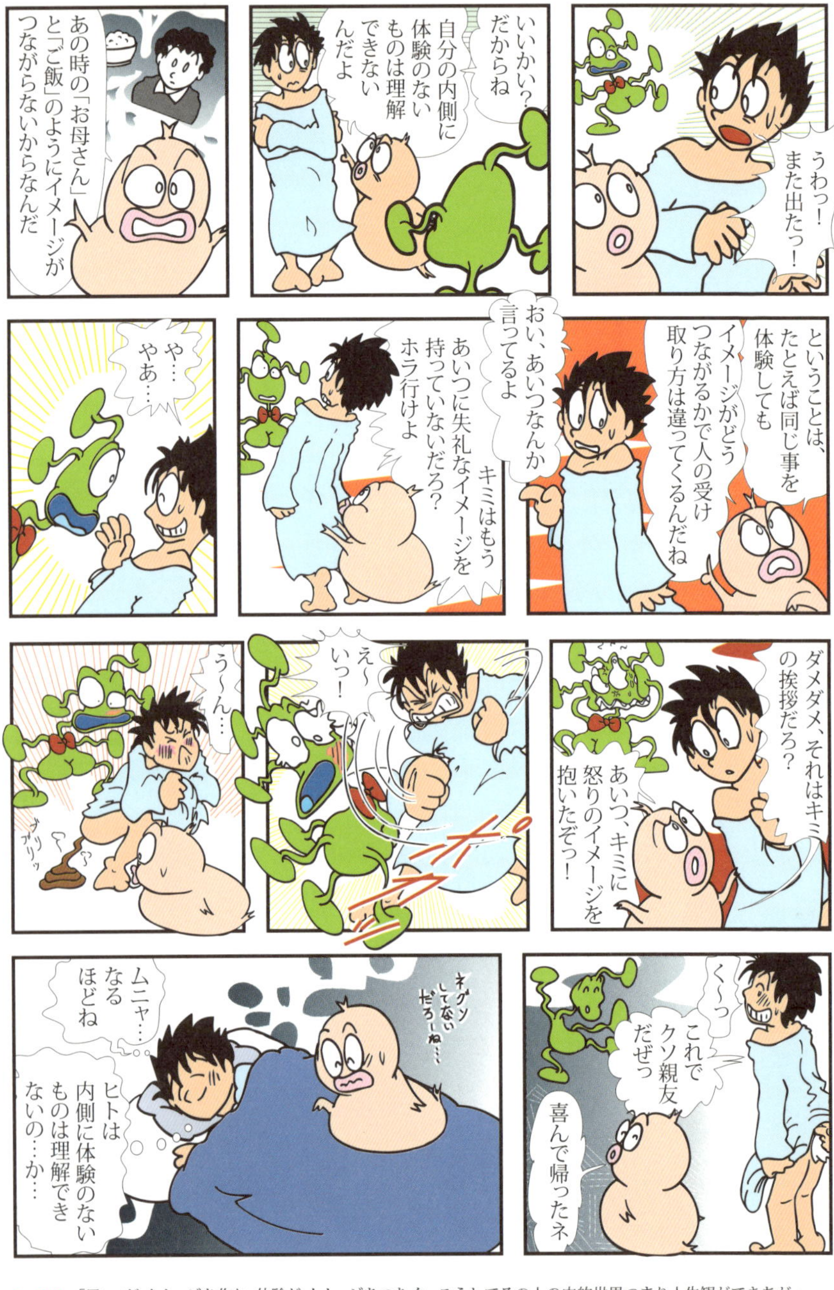
うわっ！また出たっ！
いいかい？だからね
自分の内側に体験のないものは理解できないんだよ
あの時の「お母さん」と「ご飯」のようにイメージがつながらないからなんだ
ということは、たとえば同じ事を体験してもイメージがどうつながるかで人の受け取り方は違ってくるんだね
おい、あいつなんか言ってるよ
キミはもうあいつに失礼なイメージを持っていないだろ？ホラ行けよ
や…やあ…
ダメダメ、それはキミの挨拶だろ？
あいつ、キミに怒りのイメージを抱いたぞっ！
え〜いっ！
う〜ん…
く〜っ
これでクソ親友だぜっ
喜んで帰ったネ
ムニャ…なるほどね
ネグソしてないだろーね…
ヒトは内側に体験のないものは理解できないの…か…

check! 「思い」がイメージを作り、体験がイメージをつなぐ。こうしてその人の内的世界つまり人生観ができあがってゆく。

08　形というシンボル

なあ…
だるまんよ
考えてみると不思議だなあ
昔の人は星を結び付けていろいろな形から星座を読んだ
そして天文学や占いが生まれた
世の中はさまざまなメッセージで満ちあふれているんだなぁ
しかし、どうやってそのメッセージに気付いたんだろう…
今日はやけに真面目じゃん
思いの出所を探ってみようじゃないか！
よし！
おおっ
あれはっ！

ヒットラーだっ
御存じのようにヒットラーはユダヤ人にマークをつけて排斥した
胸にある星のマークはユダヤ人のマークとされたんだ
まてよ。星とユダヤ人…、何か意味でもあるのかな
待って！
もっと時代をさかのぼるよ
な、なんだ？
これはいつの時代？
旧約聖書の時代だよ
ほら、あそこにいるのがダビデだ
ユダヤ人の英雄だね
ん？あそこにも星のマークが…
（注）
あの星形をダビデの紋章というんだ。あそこからユダヤ人のマークとされたんだ
マークかあ…
星座からメッセージを読むように
いろんなマークにメッセージを込めたのかなあ

（注）六芒星と言う。伊勢神宮の奥宮とも言われる伊雑宮ではこれを御紋としており、日本ユダヤ同祖説の元にもなっている。神秘学的にはアストラル体（41ページ参照）を示す。

するとー
「形」というのは一種の「絵言葉」ってわけだ!
それはそうなんだけど…
もっと意味は深いんだ
おおっ! 今度は昔の中国だな
軍師が作戦を練っているところだな
フムフム
ああっ! あれはっ!
木
火
土
金
水
あの人は鄒衍《すうえん》という人で五行理論のもとを作ったと言われている
ここにも星が使われているわけだ
五行ではこの星形をもとに説明するんだよ（注）
「木《もく》」
「火《か》」
「土《ど》」
「金《きん》」
「水《すい》」
「木《もく》」「火《か》」「土《ど》」「金《きん》」「水《すい》」という五つの要素に
世の中のすべてを象徴させて世界を見ていくわけだ
「木」もく
「火」か
「土」ど
「金」きん
「水」すい
なるほど
「木」
「火」
「土」
「金」
「水」
じゃ、星マークのおおもとは五行だったってわけ?

（注）五芒星と言う。天照大神を祀る伊勢系では六芒星だがスサノオ系では五芒星をマークとする事も多い。天文学者のケプラーは正五角形を生、正六角形を死の世界と表現しているのが何とも示唆的である。神秘学的にはエーテル体（80ページ参照）を示す。

ところが
さにあらず
「木」《もく》
「火」《か》
「土」《ど》
「金」《きん》
「水」《すい》
「水」《すい》
「金」《きん》
「土」《ど》
「木」《もく》
「火」《か》
五行の星形は、もともとは十字形だったんだ まん中の「土《ど》」が横に来たんだ
ええっ？
こんどは十字が出てくるっ？
ほいじゃ、だるまんっ！
西洋のキリスト教と、東洋の五行はもともとはまるで同じシンボルを扱っているわけ？
「水」《すい》
「金」《きん》
「土」《ど》
「木」《もく》
「火」《か》
こいつは大発見だっ！ムムム…！
確かにおもしろいよね
十文字のマークには深い意味があるんだけど…これはまたにして、
今日のはコレだ
なんだい、また赤ん坊の時の僕かよ
そう。だけど、この赤ちゃんはまだ生まれたばかりでエンピツも何も知らない状態なんだ
いいかい？
なんだい？何描いてんの？
まあ、黙って見てなって！

サラサラ
ほい
きょとん
きょとんとしてるね
では次はコレだ
だー
キョーミは示しているようだよ
では最後はコレだ
さっ
だ…
だあ…
ぎゃひ〜ん
逃げろっ!
あーらら、泣かしちゃったよぉ…
しかし…
あの何も知らない赤ちゃんが最後の絵でなぜ泣いたと思う?

怒った顔の絵だったからだろ？
まだ何も知らないんだぜ
そうか…
人は内にあるものでしか理解できないんだったよな
まだ何も知らないなら、あの絵も理解できないはずだ
おかしい…
矛盾する…
そこだよ！
実はこれが無意識なんだ
我々は無意識の内に何かをもともと持って知っているということなんだ
（注）
そういうものはさまざまな記号や形で存在するんだ
前と矛盾するけど…
無意識の中には「体験以前」の知識が眠っている
昔の人が星を見ていろいろ気付いたように…
その無意識の中の知識を読み出すことも可能なんだよ…
だから、「形」というものを見つめなおしてほしいんだ
ボクたちはマークとか形のシンボルの中に
目に見える以前の何かもっと深いものを読み取っているんだよ
そして翌朝…
よくみれば氾濫してるよね
誰が作ったともいえないマークの類いが…

check! ヒトは内に無いものは理解しづらいが、その反面、体験以前の知識もシンボルとして持っている。五行のマークもそのひとつである。

（注）ここで言う「無意識」とは心理学者ユングの言う「集合的無意識」に相当する。第 15 話 112 ページおよび第 20 話 141 ページ参照。

解説　五行の表現方法（星形と十時形）

五行とはもともと、我々が世界を相対的な「関係」でしか理解できないことから始まっている。「私」すら「私以外のもの」がいるからこそ「私」と呼べているのだ。同様にして男と女、右と左……というようにすべてのものが相対的な二極の関係（陰陽）で説明できる。しかし、このままでは空間的な把握がしにくくなる。右と左だけではなく上と下も必要だし、暑いと寒いだけではなく暖かいと涼しいも必要となる。こうして二極が四極となり、中心を含めて五極となったのが五行である。こうして十二支、時刻、方位などを示す空間的な五行図（図一）ができあがった。しかし、このままでは空間や時間の把握はできても、その関係性が理解できない。たとえば、熱い火と冷たい水の関係では、量にもよるが冷たい水のほうが勝利しやすい……という具合だ。さらには、水のあるところには植物も含めて生物が発生しやすいという関係性もある。こうして星形の五行図（図二）ができあがり、相剋《そうこく》と相生《そうせい》という二つのルートができあがった。これらが基本となり、季節や方位や時間、それから森羅万象の関係性や、人体のシステム、国家の興亡までが把握されるに至ったのが五行の歴史である。

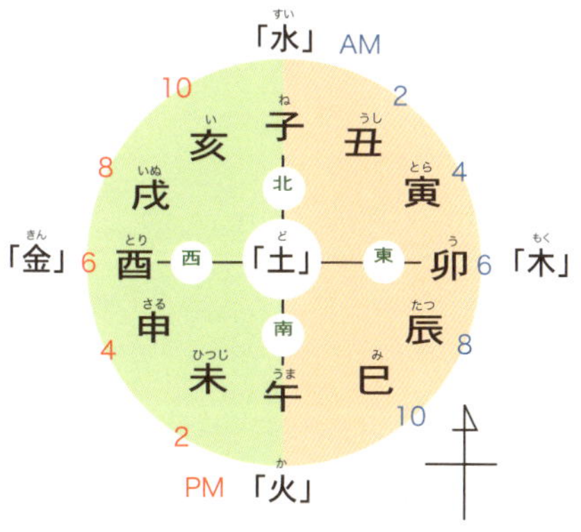

（図1）

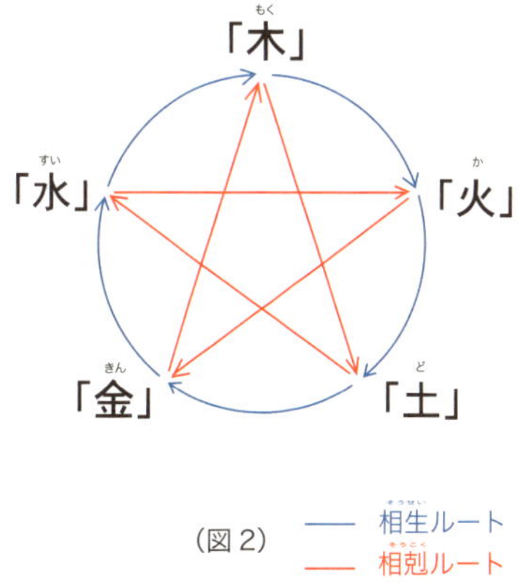

（図2）

これだけ懐の広い陰陽五行であるのだから、その応用範囲は実に広い。現在では東洋哲学、東洋医学、民俗学、はては風水や易学、その他の占術に至るまで多くの学問の下敷きになっている。本書ではこれをもう少し広げて日常のさまざまな出来事や知識の理解に応用しようとしている。

たとえば教育。学校という現場ではもっと規則を厳しくすべきだとか、いやもっと自由にしないと個性が伸びないとかさまざまな意見が出る。五行にあてはめてみると、規則に従ってみんなと同じ知識をつめこむのは「土《ど》」。また、個性を尊重して個々の才能を伸ばすべく規則をゆるめて自由にするのは「水《すい》」だ。そして「土《ど》」は「水《すい》」を剋《こく》しやすいので（「土剋水《どこくすい》」）、規則の多いところでは個性が伸びにくいことが事実だと理解できる。しかし、相《そう》剋《こく》ルートの矢印のとおりに「土《ど》」は「水《すい》」へと移行していくものなので（第二十九話一九六ページ参照）、どこかのタイミングで必要なものとそうでないものを分けて、いらないものを捨てて（「金《きん》」）、個性たる「水《すい》」を重視していくことが人間的成長では必要なことがわかる。だから義務教育ではある程度の規則を重視し、大学からは個性を重んじた自由な教育が必要であるということがよくわかるのだ。

本書では五行の入り口にあたる「木《もく》」、そして現実社会に適応していく「土《ど》」を中心に述べられているが、これからも他の巻を通じて森羅万象に挑んでいくつもりである。乞うご期待！

3節

魂は進化する

夏目漱石の『こころ』を読まれた方は多いと思う。それにしてもなぜ漱石はこの小説を『こころ』と名づけたのだろうか。小説では、実際の主人公たる「先生」と呼ばれる人物が、親友の彼女を好きになってしまい、あげくの果てに彼をして自殺に追い込んでしまう。このことに対して「先生」は、人間として最も恥ずべきことをしてしまったと煩悶し、我と我が身を呪わずにおれないほどに追い込まれていくことになる。

本編第五章に「アストラル体」というあまり聞き慣れない用語が登場するが、これは「思い」の担い手である「こころ」のことであると注釈してある（六六ページ）。そしてこれは五行における「木《もく》」のことであるということは、たびたび述べている通りであり、それは「暴れ馬」のように勝手に動き回り、思い続けることで「殻」になって本人の意志とは無関係に妄想を自動再生するようになると説明した。つまり「先生」とは「思いの殻」に入り込んでしまった人間の姿に他ならないのであり、それが『こころ』という題名に現れているように私には思えるのだ。しかし「思い」の悪い面ばかりが強調されているわけではない。漱石は後に次のように友人に手紙を書いている。

私は意識が生のすべてであると考へるが同じ意識が私の全部とは思はない。死んでも自分はある。しかも本来の自分には死んで初めて還れるのだと考へている。

「思い」には我と我が身を苦しめ汚していく悪い面もあるが、本来持っているはずであろう美しく輝く本来の魂に導く力もあると漱石は気づいているのである。主人公の「先生」は自ら生を断つしかなかったのだが、漱石自身はこの後も悪戦苦闘していくのだ。そしてそれは晩年の「則天去私《そくてんきょし》」という座右の銘に結晶するのである。

09 「思い」があるから進化

いらっしゃいませ～っ!
ふーん、なかなかいいとこじゃん
ずっとその格好でいてくれよだるまん
こっちの方が楽でいいんだけどね
ど
どうぞ
失礼します
はい
どーぞ!
ちょっと、あんた!
指が入ってる!
ギロリ
ん? なんか反抗的?
晩御飯が先ですかお風呂が先ですか?

ちょっと、あんた！
待ちなさいよ！
忙しいので失礼します
こいつ…
あたしの言うこと無視した
ドカン
ピシャン
も〜っ、アッタマきたっ！
ま、まてよっ、だるまんっ！
番頭に言ってあいつクビにしてやるっ！
ちょっと番頭さんっ！
あの仲居のことだけどねっ！
すんごく態度悪いわよっ！
なんとかしてよっ！
うるせえな…
え？

うっせーんだよっ！
ワシはおまえらみたいな若いの見るとイライラすんだよ
ちょっ…
ちょっと、なに…これ…
おとなしく部屋入ってろよ！
この厚化粧！
ドドドーン
ストーップッ
…と、
まあ、こーいうわけだね…
ごめんごめん
つい、本気になってしまって…
要するに…
バカにされると誰でも怒る…
これは「受け入れてほしい」という思いの現れなんだ
え？

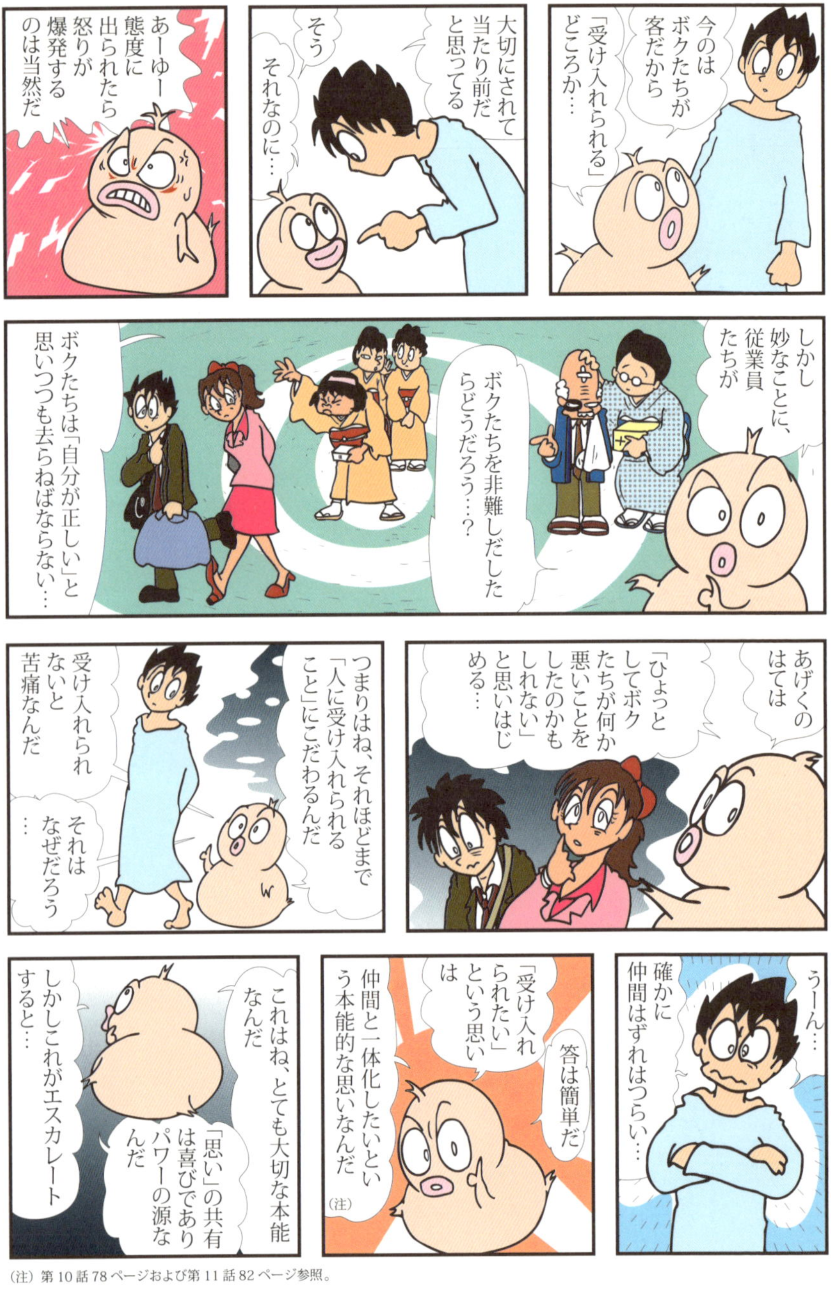
今のはボクたちが客だから
「受け入れられる」どころか…
大切にされて当たり前だと思ってる
そう
それなのに…
あーゆー態度に出られたら怒りが爆発するのは当然だ
しかし妙なことに、従業員たちが
ボクたちを非難しだしたらどうだろう…？
ボクたちは「自分が正しい」と思いつつも去らねばならない…
あげくのはては
「ひょっとしてボクたちが何か悪いことをしたのかもしれない」と思いはじめる…
つまりはね、それほどまで「人に受け入れられること」にこだわるんだ
受け入れられないと苦痛なんだ
それはなぜだろう…
うーん…
確かに仲間はずれはつらい…
答は簡単だ
「受け入れられたい」という思いは
仲間と一体化したいという本能的な思いなんだ
（注）
これはね、とても大切な本能なんだ
「思い」の共有は喜びでありパワーの源なんだ
しかしこれがエスカレートすると…

（注）第 10 話 78 ページおよび第 11 話 82 ページ参照。

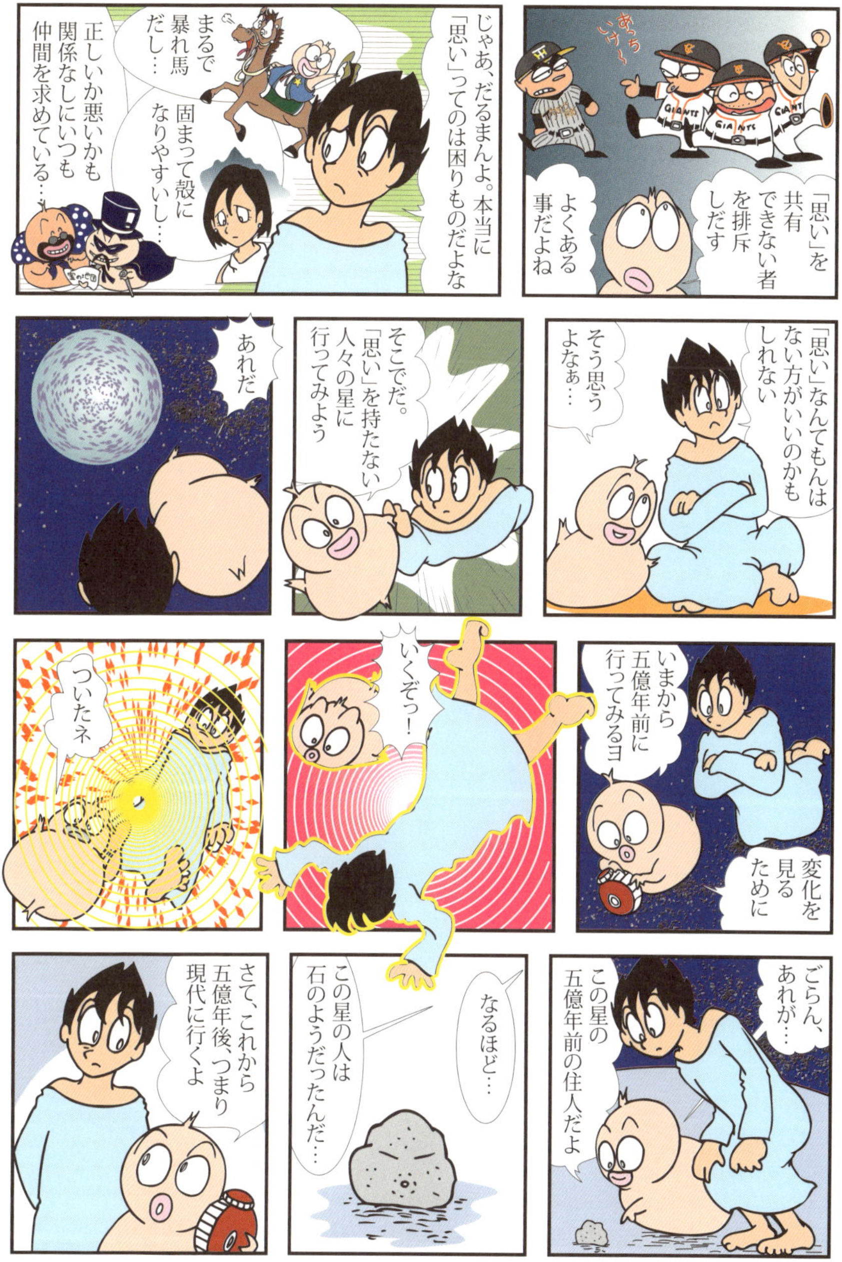
あっちいけ〜
「思い」を共有できない者を排斥しだす
よくある事だよね
じゃあ、だるまんよ。本当に「思い」ってのは困りものだよな
まるで暴れ馬だし…
固まって殻になりやすいし…
正しいか悪いかも関係なしにいつも仲間を求めている…
「思い」なんてもんはない方がいいのかもしれない
そう思うよなぁ…
そこでだ。「思い」を持たない人々の星に行ってみよう
あれだ
いまから五億年前に行ってみるヨ
変化を見るために
いくぞっ!
ついたネ
ごらん、あれが…
この星の五億年前の住人だよ
なるほど…
この星の人は石のようだったんだ…
さて、これから五億年後、つまり現代に行くよ

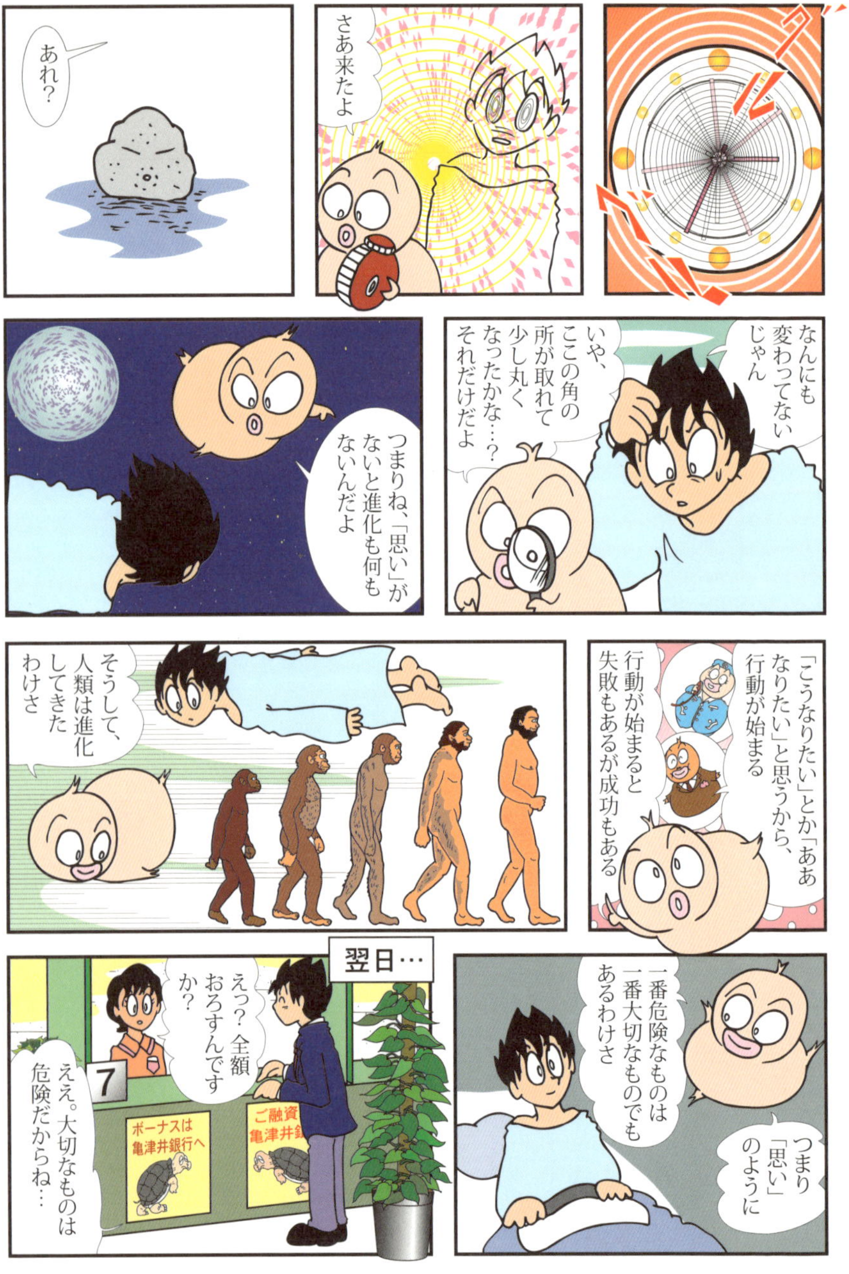
ゴ
ン
さあ来たよ
あれ？
なんにも変わってないじゃん
いや、ここの角の所が取れて少し丸くなったかな…？それだけだよ
つまりね、「思い」がないと進化も何もないんだよ
「こうなりたい」とか「ああなりたい」と思うから、行動が始まる
行動が始まると失敗もあるが成功もある
そうして、人類は進化してきたわけさ
つまり「思い」のように
一番危険なものは一番大切なものでもあるわけさ
翌日…
えっ？全額おろすんですか？
ええ。大切なものは危険だからね…
7
ボーナスは亀津井銀行へ
ご融資
亀津井銀

check! 他人に受け入れられる事は喜びであり、前進の源である。その背景には「仲間と一体化したい」という本能的な「思い」が存在する。

10　自愛とは？

ひさびさにいっぱついきますかね…
キョロキョロ
ほーっ
えーぞ、えーぞ
何してんの？
あ…あは！だ…だるまんっ！
しかも、みめ麗しの姿でっ…！
まあ、おマスの最中だったのね
いいのよ、いいのよ、結構じゃない？
手伝ってあげようか？

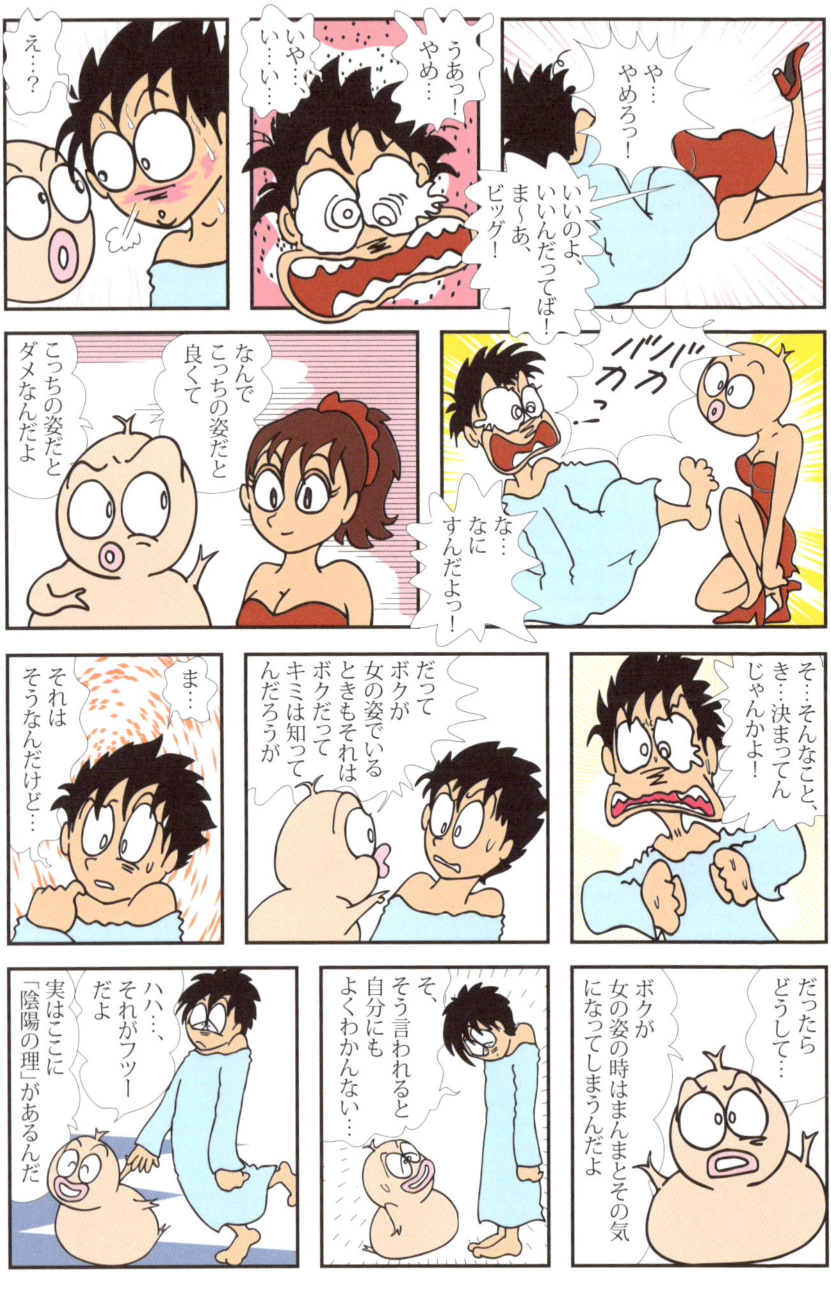

や…やめろっ！
いいのよ、いいんだってば！ま〜あ、ビッグ！
うあっ！やめ…
いや…い…い…
え…？
な…なにすんだよっ！
なんでこっちの姿だと良くて
こっちの姿だとダメなんだよ
そ…そんなこと、き…決まってんじゃんかよ！
だってボクが女の姿でいるときもそれはボクだってキミは知ってんだろうが
ま…
それはそうなんだけど…
だったらどうして…
ボクが女の姿の時はまんまとその気になってしまうんだよ
そ、そう言われると自分にもよくわかんない…
ハハ…、それがフツーだよ
実はここに「陰陽の理」があるんだ

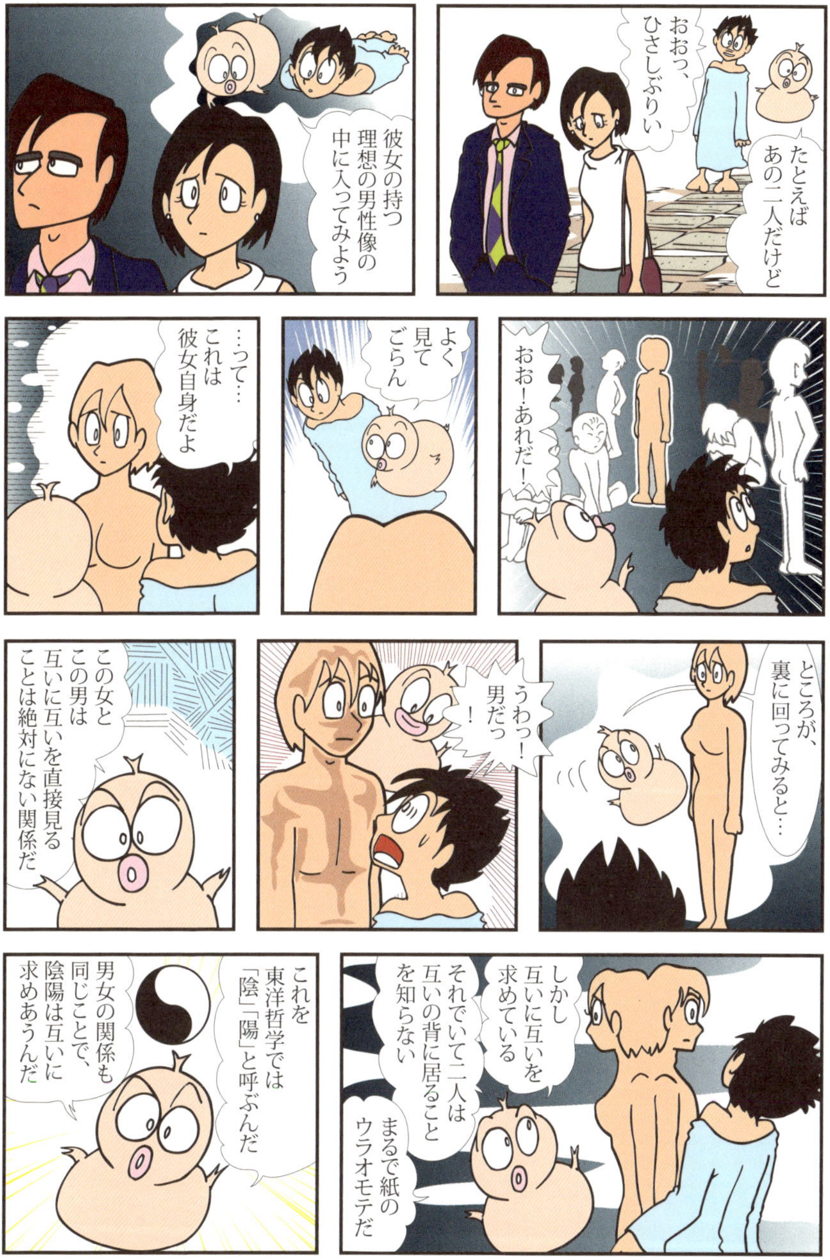
たとえば
あの二人だけど
おおっ、
ひさしぶりぃ
彼女の持つ
理想の男性像の
中に入ってみよう
おお！あれだ！
よく
見て
ごらん
…って…
これは
彼女自身だよ
ところが、
裏に回ってみると…
うわっ！
男だっ
！
この女と
この男は
互いに互いを直接見る
ことは絶対にない関係だ
しかし
互いに互いを
求めている
それでいて二人は
互いの背に居ること
を知らない
まるで紙の
ウラオモテだ
これを
東洋哲学では
「陰」「陽」と呼ぶんだ
男女の関係も
同じことで、
陰陽は互いに
求めあうんだ

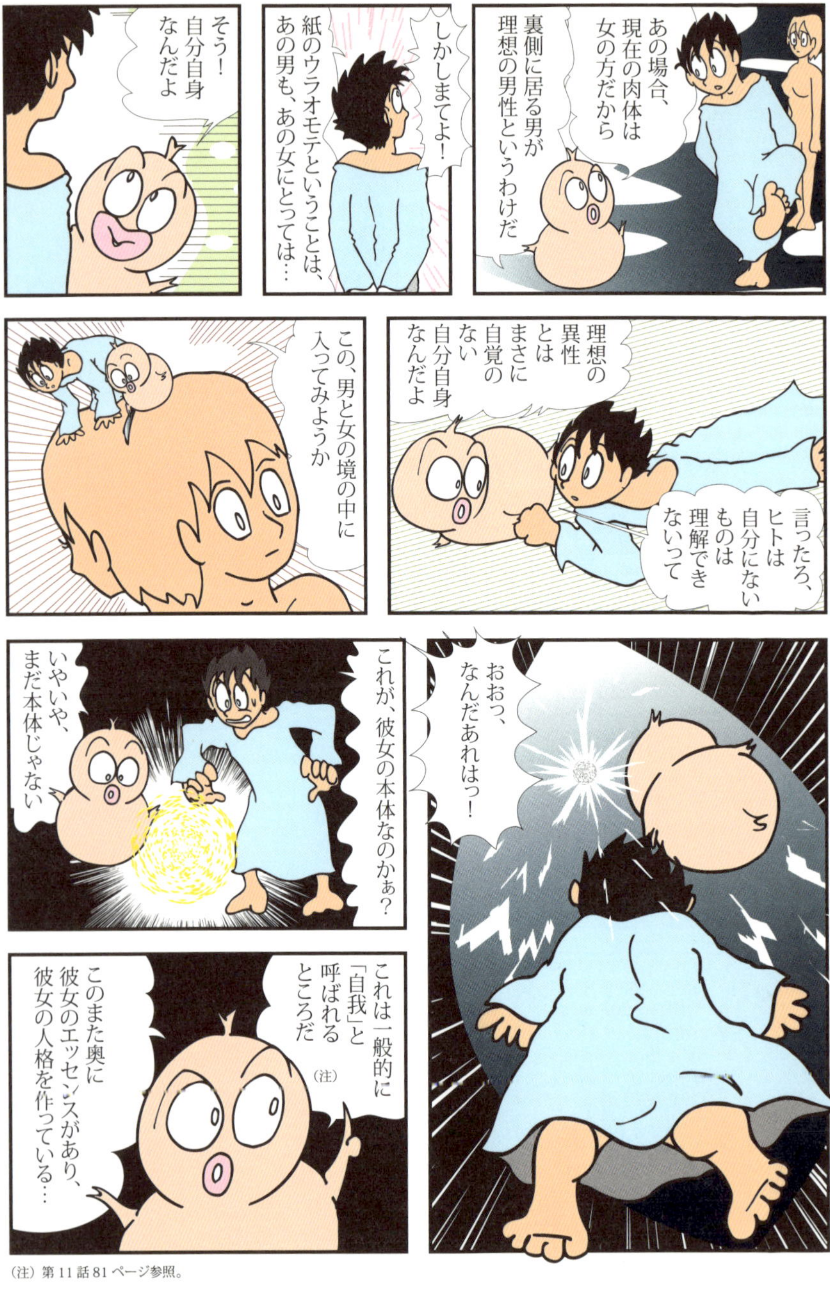
あの場合、現在の肉体は女の方だから
裏側に居る男が理想の男性というわけだ
しかしまてよ！
紙のウラオモテということは、あの男も、あの女にとっては…
そう！自分自身なんだよ
理想の異性とはまさに自覚のない自分自身なんだよ
言ったろ、ヒトは自分にないものは理解できないって
この、男と女の境の中に入ってみようか
おおっ、なんだあれはっ！
これが、彼女の本体なのかぁ？
いやいや、まだ本体じゃない
これは一般的に「自我」と呼ばれるところだ（注）
このまた奥に彼女のエッセンスがあり、彼女の人格を作っている…

（注）第11話81ページ参照。

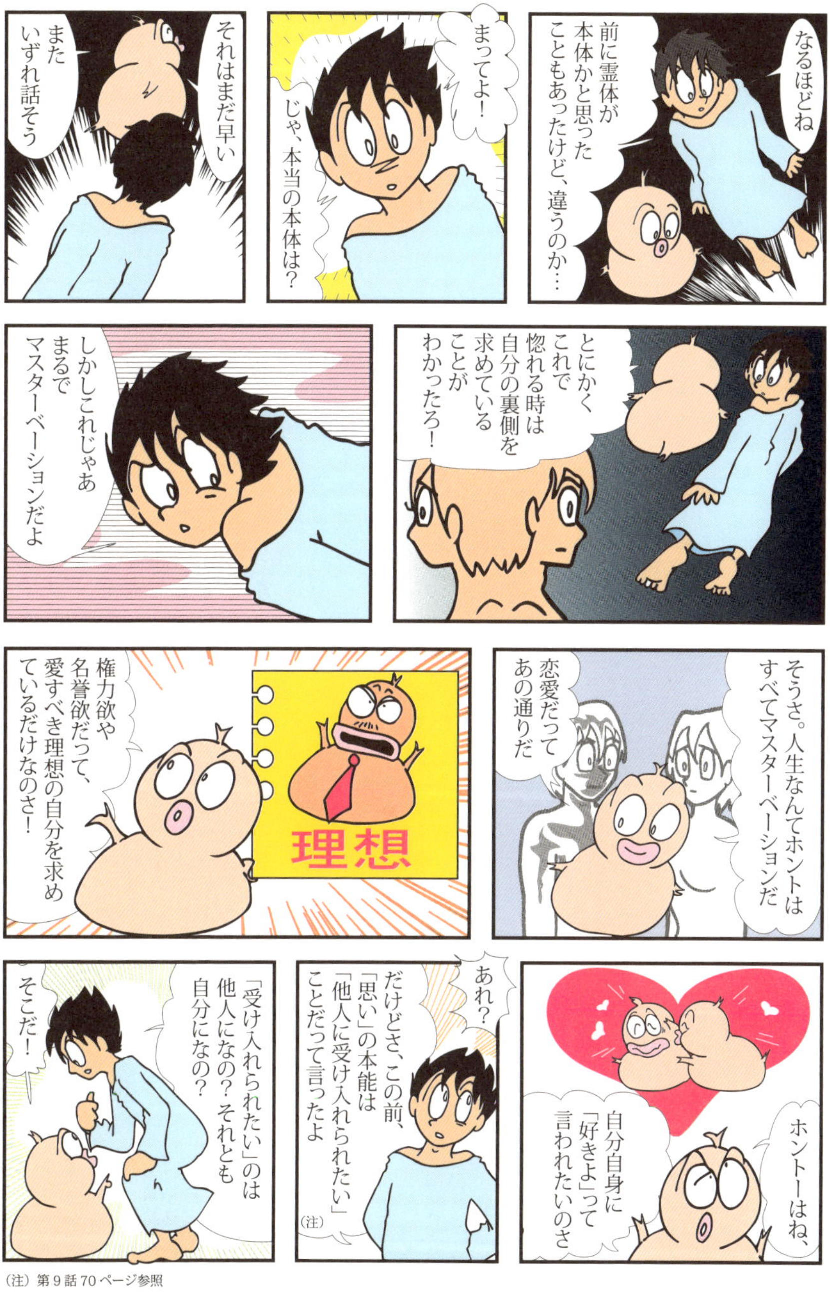
なるほどね
前に霊体が本体かと思ったこともあったけど、違うのか…
まってよ!
じゃ、本当の本体は?
それはまだ早い
またいずれ話そう
とにかくこれで惚れる時は自分の裏側を求めていることがわかったろ!
しかしこれじゃあまるでマスターベーションだよ
そうさ。人生なんてホントはすべてマスターベーションだ
恋愛だってあの通りだ
理想
権力欲や名誉欲だって、愛すべき理想の自分を求めているだけなのさ!
ホントーはね、
自分自身に「好きよ」って言われたいのさ
あれ?
だけどさ、この前、「思い」の本能は「他人に受け入れられたい」ことだって言ったよ
(注)
「受け入れられたい」のは他人になの? それとも自分になの?
そこだ!

（注）第9話70ページ参照

ホラ、前に…
理解は、内にある体験から始まる…と説明したよね
ということは、器が大きくなって、内にあるものが増えないと
自分の進歩もないということだ…
そしてヒトは本当は一番自分に愛されたい…
これは第一段階だ
だから、第二段階として
「自分を愛せる人」どうしが集まってひとつの人になったとしたら…
その人は自分の器を広げたことになるだろう
自分も他人も同時に受け入れられるわけだ
なるほど…合体した巨人というわけだね
魂とは「個」が集まり小さな「全体」を作っていこうとするんだ（注）
これが「仲間と一体化したい本能」の正体なんだ
なるほど、じゃあ、マスターベーションは…
まだ自分を愛そうとする段階ってわけかぁ…
「自慰」と言うもんなぁ…
そう。昔はマスのことを手陰《しゅいん》とも言った…
「陰」とは男の「陽」の逆なので女の意味だ
つまり手の中に女という異性を見ているのさ
自愛ってことだよ
翌日…
なんかこれが自分だと思うと…
素直にコーフンできなくなっちゃったよ…

check! 自分を愛せることが他人を受け入れる余裕を作る。これが「個」が「全」へと成長してゆく第一歩となる。

（注）ただし、この「個」が「自我」ではなく「自己」のレベルに達している必要がある。「自我」のレベルでは自愛は単なるエゴイストになりやすい。第11話81ページ、第20話141ページ、第30話200ページを参照のこと。

11　集合していく進化の道筋

どうしたの？
ノラネコが死んでるんだ
この前までエサやっていたのに…
うむ、これはまだ死んだばかりだな
これは都合がいい
えっ!?
ちょっと入ってみよう
おえっ！死骸に入るの？
うわっ
モワッ
だるまんよぉっ！
これは何だよっ
ネコの魂が体から出ていくところだ
ほら
まず体から抜けたぞ

今乗っている魂を何というか知ってる?
たしか霊体だろ?
今日はもう少し説明しよう
よく見て。わりと輪郭がはっきりしてきてるだろ?
エーテル体
肉体
これは、肉体の一部ともいえる、「エーテル体」と言われる部分だ
（注1）
いちばん肉体に近い所にある霊体で…
一般に「気」とも言われる
肉体を持つものが持つ物質エネルギーなんだよ
五行で説明すると「土《ど》」の要素に等しい
「木」《もく》
「火」《か》
「土」《ど》
「金」《きん》
「水」《すい》
物質に近いからこそ
魂が肉体から離れるとだんだん崩れてなくなる
ほらね
ずるっ
うわっ
そしてエーテル体を脱ぎ捨てると
アストラル体が表れる
ぬるっ
これが例の「思い」の部分で
五行の「木《もく》」だ
「木」《もく》
フーム
たしか「思い」が強いと、このアストラル体を脱ぎ捨てることができないんだった…
（注2）

（注1）　西洋神秘学の用語で、肉体を構築する霊体の一種。気ともオーラとも呼ばれることが多い。

（注2）　第4話36ページ参照。

そう…、そしてアストラル体を脱ぎ去った後に出てくるのが「自我」だ
（注1）
自我
アストラル体
エーテル体
肉体
これはその人の核に近い
エッセンス
自我
アストラル体
エーテル体
肉体
だけど実際には自我の先に本モノがある。それがエッセンスだ
（注2）
それでどうするんだよ
エッセンスがいくつか集まって
一体化してひとつの「個」になれば…
エッセンス
非常に器の大きいひとつの魂になる
ああ…「進化の第二段階」のことだね
「他人に受け入れられたい」という「思い」の本能も…
「仲間と一体化していきたい本能」の低次元での表れにすぎないことがわかるだろ？
でもね、他人と一体化する前にまず自分に受け入れられる必要があるんだよ！
そしてヒトは本当は一番自分に愛されたい…
進化の第一段階だ
ああ…
そうだよね
ここが大切
「自分に受け入れられない」と…
エッセンス
自我
アストラル体
エーテル体
肉体
自我から先へのエッセンスの所へは行けないんだ
（注3）
どうして？
それに「自分に受け入れられない」ことなんてあるの？
「自分」を認めない限り、「自我」は存在しないからだ
「自我」がないと「自分を受け入れられる」こともない
たとえば子供の場合…

（注1） 第10話76ページ参照。

（注2） エッセンスは82ページで述べる「自己」以上のものを指している。

（注3） 言い換えると、「自我」（五行の「水」）の確立がないと「自己」（五行の「火」）には至れないということ。

んーと…、だるちゃんねえ、
てなふうに自分を他人のように呼ぶだろ
自分を「私」と呼べるまでがまず大変な進歩なんだ
エヘッ
私、エラい？
すい
「水」
＝
自我
これを「自我」といって五行では「水《すい》」にあてる
これはいずれ
（注1）
そして動物では…
「水」
＝
自我
まだ「自我」は育ってないんだ
当然「自我」から先へのエッセンスへもまだ進めない
エッセンス
自我
アストラル体
エーテル体
肉体
するとこのネコのアストラル体はこのあと、どーなるのかな？
ほほー
見てみな上に近付いてきたあれを！
おっと！
おおっ！何匹かの集まりだぞっ
そう。それが…
自我の代わりなんだ
つまりね、人間の場合、自我の先のエッセンスの段階で集合するのが目標だけど…
エッセンス
自我
アストラル体
エーテル体
肉体
人間A
人間B
人間C
人間D
動物はアストラル体のすぐ上の段階で集合して「自我みたいなもの」を作るんだ
自我 みたいなもの
アストラル体
エーテル体
肉体
ネコA
ネコB
ネコC
（注2）

（注1） 第29話196ページ参照。

（注2） 神秘学ではこれを「群魂」と呼ぶ。

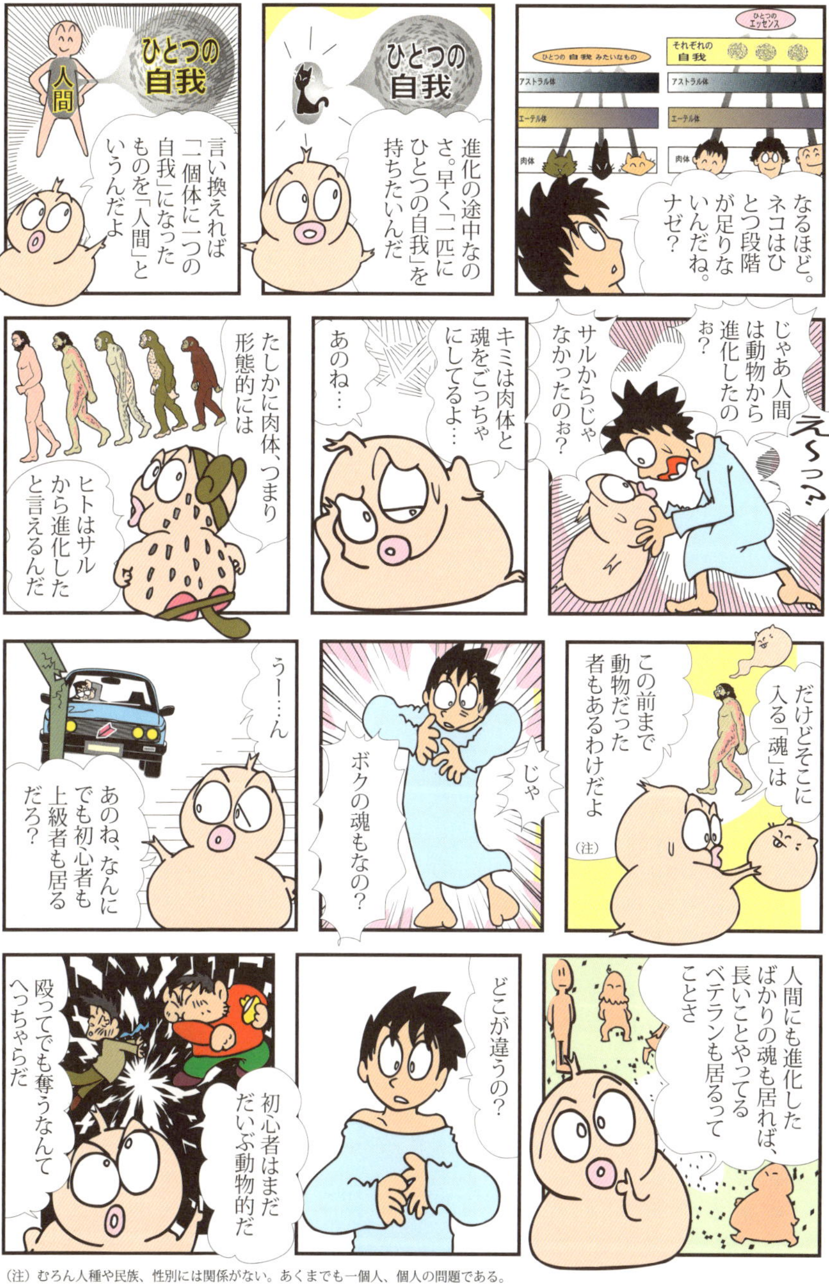
ひとつのエッセンス
それぞれの自我
ひとつの自我みたいなもの
アストラル体
エーテル体
肉体
なるほど。ネコはひとつ段階が足りないんだね。ナゼ？
ひとつの自我
進化の途中なのさ。早く「一匹にひとつの自我」を持ちたいんだ
人間
ひとつの自我
言い換えれば「一個体に一つの自我」になったものを「人間」というんだよ
じゃあ人間は動物から進化したのぉ？
サルからじゃなかったのぉ？
えぇっ？
キミは肉体と魂をごっちゃにしてるよ…
あのね…
たしかに形態的には肉体、つまり
ヒトはサルから進化したと言えるんだ
だけどそこに入る「魂」は
この前まで動物だった者もあるわけだよ
（注）
じゃ
ボクの魂もなの？
う—…ん
あのね、なんにでも初心者も上級者も居るだろ？
人間にも進化したばかりの魂も居れば、長いことやってるベテランも居るってことさ
どこが違うの？
初心者はまだだいぶ動物的だ
殴ってでも奪うなんてへっちゃらだ

（注）むろん人種や民族、性別には関係がない。あくまでも一個人、個人の問題である。

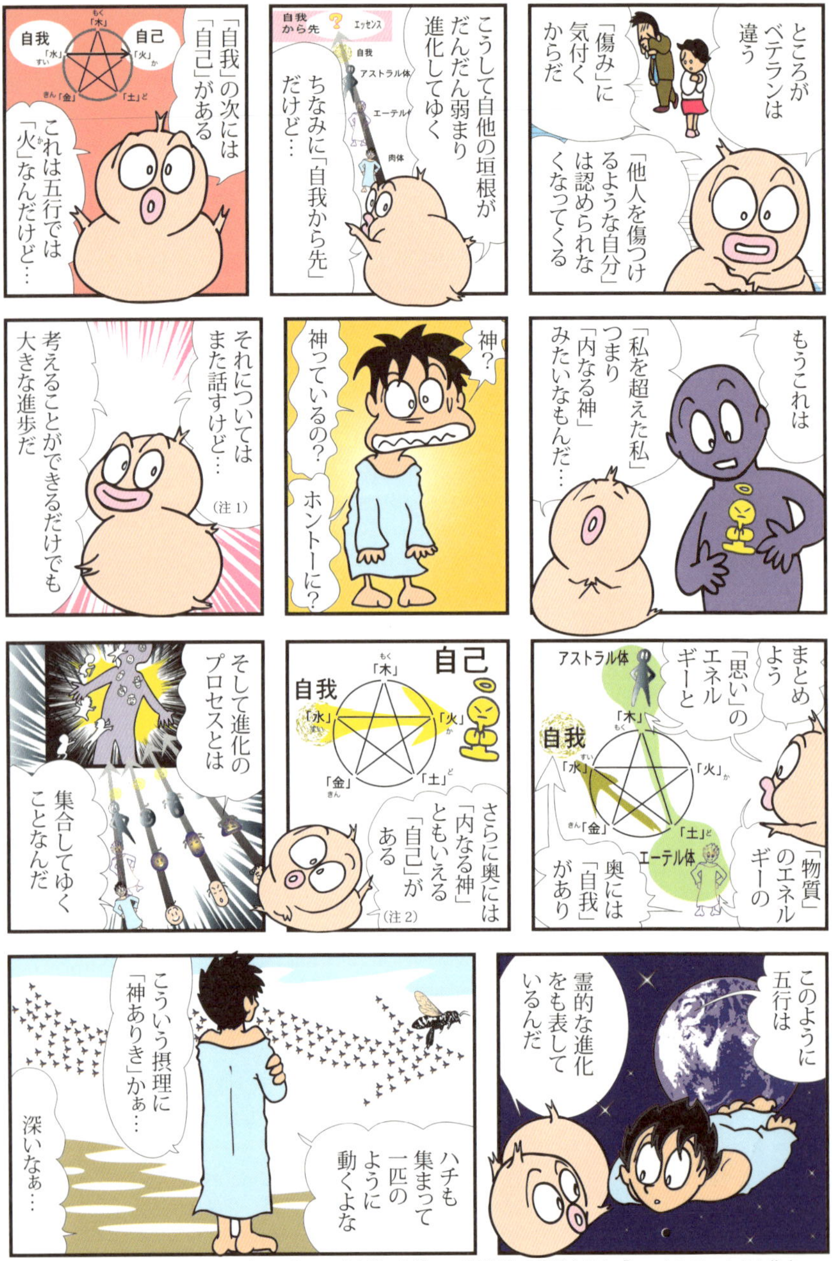

ところがベテランは違う
「傷み」に気付くからだ
「他人を傷つけるような自分」は認められなくなってくる
こうして自他の垣根がだんだん弱まり進化してゆく
ちなみに「自我から先」だけど…
自我から先
エッセンス
自我
アストラル体
エーテル体
肉体
「自我」の次には「自己」がある
これは五行では「火《か》」なんだけど…
自我
自己
「木《もく》」
「火《か》」
「水《すい》」
「金《きん》」
「土《ど》」
もうこれは
「私を超えた私」つまり「内なる神」みたいなもんだ…
神?
神っているの?
ホントーに?
それについてはまた話すけど…
(注1)
考えることができるだけでも大きな進歩だ
まとめよう
「思い」のエネルギーと
「物質」のエネルギーの
奥には「自我」があり
アストラル体
自我
「木《もく》」
「水《すい》」
「火《か》」
「金《きん》」
「土《ど》」
エーテル体
自己
自我
「木《もく》」
「水《すい》」
「火《か》」
「金《きん》」
「土《ど》」
さらに奥には「内なる神」ともいえる「自己」がある
(注2)
そして進化のプロセスとは
集合してゆくことなんだ
このように五行は
霊的な進化をも表しているんだ
こういう摂理に「神ありき」かぁ…
ハチも集まって一匹のように動くよな
深いなぁ…

check! ヒトは動物と異なり、一人にひとつの「自我」を持つ。だがそれを超越すると「エッセンス」となり集合してゆく。これが魂の進化の道筋である。

(注1) 第20話142ページ参照

(注2) ここでは「木」→「土」、「水」→「火」の相剋ルートを進化の方向として用いている。詳細は91ページ解説を参照のこと。

12　神と「火《か》」と愛

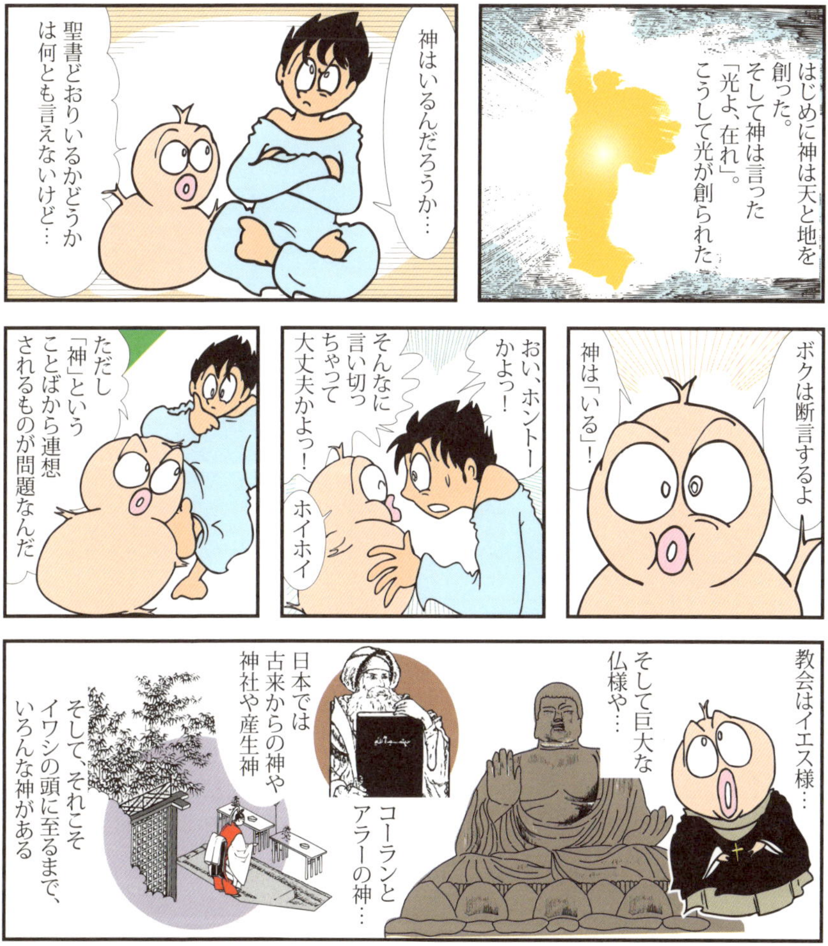
はじめに神は天と地を創った。
そして神は言った
「光よ、在れ」。
こうして光が創られた
神はいるんだろうか…
聖書どおりいるかどうかは何とも言えないけど…
ボクは断言するよ
神は「いる」!
おい、ホントーかよっ!
そんなに言い切っちゃって大丈夫かよっ!
ホイホイ
ただし「神」ということばから連想されるものが問題なんだ
教会はイエス様…
そして巨大な仏様や…
コーランとアラーの神…
日本では古来からの神や神社や産生神
そして、それこそイワシの頭に至るまで、いろんな神がある

（注）本話（第12話）のみ『人間アナーキー』（コリーヌ.プレ編著　モジカンパニー刊）にて既出。

ここでは宗派や信仰は別にして…
大きな「神」という概念でとらえてみてほしい
我々は太陽と共に生活をしている
たとえば太陽！
それに
空気！
食べ物！
水！
すべて我々にとっての必需品だ
しかし我々を生かしているものは…
それだけではないと見当がつくだろう
ちなみに
東洋哲学の基本では「陰陽」という概念を使うんだ
昼があれば夜があるだろう
これが「陽」と「陰」だ
上があれば下もある
これも陽と陰！
女が居れば男も居る
これも陰と陽だ
どっちか片一方だけということはありえないんだ
つまり我々の住むこの世では
すべてが「陰陽」という相対世界である…ということなんだよ
(注)

(注)「私」という存在ですら、「私以外のもの」があるからこそ表現できる。つまりはすべての基本としての「相対感」が存在している。63ページ解説も参照のこと。

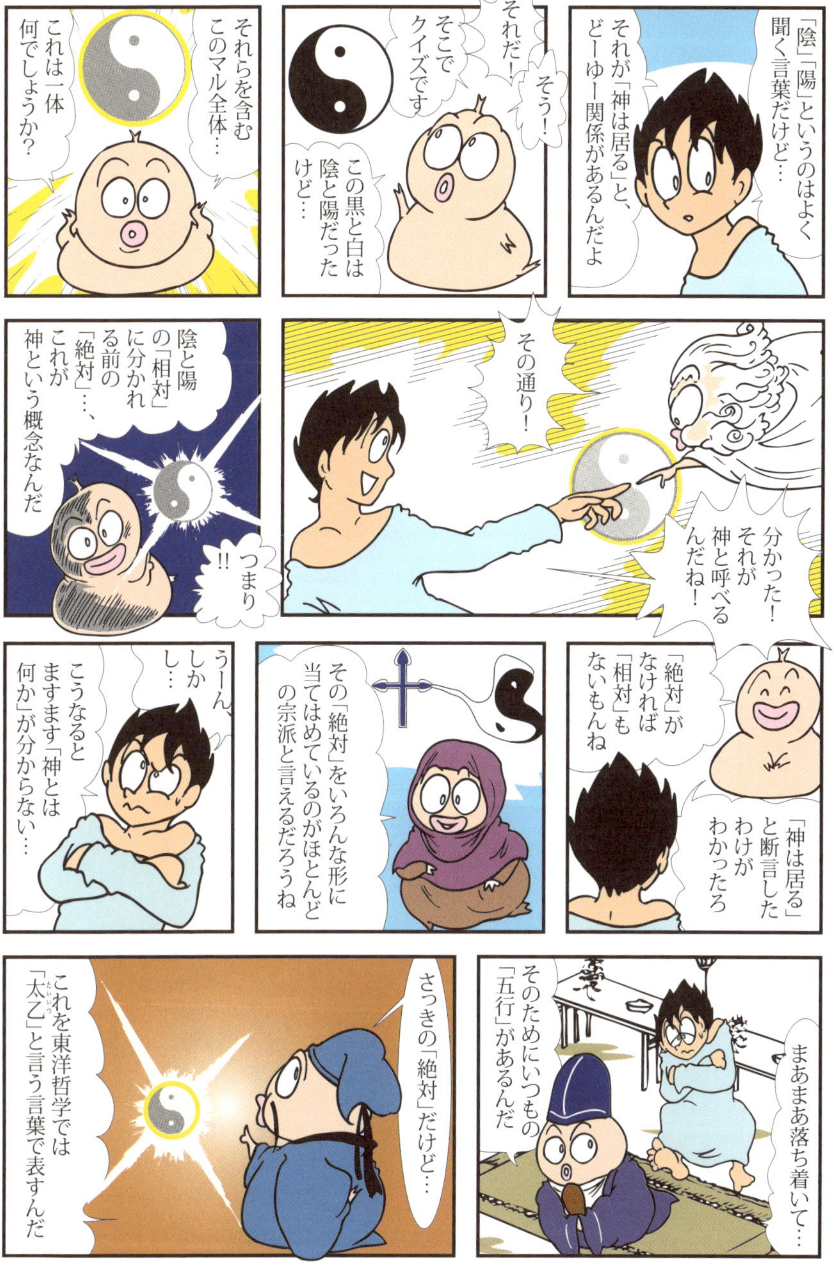
「陰」「陽」というのはよく聞く言葉だけど…
それが「神は居る」と、どーゆー関係があるんだよ
それだ!
そう!
そこでクイズです
この黒と白は陰と陽だったけど…
それらを含むこのマル全体…
これは一体何でしょうか?
その通り!
分かった!それが神と呼べるんだね!
陰と陽の「相対」に分かれる前の「絶対」…、これが神という概念なんだ
つまり!!
「絶対」がなければ「相対」もないもんね
「神は居る」と断言したわけがわかったろ
その「絶対」をいろんな形に当てはめているのがほとんどの宗派と言えるだろうね
うーん、しかし…
こうなるとますます「神とは何か」が分からない…
まあまあ落ち着いて…
そのためにいつもの「五行」があるんだ
さっきの「絶対」だけど…
これを東洋哲学では「太乙《たいいつ》」と言う言葉で表すんだ

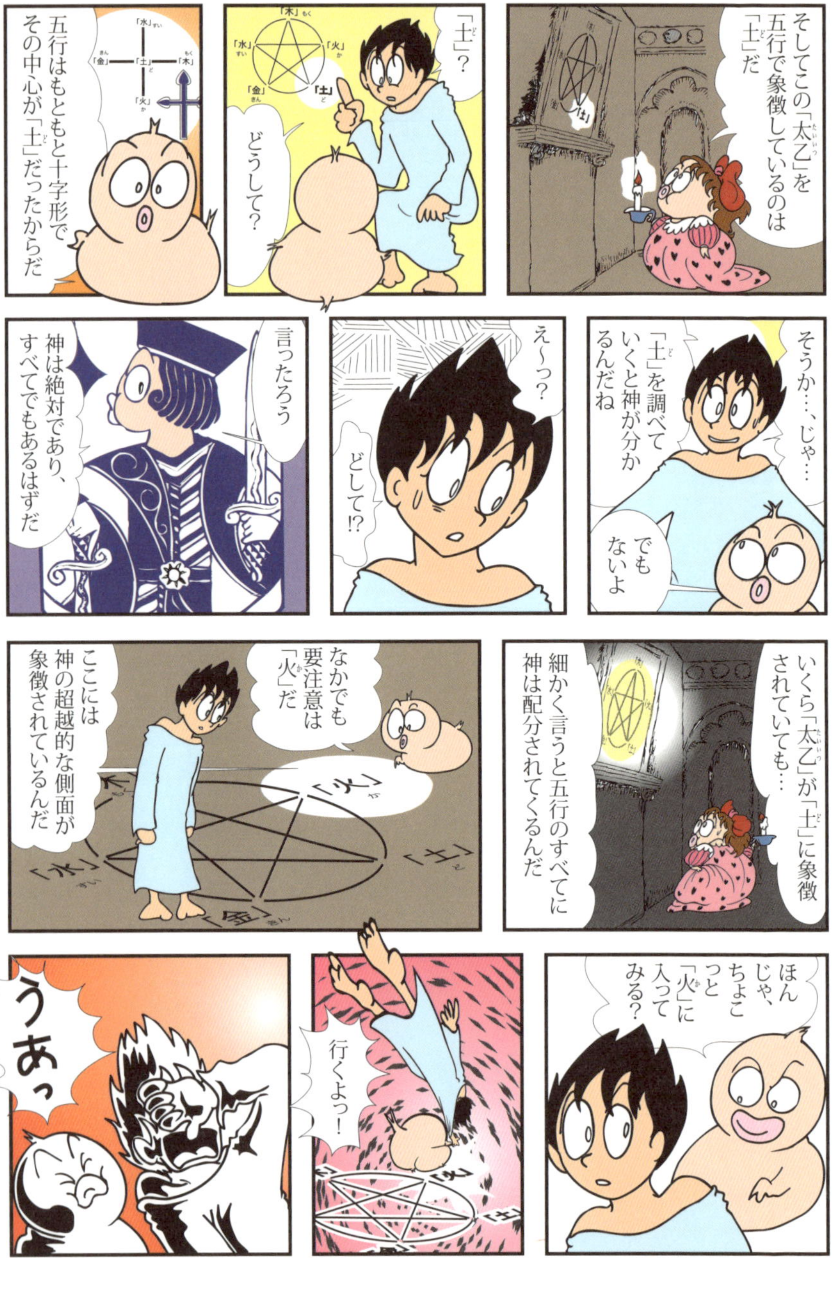
そしてこの「太乙《たいいつ》」を五行で象徴しているのは「土《ど》」だ
「土《ど》」？
「木」《もく》
「火」《か》
「土」《ど》
「金」《きん》
「水」《すい》
どうして？
「水」《すい》
「木」《もく》
「土」《ど》
「金」《きん》
「火」《か》
五行はもともと十字形でその中心が「土《ど》」だったからだ
そうか…、じゃ…
「土《ど》」を調べていくと神が分かるんだね
でもないよ
え～っ？
どして⁉
言ったろう
神は絶対であり、すべてでもあるはずだ
いくら「太乙《たいいつ》」が「土《ど》」に象徴されていても…
細かく言うと五行のすべてに神は配分されてくるんだ
なかでも要注意は「火《か》」だ
ここには神の超越的な側面が象徴されているんだ
「火」《か》
「土」《ど》
「水」《すい》
「金」《きん》
ほんじゃ、ちょこっと「火《か》」に入ってみる？
行くよっ！
うあっ

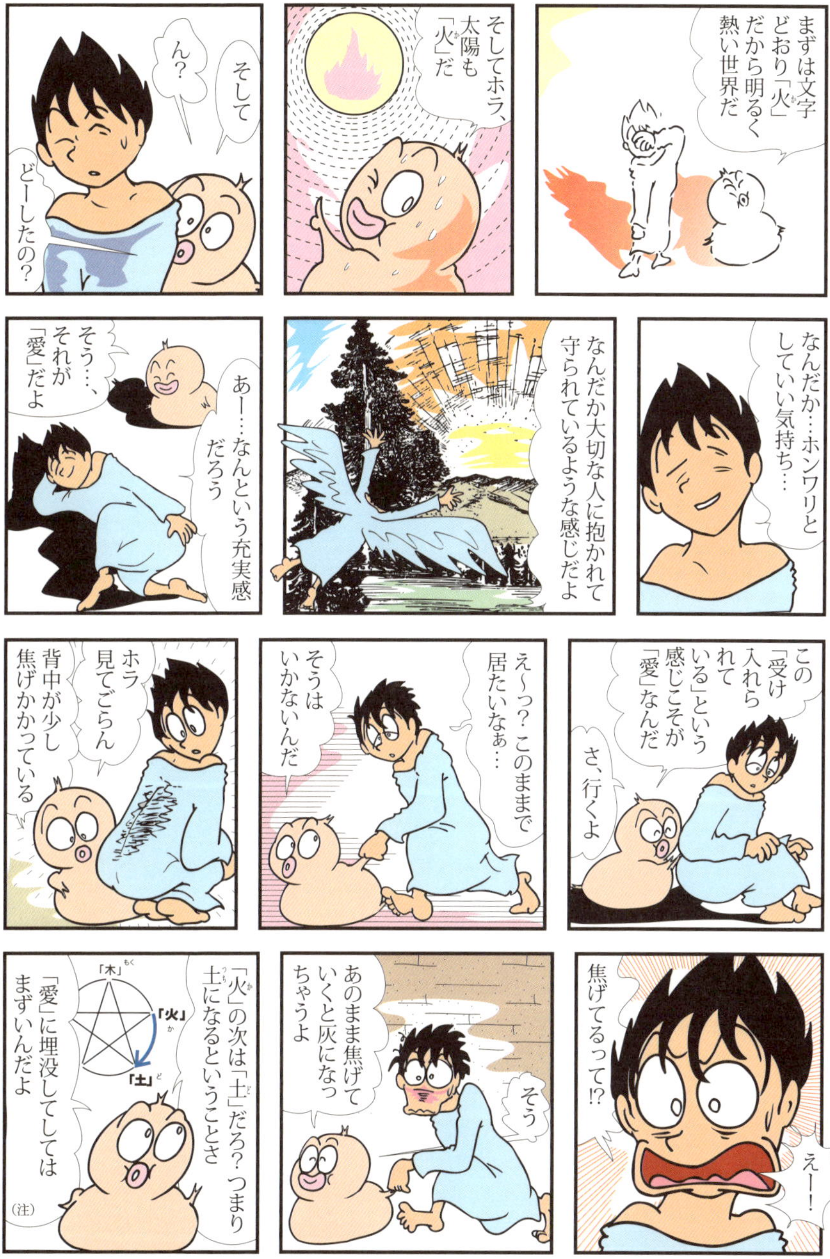
まずは文字どおり「火」だから明るく熱い世界だ
そしてホラ、太陽も「火《か》」だ
そして
ん?
どーしたの?
なんだか…ホンワリとしていい気持ち…
なんだか大切な人に抱かれて守られているような感じだよ
あー…なんという充実感だろう
そう…、それが「愛」だよ
この「受け入れられている」という感じこそが「愛」なんだ
さ、行くよ
え〜っ? このままで居たいなぁ…
そうはいかないんだ
ホラ見てごらん背中が少し焦げかかっている
焦げてるって!?
えー!
そう
あのまま焦げていくと灰になっちゃうよ
「火《か》」の次は「土《ど》」だろ? つまり土《つち》になるということさ
「木」《もく》
「火」《か》
「土」《ど》
「愛」に埋没してしてはまずいんだよ
(注)

(注)「火」は燃える火でもあり、愛への固執はそれを失う恐怖感に通じる(204 ページ解説参照)。現段階での人類では 90 ページの図のように相剋ルートの「木」から「土」の仲介としての「火」をまず理解しておきたい。

「火《か》」にある神とは…
いわば「見守る愛」なんだ
あの「受け入れられている」という感じ…
あれが成長の為にはとても大切なんだよ
「神の愛」だね
だからこそボクたちは安心して自分を認められるようになるんだ
だが、「愛」を受け取ることができないと…
自分が愛せなくなる!
すると「仲間と一体化」したい本能は中ぶらりんとなる…
結果、ひたすら他人から愛されることだけを考え
他人を受け入れることのできない「愛の盲者」となってしまう…
「思いの殻」にこもった姿と同じなんだ
五行でいうと
「木《もく》」の「思い」は…
「火《か》」が見守る形で愛を与えてこそ
「土《ど》」で地に足が着く。つまり実体験になる
「木」《もく》
「火」《か》
「土」《ど》
(注)
ナルホドね
こうして「木《もく》」の「思い」は「土《ど》」で現実へと生かされていくんだよ
ネ
「愛」っていうと…
こーゆーことばかり連想してたけど…、そーでもないんだねえ

check! 「自我」は(神のような)「見守る愛」が与えられる事を前提として成長してゆく。五行では「木」「火」「土」の流れにこのことが象徴されている。

(注) 第15〜17話で触れるように、この図は「火」の無意識が「木」から「土」の意識を支える事を意味している。

解説　相剋《そうこく》ルートと相生《そうせい》ルート

「だるまんの陰陽五行」シリーズでの一番の特徴は、五行説に出てくる相生《そうせい》説と相剋《そうこく》説のとらえ方にあると言っても良い。従来の説では「相生《そうせい》」は「親子」の関係で片側が片側を生んでいく関係、「相剋《そうこく》」は「夫婦」の関係とも言え必ずどちらかが勝者でどちらかが敗者という力関係を生む……と考える。そしてこれが基準となり、占いでは相性《あいしょう》の善し悪しが語られ、風水では運気が左右され、東洋医学でもある種の治療の手がかりとされる。しかし、本書では特に相剋《そうこく》関係を重視し、第十六話一一六ページで述べているように、それを勝ち負けだけのものとはとらえていない。

その鍵は相剋《そうこく》関係（本書では相剋《そうこく》ルートと呼ぶ）（「木《もく》」→「土《ど》」→「水《すい》」→「火《か》」→「金《きん》」）に表れる矢印の向きにある。第二二話一五一ページにあるように、勝ち負けだけの関係なら反対向きの矢印にしても何ら問題はないのである。それよりも、勝てるものが負けるはずのものに対してあえて力を与えていく向きと考えているのだ。そしてこのことが人間関係や、個人的な成長に関しての「魂の道」であると考える。

その例証としていくつかの事柄が挙げられている。一一六から一一七ページでは、勝つはずの「木《もく》」である肝が負けるはずの「土《ど》」である胃に仕事を与えることで両者のバランスを良好にし、二日酔いや肝臓病に至ることを防げるとあるし、一二一ページから一二二ページでは、思いばかりが巡って思い悩みやすいという「木《もく》」的状態が「土《ど》」的状態である現実世界に根をおろし地道にこつこつと実行することで、社会人として成長していくことを述べている。ここにあるのは、優劣をつけて勝者が弱者を切り捨てていくような世界ではないことがおわかりになると思う。こうすることで、個人的にも、集団的民族的にも、輪廻転生していく魂の一員としても、進化していく大切な道筋であることがおわかりになると思う。そしてそれが先人の知恵として五行の星形の中に込められているのではないだろうか？
また、相生《そうせい》ルート（「木《もく》」↓「火《か》」↓「土《ど》」↓「金《きん》」↓「水《すい》」）に関しても、おもしろいことがわかる。相剋《そうこく》ルートの場合は楽勝の相手にあえて負けることが魂の成長の道であることを言っているが、相生《そうせい》ルートの場合は放っておいても流れていってしまう道なのである。樹木は燃えて土になり、土の中には金属が生じ、その表面には水滴がつくという自然現象を指すので、そこには人為的なものが関与していない。だからこれは自然界の道なのであり、それに対して相剋《そうこく》ルートは魂を持った人類の道である……とも言えるのだ。

例として自然界と人体の仕組みを熱の作用という点で比べてみよう。自然界、たとえばひとつの囲まれた部屋の中でストーブをたけば熱は必ず上に溜まる。逆に冷房は下に溜まる。熱い夏のさかりでクーラーが効かないと思っていても足下はけっこう冷えている体験を持たれる方も多いだろう。しかし人体は頭寒足熱で頭が足より冷えている状態で健康的に安定する。この点、日本式のこたつは実にうまくできていると思う。逆に足下が冷えることで前身の血流を悪くして体温を低下させ、その分上に熱が溜まることで頭痛や肩こり、不眠や歯槽膿漏…と不安定な状況を作り出す。つまり人体はその皮膚の内側を自然界と反転させていることで安定しているとも言えるのである。第十三話九六ページにもあるように、天と地に対してそれをつなぐ形でヒトがいる。ヒトは天地という自然界の相対でもあり、自然界に対峙する存在でもあるということだ。これを陰と陽とするなら、陰陽の合体で地球というひとつの絶対（太乙《たいいつ》）世界を構成していることがわかるのである。
上記の応用例としての解説を二〇四ページにも挙げてあるので、そちらも参照されたい。

4節

五行をあやつる

何度か講習会を開いて陰陽五行の解説を行っているが、この時にいつも問題になってしまうのが我々に巣くっているひとつの考え方である。それは、「正解は何か?」という考え方である。試験勉強からクイズ番組に至るまで、我々は常に、それが正しいか正しくないかを問われ続けている。しかし、五行を学ぶ時にこれほど邪魔になる考え方はないのである。はっきり言うと、正解というものが断定できないのが五行なのだ。だから難しいともわかりにくいとも言えるのだが。

たとえば、ここにホワイトボードがあるとしよう。それは五行では何にあたるだろうか? ホワイトだから白で「金《きん》」とも言える。ボードを見ているのではなく書いてある黒い文字を見ているのだから黒で「水《すい》」とも言える。文字を書いて皆に情報を明確にするから「火《か》」とも言える。いろいろと答は出てくる。だがどれもが正解なのだ。要は決して五行分類がレッテルにはならないのである。

もうひとつ例をあげよう。女子と男子がいればこれは陰陽の関係になるが、どちらが陰だろうか? 普通は女子を陰とする。その理由は女子の性器は男子のように外側に出ていない（日陰にある）からとか、子宮というシェルターを持つからとか、いろいろと理由がある。ここまではまあいいとしよう。しかし少女とおじいさんの比較になってしまうと、年齢を基準に考えると少女は活発なので陽になってしまうのだ。さらに、少女でも正面は陰で背中が陽……、という具合に基準がどこにあるかによって答えはするすると変わってしまう。

しかし考えてみると、人生そのものがそうではないだろうか。どちらの仕事を選ぶかで迷って、結果として後悔したにせよ、もう一方が正解であったとは言い切れない。大切なのは自分がどんな視点に立ってものを考え、日常を送るかである。五行はそのための「ものさし」なのであり、魂を成長させるためのツールなのである。

13　三才《さんざい》から五行へ

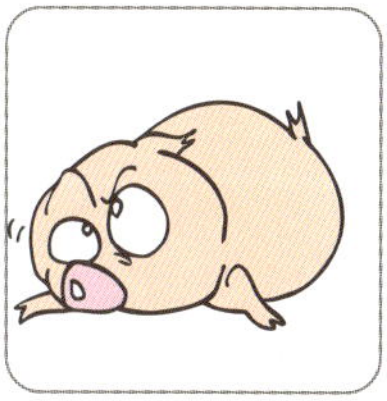

もしイスに
足が二本しか
なかったら…
あっという
間に
倒れて
しまうだろう
だけど足が三本あれば
ちっとや
そっとでは倒れることはない
かたや、
ものごとは
陰、陽という
相対から
なっている…
だけど同じ
ように
二つの相対関係
だけではもろく
倒れやすい
のではないか?
だから本当は
陰陽だけでは
なくて、
もうひとつの
何かがあって
いわば三本足の状態
であるほうが
ものごとが
安定しやすいはずだ!
こう思ったんだけど、どーだろ
うん
するどい視点だね
いやー、
するどいだ
なんて…
ま、トーゼンだ
けどね…

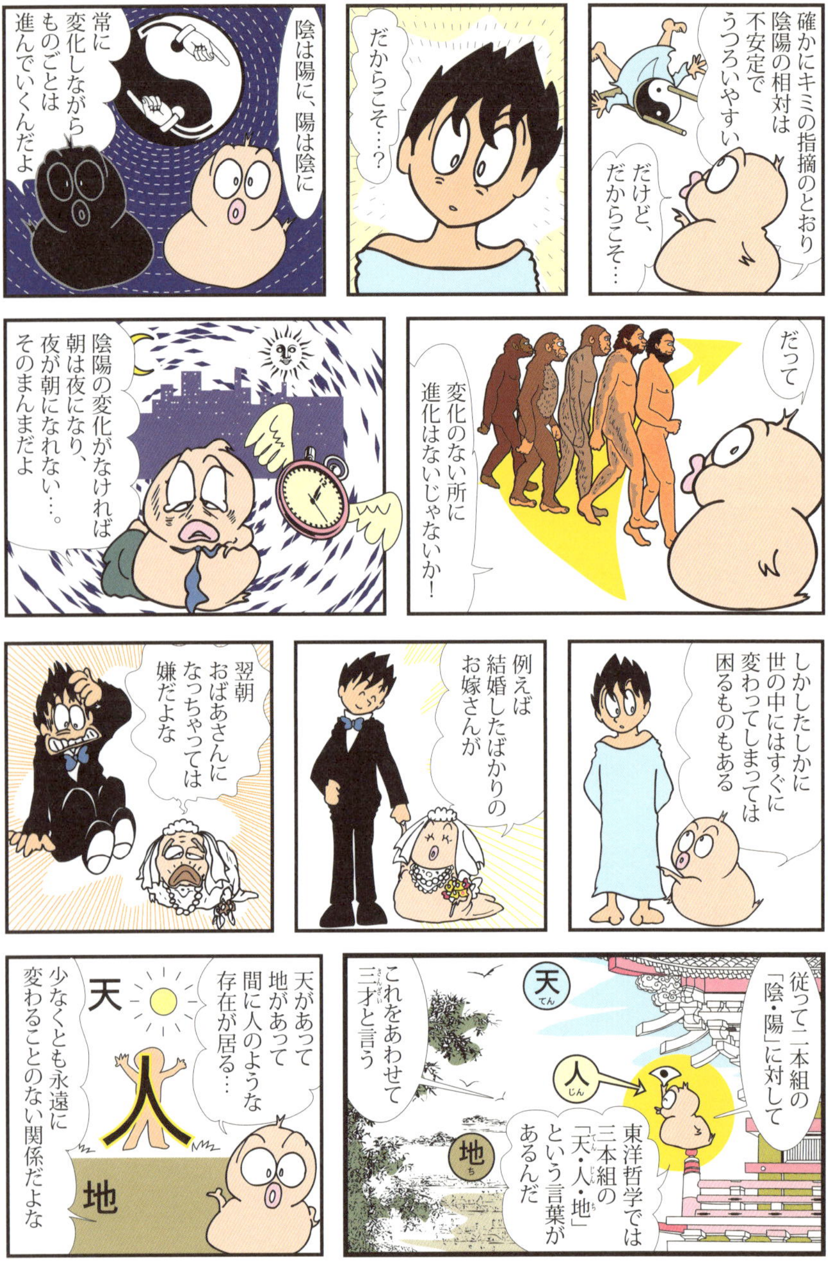

確かにキミの指摘のとおり陰陽の相対は不安定でうつろいやすい
だけど、だからこそ…
だからこそ…？
陰は陽に、陽は陰に
常に変化しながらものごとは進んでいくんだよ
だって
変化のない所に進化はないじゃないか！
陰陽の変化がなければ朝は夜になり、夜が朝になれない…。そのまんまだよ
しかしたしかに世の中にはすぐに変わってしまっては困るものもある
例えば結婚したばかりのお嫁さんが
翌朝おばあさんになっちゃっては嫌だよな
従って二本組の「陰・陽」に対して
天《てん》
人《じん》
地《ち》
東洋哲学では三本組の「天《てん》・人《じん》・地《ち》」という言葉があるんだ
これをあわせて三才《さんざい》と言う
天があって地があって間に人のような存在が居る…
天
人
地
少なくとも永遠に変わることのない関係だよな

そうそう、それだよ
ボクが望んでいたのは…
たとえば中国古来の「易《えき》」では
このように三本のセンの並び方によって意味を読み取っているんだ。これを「卦」と言うんだけどね
易《えき》? あー、占いだね
当たるも八卦、当たらぬも八卦、というやつだ
八卦というのはこの三本のセンのパターンが全部で八つあるということさ。そしてそれぞれに意味があって占いの元になっている…
震《しん》
離《り》
兌《だ》
乾《けん》
坤《こん》
艮《ごん》
坎《かん》
巽《そん》
まあ、これで変化しない「天人地」と変化する「陰陽」がそろったわけだな
メデタシメデタシ…だ
いやいや
全然メデタシにならないよ
たとえばこう聞かれたらどうする?
天の陰と地の陽はどういう関係か?
え～っ?
そんな禅問答みたいなこと…
天にはお陽さまがあるから陽
地はお陽さまから遠いから陰
たとえば天と地を比べれば天が陽で地が陰だよね
ウン
それはわかる

では「天の陰」とは何か？
明るくない天だからこれは「夜」ということになる
フムフム
そして「地の陽」とは何か…？
明るい地面なんだからさしずめマグマの爆発ってとこかな…？
ナルホド
…で、その関係は？
わかんないだろ？
うん、ゼンゼン…
そこで五行が出てくる
「陰陽」の2と「天人地《てんじんち》」の3を足した5だ
「木《もく》」「火《か》」「土《ど》」「金《きん》」「水《すい》」の五つの要素にすべてを象徴させて
「木」もく
「火」か
「水」すい
「金」きん
「土」ど
その関係を見ていくのに役立つモノサシなんだ
どーゆーふうに関係を見ていくわけ？
「相生《そうせい》」というルートと「相剋《そうこく》」というルートがある
「木」
「火」
「水」
「金」
「土」
相生
そうせい
相剋
そうこく
相生《そうせい》とは「親と子」の関係
「火」か
「土」ど
たとえば「火《か》」が親だと子が「土《ど》」になる。火のあとには灰とか土が残るだろ…？
「水」すい
「火」か
そして、相剋《そうこく》とは「勝ち負け」の関係だ。たとえば、「水《すい》」は「火《か》」に勝つというワケ
め組

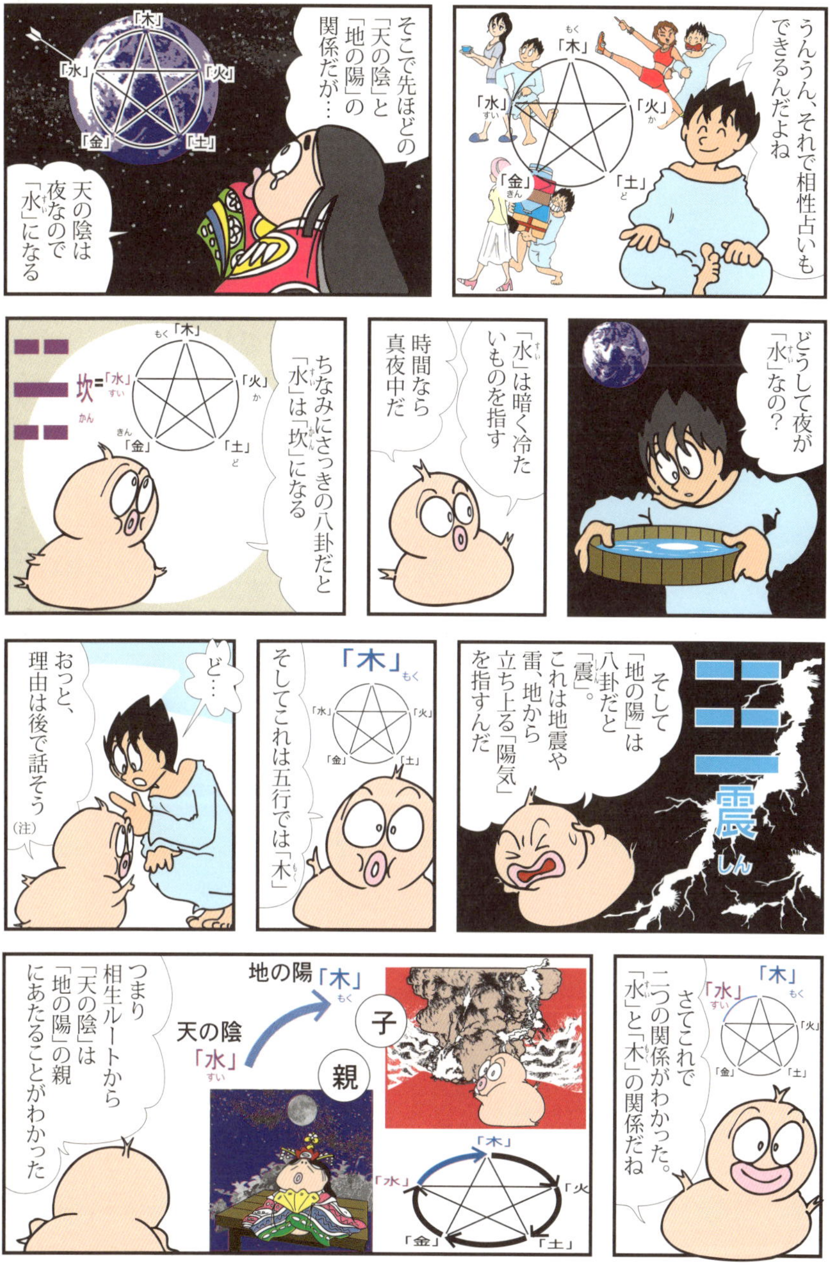
うんうん、それで相性占いもできるんだよね
「木」《もく》
「火」《か》
「土」《ど》
「金」《きん》
「水」《すい》
そこで先ほどの「天の陰」と「地の陽」の関係だが…
「木」
「火」
「土」
「金」
「水」
天の陰は夜なので「水」《すい》になる
どうして夜が「水」《すい》なの？
「水」《すい》は暗く冷たいものを指す
時間なら真夜中だ
ちなみにさっきの八卦だと「水」《すい》は「坎」《かん》になる
坎《かん》=「水」《すい》
「木」《もく》
「火」《か》
「土」《ど》
「金」《きん》
そして「地の陽」は八卦だと「震」《しん》。これは地震や雷、地から立ち上る「陽気」を指すんだ
震《しん》
そしてこれは五行では「木」《もく》
「木」《もく》
「水」
「火」
「金」
「土」
ど…
おっと、理由は後で話そう（注）
さてこれで二つの関係がわかった。「水」《すい》と「木」《もく》の関係だね
「木」《もく》
「水」《すい》
「火」
「金」
「土」
地の陽「木」《もく》
天の陰「水」《すい》
子
親
「木」
「水」
「火」
「金」
「土」
つまり相生ルートから「天の陰」は「地の陽」の親にあたることがわかった

（注） 第14話103ページ参照

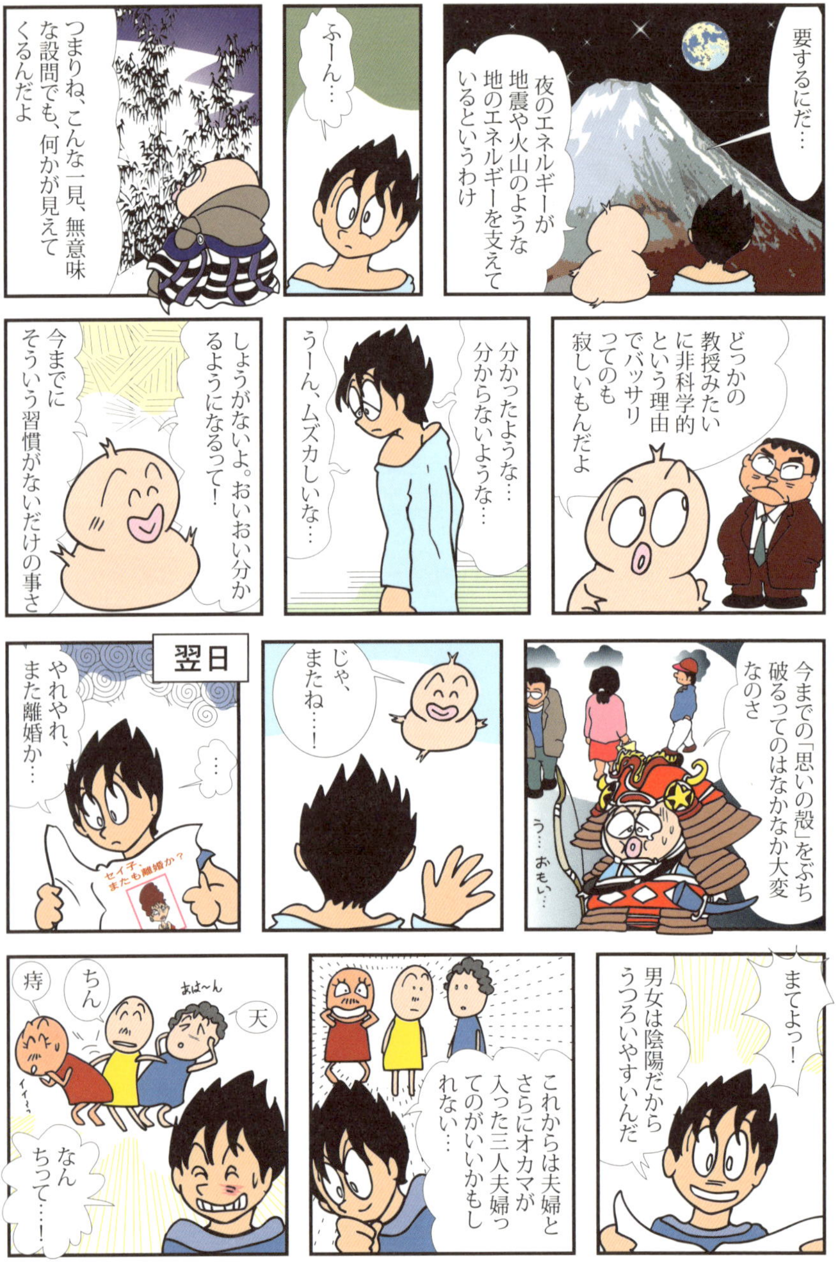
要するにだ…
夜のエネルギーが地震や火山のような地のエネルギーを支えているというわけ
ふーん…
つまりね、こんな一見、無意味な設問でも、何かが見えてくるんだよ
どっかの教授みたいに非科学的という理由でバッサリってのも寂しいもんだよ
分かったような分からないような…
うーん、ムズカしいな…
しょうがないよ。おいおい分かるようになるって!
今までにそういう習慣がないだけの事さ
今までの「思いの殻」をぶち破るってのはなかなか大変なのさ
う…おもい…
じゃ、またね…!
翌日
やれやれ、また離婚か…
…
セイ子、また離婚か？
まてよっ!
男女は陰陽だからうつろいやすいんだ
これからは夫婦とさらにオカマが入った三人夫婦ってのがいいかもしれない…
痔
ちん
あは〜ん
天
イィ〜…
なんちって…!

check! 世界には「変化」を軸とした「陰陽」の視点と「普遍」を軸とした「三才」の視点がある。五行ではこの両者の視点からものごとの理を探ることができる。

14 「木《もく》」の象徴するもの

いてっ
あれっ？ウサギだっ！
ドカッ
おわっ
だわわっ！
ウサギだらけっ！
みんな草むらの中に行ってしまった…
突然クイズです
よ！
雑草とウサギ…
さて何の関係があるでしょう

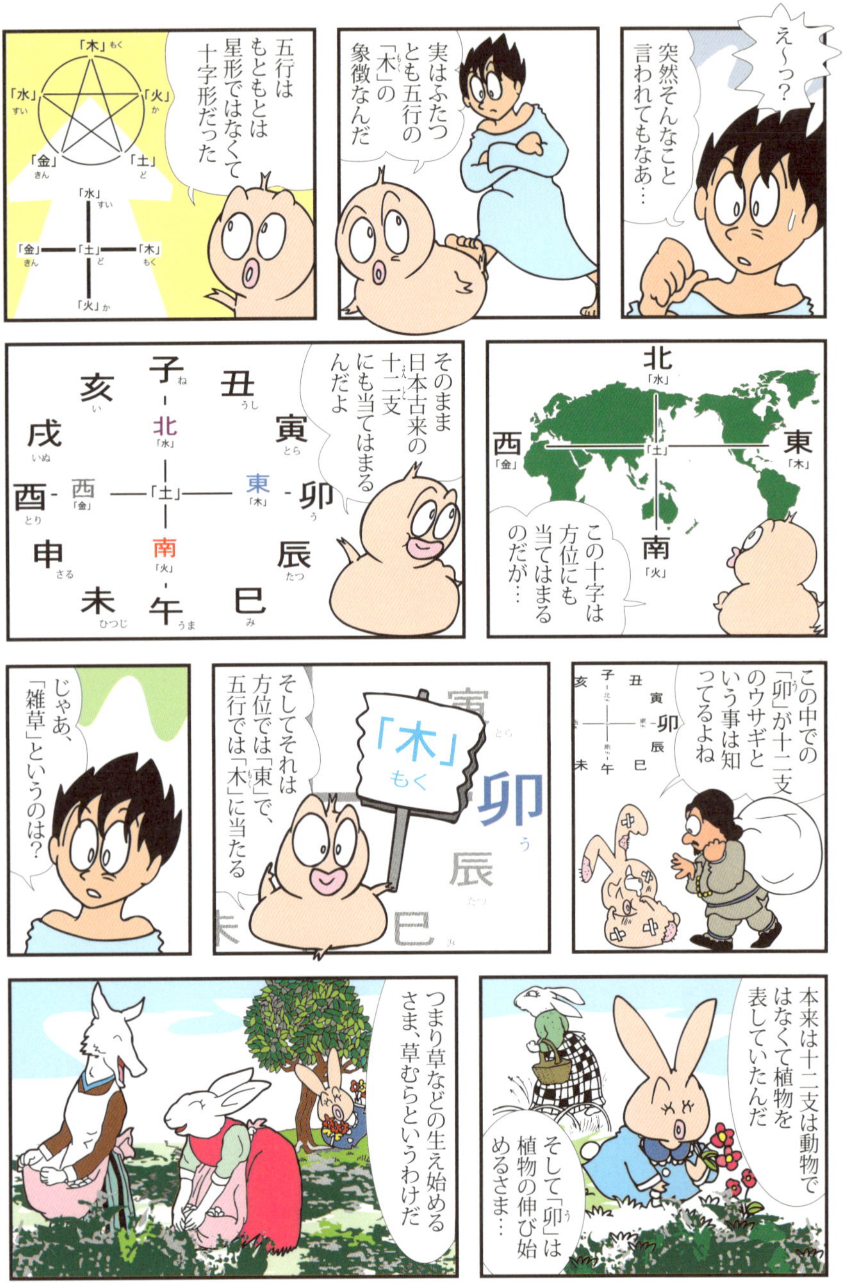

え〜っ?
突然そんなこと言われてもなあ…
実はふたつとも五行の「木《もく》」の象徴なんだ
五行はもともとは星形ではなくて十字形だった
「木」もく
「火」か
「土」ど
「金」きん
「水」すい
「水」すい
「金」きん
「土」ど
「木」もく
「火」か
北「水」
西「金」
「土」
東「木」
南「火」
この十字は方位にも当てはまるのだが…
そのまま日本古来の十二支《えと》にも当てはまるんだよ
子《ね》
丑《うし》
寅《とら》
卯《う》
辰《たつ》
巳《み》
午《うま》
未《ひつじ》
申《さる》
酉《とり》
戌《いぬ》
亥《い》
北「水」
東「木」
「土」
西「金」
南「火」
この中での「卯《う》」が十二支のウサギという事は知ってるよね
そしてそれは方位では「東」で、五行では「木《もく》」に当たる
「木」もく
じゃあ、「雑草」というのは?
本来は十二支は動物ではなくて植物を表していたんだ
そして「卯《う》」は植物の伸び始めるさま…
つまり草などの生え始めるさま、草むらというわけだ

そして草むらと言えば昔はよく見かけるのはウサギというわけだ
なるほどね
「木《もく》」にもいろいろあるんだね
でね、「木《もく》」だけど…
「東」、「草むら」、「ウサギ」、これらから連想されるのは何だと思う？
連想ゲームかあ…
まてよ、んーと…
東というのは陽の昇るところだろ…
草むらもウサギも「伸び上がる」というイメージだ
つまり五行の「木《もく》」の象徴というのは…
高く伸びていこうとする、その勢いを表すということさ
そこでまたクイズだ
季節で言うと「木《もく》」は何だと思う？
子《ね》
丑《うし》
寅《とら》
卯《う》
亥《い》
北
「水」
「土」
東
「木」
えーと、伸びようとする季節は…と
う～ん、こんどこそ…
わかった！春だ！
ピンポーン
へっへっ、やっとあたったぞ
ネ、わりと簡単だろ

まてよ
今まで「思い」は「木《もく》」にあたる…って言ってきたけど、
「思い」はどうしてそうなの？
春の景色を眺めてごらん
ここで立ち上っているのは？
うん
カゲロウだ。春の陽気で立ち昇るカゲロウだよ
これは「思い」と似ているだろう。実体もないくせにどんどん立ち昇ろうとする…
立ち昇るエネルギーの象徴として
「青年」とか「竜」がある。だからこれらはみな、「木《もく》」に象徴されるんだよ
そこでまたまたクイズ！
「木《もく》」に象徴される色は何でしょう
青！
だって「青年」って言ったもんね
そうそう
でも「青」には「緑」も含まれる
春は緑が目立ってくる季節だもんな

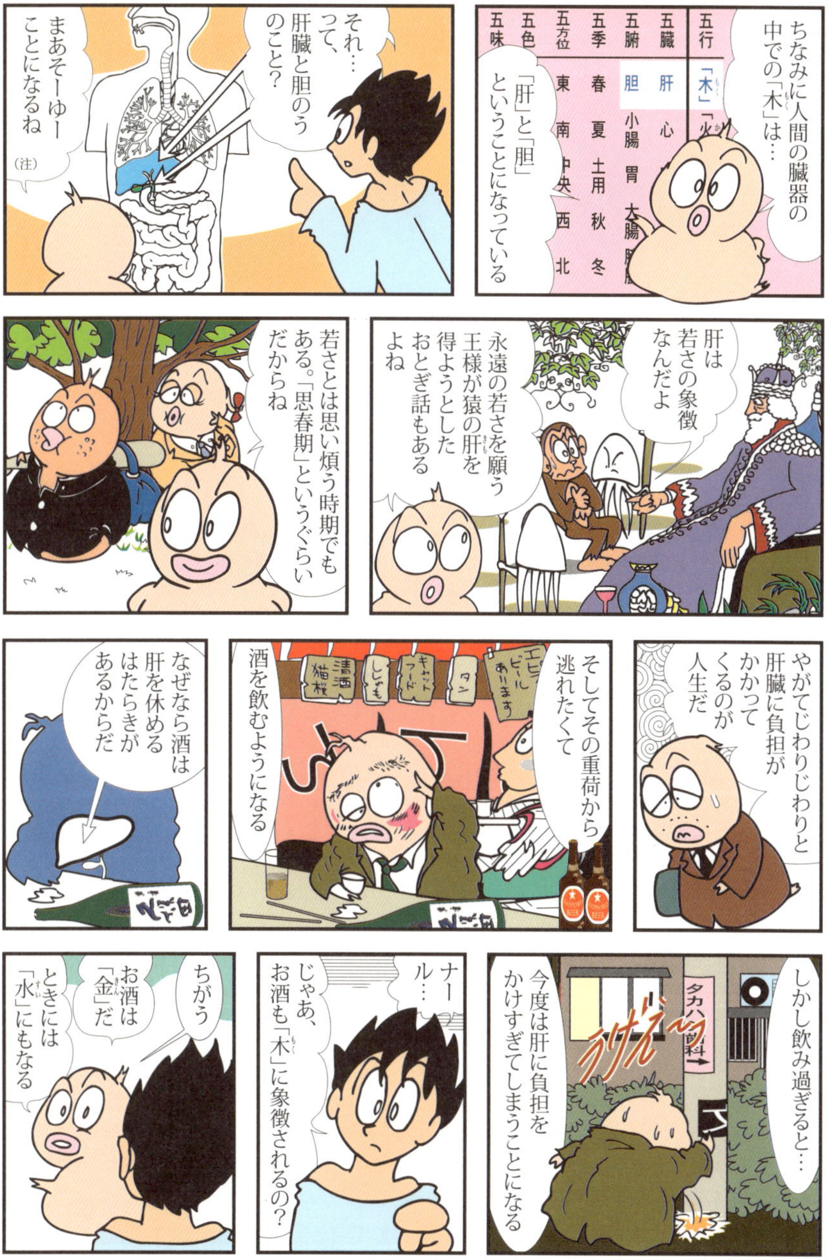
ちなみに人間の臓器の中での「木《もく》」は…
五行 「木《もく》」「火《か》」
五臓 肝 心
五腑 胆 小腸 胃 大腸
五季 春 夏 土用 秋 冬
五方位 東 南 中央 西 北
五色
五味
「肝」と「胆」ということになっている
それ…って、肝臓と胆のうのこと？
まあそーゆーことになるね（注）
肝は若さの象徴なんだよ
永遠の若さを願う王様が猿の肝《きも》を得ようとしたおとぎ話もあるよね
若さとは思い煩う時期でもある。「思春期」というぐらいだからね
やがてじわりじわりと肝臓に負担がかかってくるのが人生だ
そしてその重荷から逃れたくて
酒を飲むようになる
エビビールあります
タン
キャットフード
しゃも
清酒 猫桜
なぜなら酒は肝を休めるはたらきがあるからだ
しかし飲み過ぎると…
今度は肝に負担をかけすぎてしまうことになる
うげぇ〜
ナール…
じゃあ、お酒も「木《もく》」に象徴されるの？
ちがう
お酒は「金《きん》」だ
ときには「水《すい》」にもなる

（注）肝…東洋医学で言う「肝」は厳密には西洋医学の「肝臓」とは一致しない。東洋医学では肝臓に伴う「気」と動き、影響も「肝」の概念に含めている。

「酒」という字は「さんずい」と「酉《とり》」という字から成っているよね
酒
「さんずい」は水を示す字だから
間違いなく「水《すい》」だ
子「水」すい
そして「酉《とり》」は
十二支の「トリ」で、これは五行の「金《きん》」に当たる
酉-「金」きん
「水《すい》」は「木《もく》」の親だ。つまり、「水《すい》」のお酒は「木《もく》」の肝を助けるし…、
「木」もく
すい「水」
「金《きん》」は「木《もく》」に勝つ…。つまり「金《きん》」のお酒は「木《もく》」の肝をつぶす働きもある
…ということさ
「金」きん
ナルホド
相剋 そうこく
相生 そうせい
「相生《そうせい》」と「相剋《そうこく》」の関係からも説明できるわけだ…
では…
肝臓を助ける程度に少々いただきますかね
う
ぺーっ!
そう
放置したワインは酢に戻るよね
これ酢じゃんかっ!
ちなみにお酢も五行では「木《もく》」
程良ければ肝臓の薬になる
どうせ最近飲み過ぎなんだから…
ちょうどいいやお酢でも飲んどきな!

check! 五行の「木」は若く萌え立つ激しいエネルギーの象徴である。従ってここに配当され（あてはま）るのは春、朝、東、青年…などとなる。詳しくは22ページの五行配当表を参照のこと。

15　過去と未来と無意識

?
今日は何食いに行こうかな
まだあんまり腹減ってないけどね
とりあえず…
おーいっ!
だるまんっ! 来てくれよ～っ!
んんん…!?
…
呼んだ?
や…やあ、これはこれは
あ…あのね
待って!
言い当ててみようか

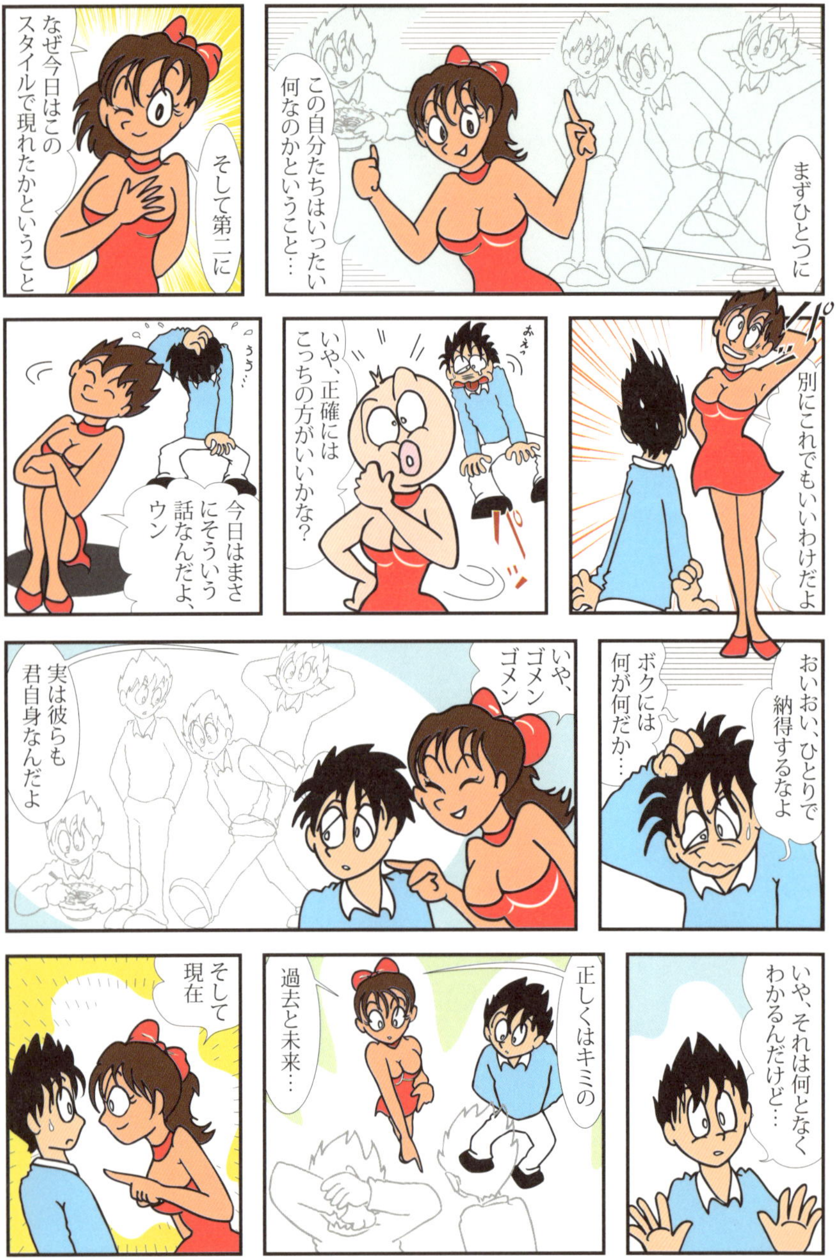

まずひとつに
この自分たちはいったい何なのかということ…
そして第二に
なぜ今日はこのスタイルで現れたかということ
別にこれでもいいわけだよ
いや、正確にはこっちの方がいいかな?
今日はまさにそういう話なんだよ、ウン
おいおい、ひとりで納得するなよ
ボクには何が何だか…
いや、ゴメンゴメン
実は彼らも君自身なんだよ
いや、それは何となくわかるんだけど…
正しくはキミの
過去と未来…
そして現在

そして このボク
つまり、女の姿であるキミ自身は キミの無意識だ
あ…、ああ…、あの、男のウラには女があって…、とかの
陰と陽のことかな？
そうだ
キミの意識していないキミ自身は、つまり無意識には「女」が居るというわけ
そして過去、未来のキミらもともに
「キミ自身」なんだけど、「今のキミ」とは違う…
つまりキミと言えるキミは
女のキミも含めたすべての複合体なんだよ
…
そーゆー言い回しはどーもわかりにくいなあ…
つまりこうさ
過去のキミはキミの体験の記憶にすぎない…
うん
そして未来のキミはこれからやろうとしている「思い」だ
フムフム
そして今のキミは腹が減ってる…
ん？
まあ…
そう思ったら
未来の思いはもっとたくさん食べてる姿に変わる

と同時に
過去のキミの記憶も腹ペコで歩いてる姿に変わった
あ…
あれ？
あの時は腹ペコだな…って思っていたんだっけ？
そうなのかもな…
いや…きっとそうだよ
うん…、たしかに腹ペコでしょうがなかった…
過去のキミは確かに腹ペコな姿になった…
ホラ
だけど変だと思わないかい？
未来はまだしも、過去は過ぎ去ったことだよ
そこにあるのは「事実」だけだろ？
なぜ過去の姿がコロコロ変わるんだ？
前に見ていた「キミの過去」と今、見ている「キミの過去」が違うなんて変じゃないか！
うん…
確かにそうだ
過去は変わるわけないもんな…
はっ
そうか、わかったぞ！
例の「思い」が現実を変えてしまう…ってことだ！
そうそう

ん…
しかしまてよ
本当は過去が変わるわけはない…
…とゆーことは…
これはただの幻想なのか?
なーに、簡単なことさ
現在のキミとはキミの思いにすぎないということだ
「記憶の中のキミ」を含めてこれはすべて…
「思い」のフィルターを経て現れたものなんだ
まてよ!
じゃあ、過去も未来もすべては幻想だと…?
そんなことは言っていない!
「思い」は客観的事実をねじ曲げて意識させる力を持っているということさ
たとえば数人で過去に時間旅行をするとしよう
本当は一人ひとりに見えるナポレオンの姿は違ってくるはずだ
ビジョンを受け取る「思い」がそれぞれ違うからだ
だから覚えておくといい!
「思い」しだいで…
過去や未来は無数に存在する!
つまりね
多くの人は「思い」に縛られて一定のイメージの内に生きてしまってるんだよ…
(注)

(注) 認識の入り口には常に「思いの鏡」があったことを思い出してほしい(第6話)。47ページにあるように実際のエンピツと、認識したエンピツは異なる。これが「思い」のフィルターとしての力なのである。

ああ…、あの女の人みたいにか…
…
しかしだるまんよ…
過去そのものは本当にあるんだよね。歴史の事実も…
そりゃそうだよ
過去も未来も確かにある！
しかしね
意識の裏側には無意識というものがあるだろ
この「無意識」に注目してほしい
「無意識」とは「内なる力」だ
この無意識の力を借りないと「思い」は暴発して、写るビジョンは多種多様となる
(注)
ひとりひとりの「思い」に色づけされない事実としての過去もあるけれど
ドロン
ん服か？
それを知る為には「思い」にしばられるクセからおさらばしないと無理だ
主観
客観
つまり主観の奥には無意識としての客観的なものがあるんだよ
とにかく今は認識を広げることだね…
話せばもっともっと複雑なんだけどね
フーム
心理学者のユングは…
主観の奥にある客観を「集合的無意識」と呼んでいたのか…ホントかなぁ…

check! 「思い」は意識を介して過去の事実すら変えてしまう。不変であるはずの客観的事実は、「無意識」という「内なる力」の介入がないと認識されにくい。

（注）16.17 話で触れるように無意識は「火」に象徴される。「火」の介入が「木」の暴発を防ぎ、「木」から「土」への意識を支える。

16 「思い」を現実へ①

ウシシ
うまそうにできたぞ。今日のラーメン
さて、マンガでも読みながら…
ありゃ?
こりゃこの前読んだやつだ
仕方ない…TVでも見ながら…
なんでなんかしながらじゃないと食べられないの?
ぶっ
や…やあ、だるまん
なんだ今は夢の中なのか…
それだけじゃない
キミも含めて今の人たちは…
歩くときも
電車の中でも

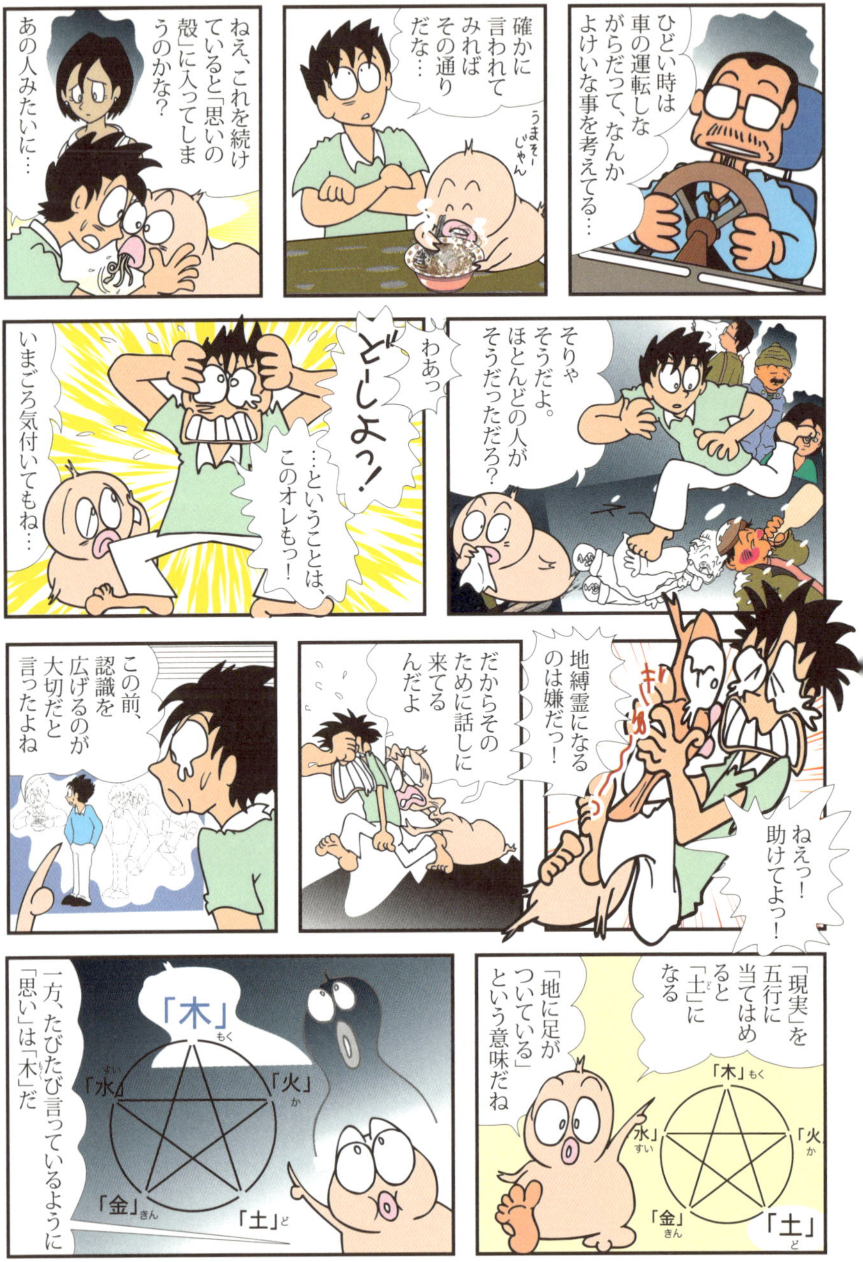

ひどい時は車の運転しながらだって、なんかよけいな事を考えてる…
確かに言われてみればその通りだな…
うまそー じゃん
ねえ、これを続けていると「思いの殻」に入ってしまうのかな?
あの人みたいに…
そりゃそうだよ。ほとんどの人がそうだっただろ?
わあっ
どーしよっ!
…ということは、このオレもっ!
いまごろ気付いてもね…
地縛霊になるのは嫌だっ!
ねえっ!助けてよっ!
だからそのために話しに来てるんだよ
この前、認識を広げるのが大切だと言ったよね
「現実」を五行に当てはめると「土《ど》」になる
「地に足がついている」という意味だね
「木」《もく》
「火」《か》
「土」《ど》
「金」《きん》
「水」《すい》
一方、たびたび言っているように「思い」は「木《もく》」だ
「木」《もく》
「水」《すい》
「火」《か》
「金」《きん》
「土」《ど》

「思い」が「現実」に勝りやすいから「思い」が暴走してしまうんだよね
「木《もく》」「火《か》」「土《ど》」「金《きん》」「水《すい》」
これは五行では「木《もく》」が「土《ど》」に勝つと言う
ウンウン
たしか、これは相剋《そうこく》ルートだったよね
「木剋土《もっこくど》」だ
その通り！
「木《もく》」「火《か》」「土《ど》」「金《きん》」「水《すい》」
語源としては木の根がどんどん土の中で広がって土の場所を奪う…ということだ
さて…
？
これから…
大切なことを言うからよく聞いててよ
今まで「相剋《そうこく》ルート」は勝ち負けの関係だと説明してきたけど…
実はもっと深いウラの意味があるんだ…
ウ…
ウラのイミぃ〜？
そう
今の「木剋土《もっこくど》」で言うならば
確かに『「木《もく》」は「土《ど》」に勝つ』んだけど…
そのまま勝ち続けたらどうなると思う？
かんじんの土地がなくなって木も枯れてしまうだろ？
だから「木剋土《もっこくど》」とは、同時に矢印を用いて

「木」《もく》の余剰エネルギーを「土」《ど》に流しましょう…という意味を持つんだ
「木」もく
「火」か
「土」ど
まてよ、でもさ…
例えば占いなんかだと…
たとえば「金」《きん》のタイプと「木」《もく》のタイプならこうなるから「金剋木」《きんこくもく》で悪い相性…ということだろ？
「木」
「金」
「土」
金剋木《きんこくもく》
今の説明だと悪いどころか意味あることになってしまうよ！
つまり、相剋《そうこく》ルートというのは「悪い相性」を指すのに…
そう…
ここが大切なところだ耳の穴かっぽじっとけよ
五腑
「木」《もく》「火」《か》「土」《ど》
肝
心
腸
胃
たとえば「木」《もく》は肝、「土」《ど》は胃だ
清酒
タン
キャットフード
エビビールあります
あまりツマミなど食べずにガバガバ飲むと…
うげえ〜
悪酔いして吐いてしまうこともあるよな
これは胃の消化力が低下するからなんだ
ついでに肝臓はオーバーヒートして体が熱くなる
これは「木」《もく》(肝)が「土」《ど》(胃)に勝ちやすいという事だよね
肝
胃
文字通り「木剋土」《もっこくど》だ
「木」もく
「火」か
「水」すい
「金」きん
「土」ど

しかしある程度ツマミなど食べながら飲めば
エビスビールあります
タン
キャットフード
ししゃも
清酒 猫桜
飲む程度にもよるが悪酔いはしにくいものだ
肝
胃
これは肝にかかるべき余剰エネルギーが胃の方へ流れたということになる
ね、わかるだろ
「木」もく
すい「水」
「火」か
きん「金」
「土」ど
単純に「木《もく》」は「土《ど》」に勝ってればいいってもんじゃないんだ
なるほどね
バランスをとりましょうってことだ
もく「木」
「土」ど
さらに重要なことに、このことは精神現象でも言えるんだ
相剋《そうこく》ルートは
精神的に成長していくための踏み石みたいなものなんだ
そして五行はその順番をわかりやすく語っている
「木」もく
「水」すい
「火」か
きん「金」
「土」ど
実際の例で説明しよう
もく「木」
すい「水」
「火」か
きん「金」
「土」ど
この場合、「木《もく》」は「思い」、「土《ど》」は「現実」と考える
「木」もく
思い込みすぎると殻を作ってしまうんだったよな
うん、だけど、
まず「木《もく》」で若者は思い悩むことから始める…
そしてたとえばこんな場合…
画家になりたいナ
画家にはなりたいが、願望ばかりが先走り、なかなかうまくいかない

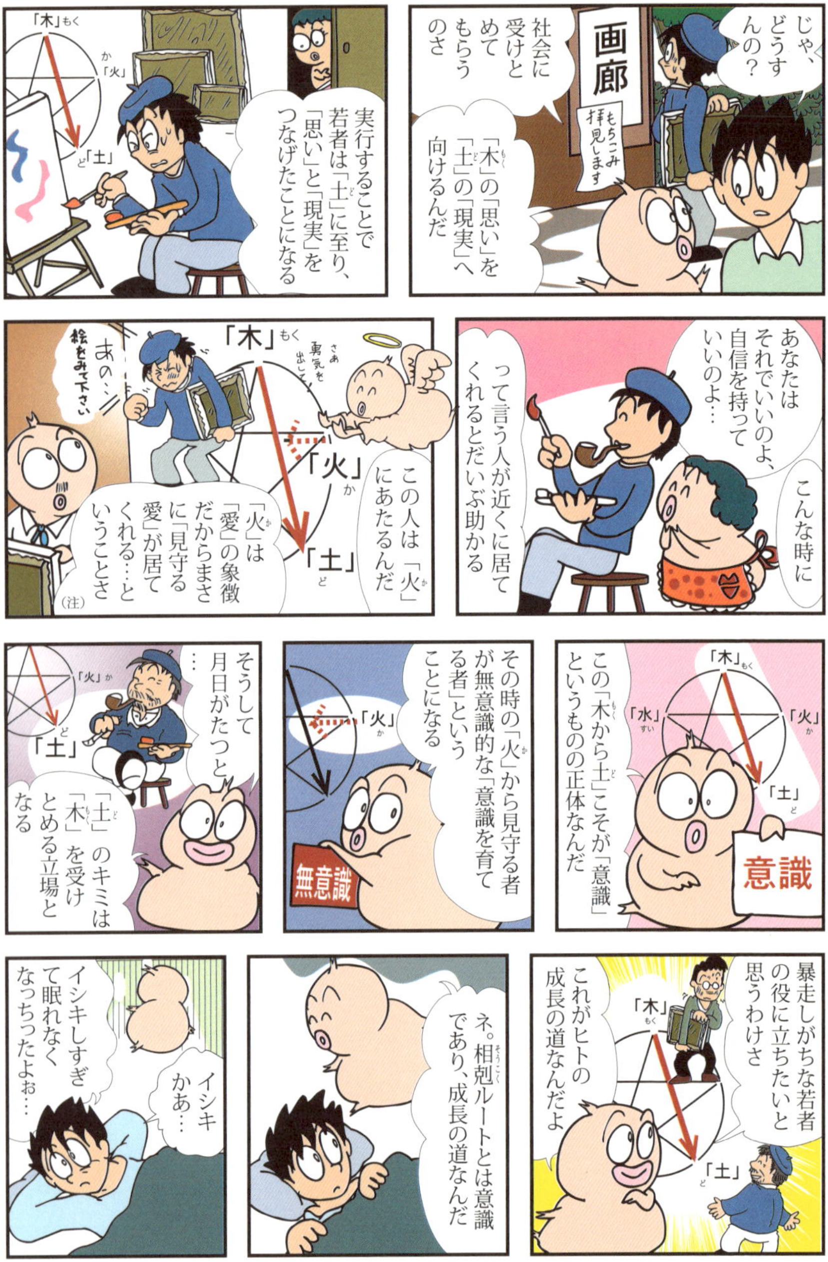
じゃ、どうすんの？
社会に受けとめてもらうのさ
画廊
もちこみ拝見します
「木《もく》」の「思い」を「土《ど》」の「現実」へ向けるんだ
「木」もく
か「火」
ど「土」
実行することで若者は「土《ど》」に至り、「思い」と「現実」をつなげたことになる
あなたはそれでいいのよ、自信を持っていいのよ…
こんな時に
って言う人が近くに居てくれるとだいぶ助かる
「木」もく
さあ勇気を出して
「火」か
「土」ど
この人は「火《か》」にあたるんだ
「火《か》」は「愛」の象徴だからまさに「見守る愛」が居てくれる…ということさ
(注)
あの…
絵をみて下さい
「木」もく
「水」すい
「火」か
「土」ど
意識
この「木《もく》から土《ど》」こそが「意識」というものの正体なんだ
「火」か
無意識
その時の「火《か》」から見守る者が無意識的な「意識を育てる者」ということになる
「火」か
「土」ど
そうして月日がたつと…
「土《ど》」のキミは「木《もく》」を受けとめる立場となる
暴走しがちな若者の役に立ちたいと思うわけさ
「木」もく
「土」ど
これがヒトの成長の道なんだよ
ネ。相剋《そうこく》ルートとは意識であり、成長の道なんだ
イシキかあ…
イシキしすぎて眠れなくなっちったよぉ…

check!

「無意識」という「内なる力」は五行では「火」に象徴される。この助力によって「思い（木）」と「現実（土）」がつながる事になる。これは五行の相剋ルートによって示される。（注）第12話90ページ参照。

17 「思い」を現実へ②

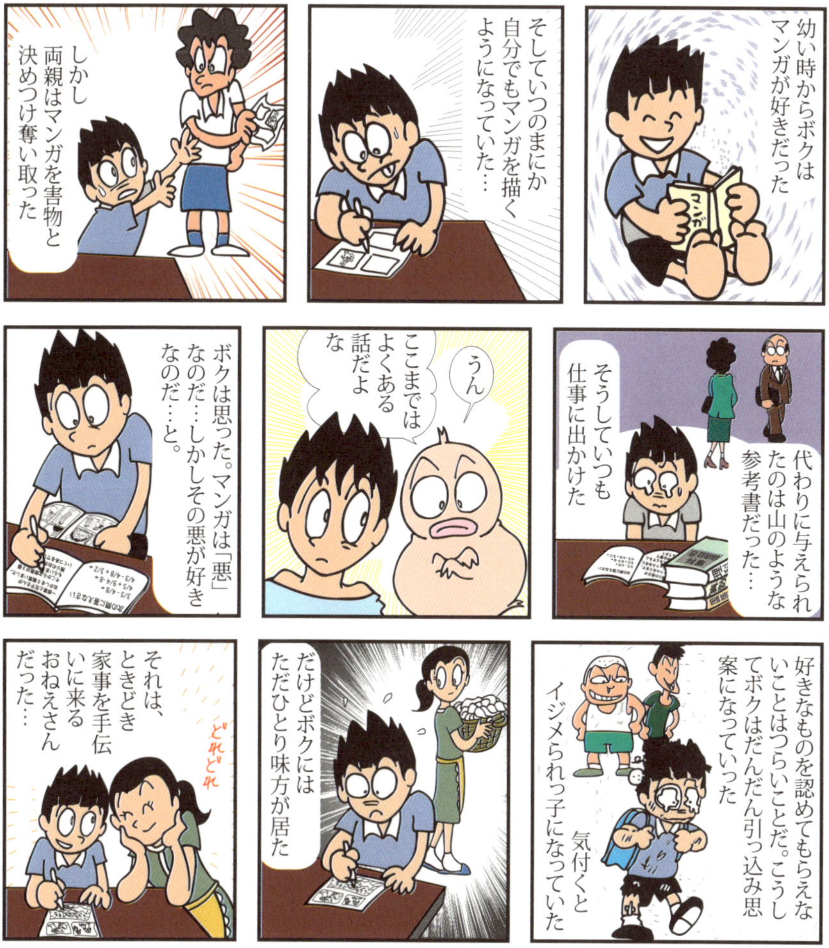

幼い時からボクはマンガが好きだった
マンガ
そしていつのまにか自分でもマンガを描くようになっていた…
しかし両親はマンガを害物と決めつけ奪い取った
代わりに与えられたのは山のような参考書だった…
そうしていつも仕事に出かけた
うん
ここまではよくある話だよな
ボクは思った。マンガは「悪」なのだ…しかしその悪が好きなのだ…と。
好きなものを認めてもらえないことはつらいことだ。こうしてボクはだんだん引っ込み思案になっていった
気付くとイジメられっ子になっていた
だけどボクにはただひとり味方が居た
それは、ときどき家事を手伝いに来るおねえさんだった…
どれどれ

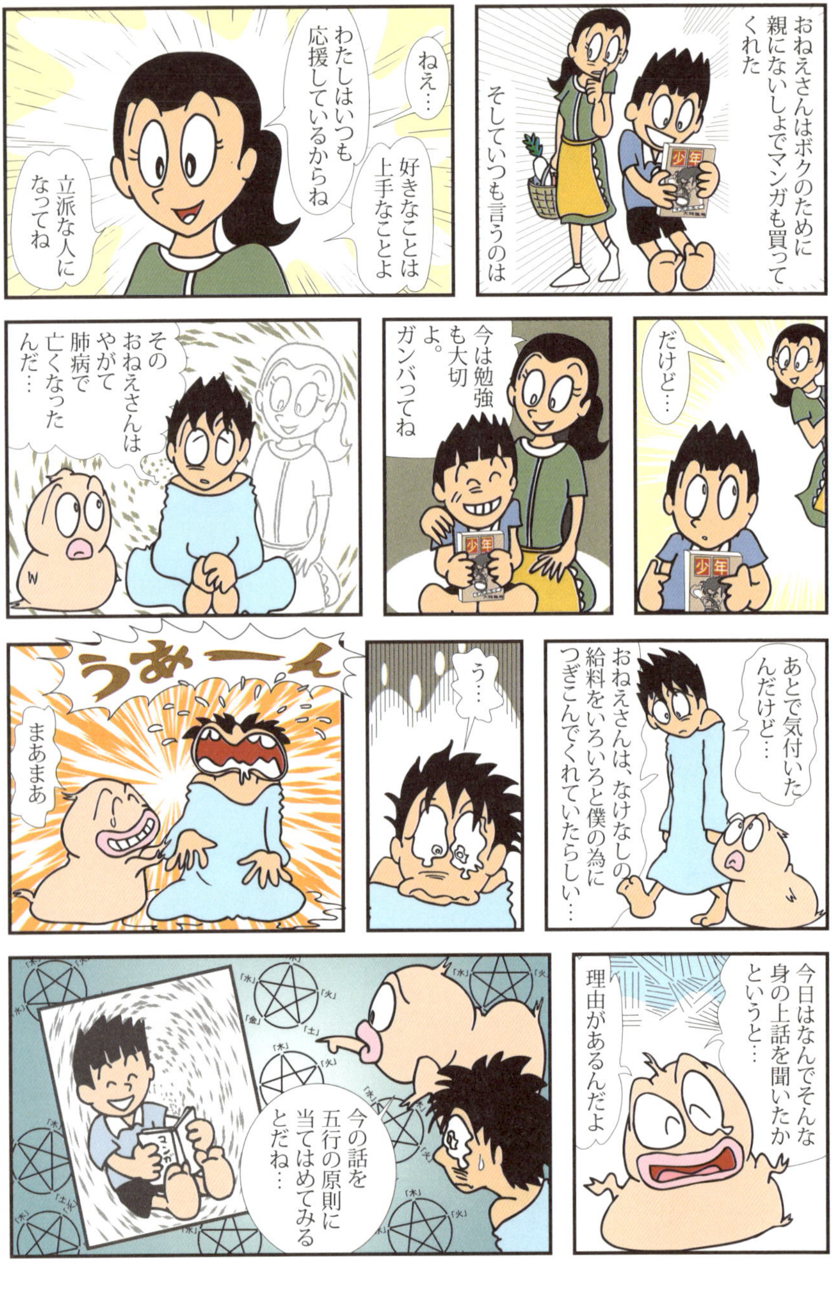

おねえさんはボクのために親にないしょでマンガも買ってくれた
そしていつも言うのは
ねえ…
好きなことは上手なことよ
わたしはいつも応援しているからね
立派な人になってね
少年
だけど…
今は勉強も大切よ。ガンバってね
そのおねえさんはやがて肺病で亡くなったんだ…
あとで気付いたんだけど…
おねえさんは、なけなしの給料をいろいろと僕の為につぎこんでくれていたらしい…
う…
うあ〜〜ん
まあまあ
今日はなんでそんな身の上話を聞いたかというと…
理由があるんだよ
今の話を五行の原則に当てはめてみるとだね…
マンガ

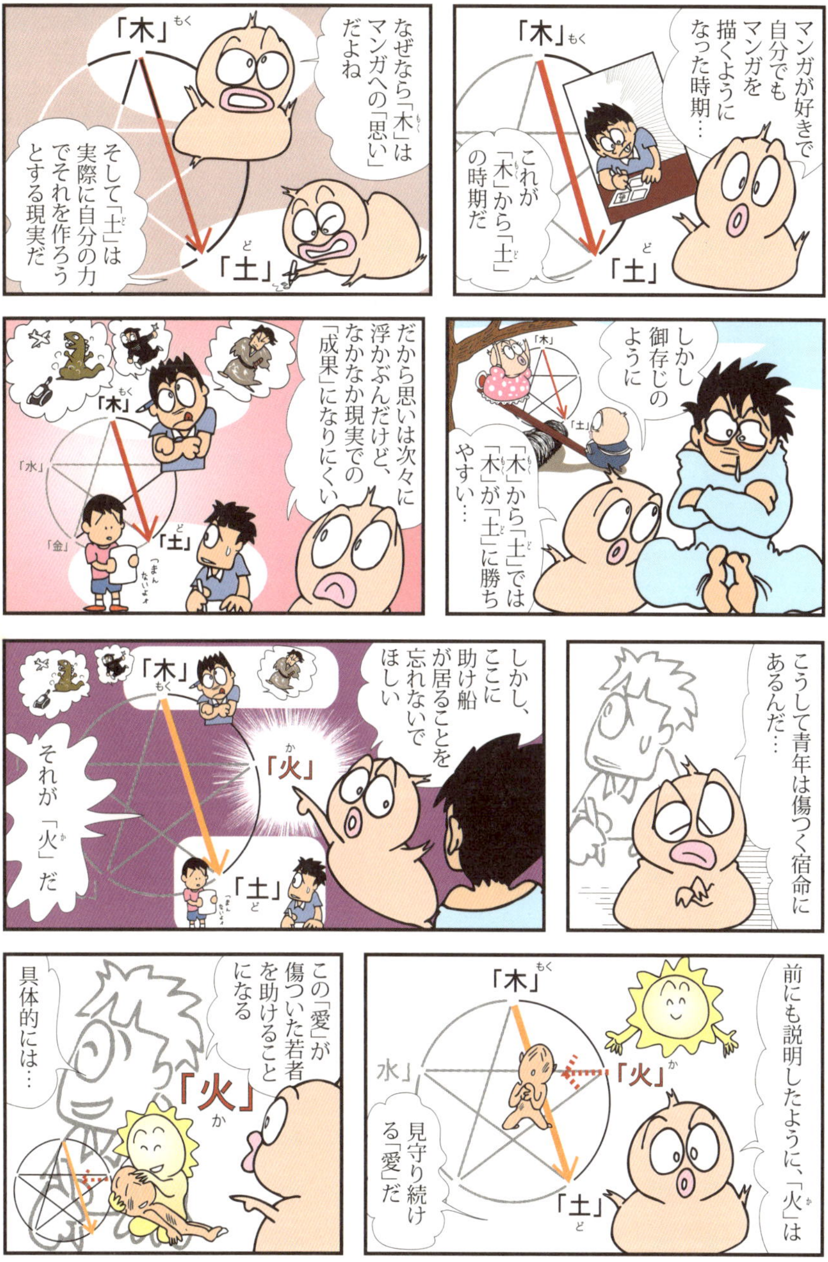

マンガが好きで自分でもマンガを描くようになった時期…
これが「木《もく》」から「土《ど》」の時期だ
「木《もく》」
「土《ど》」
なぜなら「木《もく》」はマンガへの「思い」だよね
そして「土《ど》」は実際に自分の力でそれを作ろうとする現実だ
「木《もく》」
「土《ど》」
しかし御存じのように
「木《もく》」から「土《ど》」では「木《もく》」が「土《ど》」に勝ちやすい…
「木」
「土」
だから思いは次々に浮かぶんだけど、なかなか現実での「成果」になりにくい
「木《もく》」
「水」
「金」
「土《ど》」
つまんないよォ
こうして青年は傷つく宿命にあるんだ…
しかし、ここに助け船が居ることを忘れないでほしい
それが「火《か》」だ
「木《もく》」
「火《か》」
「土《ど》」
前にも説明したように、「火《か》」は
見守り続ける「愛」だ
「木《もく》」
水」
「火《か》」
「土《ど》」
この「愛」が傷ついた若者を助けることになる
「火《か》」
具体的には…

わたしはいつも応援しているからね
そう、「認めてあげること」なんだ
どんなつまらないことでもいい…。人はまず「認められる」ことから自分の居場所が出来てくるんだ
言い換えるならば、「木《もく》」から「土《ど》」に入っていけるんだ
「木」
「火」
「土」
「金」
「水」
ママ！ママ！さっきね、小さなトラが居たよっ！
たとえばこんな時…
ああ、そう？ハイハイ
あたしゃ忙しいんだからね
こーゆーのは最悪！
それはね、ネコでしょーが！
これはまー、ふつう…
どれどれ？見にいこ
うーん
あれはネコだね。でもなぜトラに似てるんだろーね…
ここまでできれば最高だが…
まあ、なかなかできることじゃないよね
要はね、「火《か》」が「木《もく》」から「土《ど》」の相剋《そうこく》ルートを補助してるんだ
「木」もく
「火」か
「土」ど
あなたを認めてあげる
でもね、「木《もく》」、「火《か》」、「土《ど》」の相生《そうせい》ルートじゃ同じことにならないんだよ
「木」もく
「火」か
「土」ど
そうなると…
そーね、そーね、よしよし。ぜ～んぶ、あなたの言うとおりねー
猛獣キケン
「木」もく
「火」か
「土」ど
「金」
「水」

過剰な愛でワガママな大人になってしまうだろう…
だからキミにとっての、おねえさんは
いい位置に居てくれたってことだね
そ…
そうなんだ
そう
親の立場でも過保護になるかキビシすぎになるか…
なかなか調整が難しいものなんだ
さてキミはこうして現実に至った
つまり
「木《もく》」から「土《ど》」に至り、もはや地に足がついた大人となったわけだ
「木《もく》」
「火《か》」
「土《ど》」
言い換えてみるならば…
「思い」を「現実」につなげてきたこの道は「意識」だ
イシキ
「木《もく》」
「土《ど》」
そして「認められたこと」はウラからキミを支える「無意識」となる
これは「火《か》」によって与えられる
ムイシキ
「木」もく
「火」か
「土」ど
これだけの道すじにこれほどの意味が含まれているなんて…
ね、
五行は便利だろ?
あのね、もしおねえさんのような
「認めてくれる人」が居なかったらどうなるのかな…
いい質問だ
その場合はここの無意識のルートが断たれることになる
「木《もく》」
「火《か》」
「土《ど》」

認めてくれる人がいないので「思い」も「現実」につながりにくい
「木《もく》」
「火《か》」
「土《ど》」
従って「木《もく》」と「土《ど》」の道は断たれることになる…
つまり空想癖だけのうわついた人間になるか
夢も希望も捨てた重たい人間になってしまうだろう…
仮に彼を「木《もく》」くん、
彼を「土《ど》」くんと呼ぼう
土《ど》
木《もく》
フムフム
もし「木《もく》」くんと「土《ど》」くんが出会ったとすると…
二人は全く意見があわない
性格が逆だからね
ひどいときは
「木剋土《もっこくど》」（「木《もく》」は「土《ど》」に勝つ）だからね
「木《もく》」くんが「土《ど》」くんをイジめ始める
あるいは「土《ど》」くんが「木《もく》」くんを無視し始める
「土《ど》」の防衛本能だ
こうして
「木」
「土」
バランスの良い「木《もく》」と「土《ど》」の関係は存在しない事になってしまう…
ナルホドねぇ
こーゆーことがイジメとかにつながるんだねぇ
そう
「木《もく》」
思い
「土《ど》」
現実
思いと現実がつながらないジレンマからヒトは不幸に陥るんだ
「木《もく》」
あなたを認めてあげる
「火《か》」
「土《ど》」
そこで大切なのが「火《か》」の愛ってわけ…
愛をください…ってか!

check! 「思い（木）」と「現実（土）」は意識によってつながるが、これを助けるのが「火」である。「火」の力は他から与えられる「認める愛」にも象徴されるが、無意識的に自らの内にも存在する。

18　風水はあたるのか？

ウサギ年はウサギの置物を東に置きましょう
大きくかしわ手を打ってお願いしましょう
ほお「風水」だね
ねえ、だるまんよ
ホントに風水は効くの？
いろんな意見があるけど…
よし、ちょっと来てごらん
ここに朝顔の種を植えるとしたらどこがいいと思う？
そりゃもちろんここだよ
朝日の当たる東だし、陽当たりもいいし…、
それでは次の問題
このワンちゃんの遊べるスペースを囲いで作ってやりたい
さて、どこに作ればいいか？

こっちの方が木も水もあるし玄関のそばだ…番犬としても良いし…
…ってことは、こっちかな？
うーん、でもこっちならば障害物もなくて陽当たりが良くて気持ちもいいだろな…
しかし日陰がほしいときに困る…
まあそんなとこだろうね
今、植物と動物について居場所を考えたわけだけど…
植物より動物の方が悩んだよね
そりゃそうだ
動物の方が行動範囲も広いし、生きる為の制約も多い…
そーゆーこと
では、人間の場合はどうだろう
もっともっと多くの条件や希望が出てくることは予想がつくよね
うーん、そりゃまあ…
住宅事情もキビシイけどね…
たとえば台所ひとつ作るにもいろいろ考える
一、水はけはどうか…
二、動線に無理がないか…
三、陽当たりはどうか…
四、さらには運気などにどう関わっているか…
もうきりがない
さらにこの中でも一二三は設計の人が考えればわかることだが…
四になるともうお手上げだ
ぜんぜん目に見えない世界だからだ

そーゆー時に「五行」が役に立つ
「木《もく》」
「火《か》」
「土《ど》」
「金《きん》」
「水《すい》」
たとえばさっきの…
これだけど…
ウサギ年は干支の「卯《う》」それは「東」、五行では「木」だ
子《ね》
亥《い》
北「水」
東「木」
卯《う》
辰《たつ》
南「火」
午《うま》
巳《み》
だから「東」という言葉が出てきている
「卯《う》」を『易学』に当てはめると「震《しん》」という卦になる。これは地震や雷などの大きな振動を意味する
だから「大きなかしわ手を打つ」と言ったのだ
震《しん》
なあんだ、風水って五行だったの？
ベースはね…
しかし、何事にも流派というものがある
風水もいろいろ研究されるうちに流派による違いが出てきている…
そうか…
だから何が当たるかどうかは一概に言い切れない
しかし、もっとも大切なのはそれぞれの人間だ
え？
確かにこういうときは五行のモノサシが役に立つけれど…

「見ようとしている人」自身の問題をおきざりにしてはいけない…
たとえば
前にも言った「思いのサングラス」
これがあるだけで見え方は違ってくる
あれ?いつの間に…
それから…
キミ自身の今の状態!
たとえば、いま「木《もく》」の立場とする…
その場合、まだ「地に足が着いてない」から…
たとえばね
環境や「気」の影響もカンケーない
ズブ濡れだろうと描きたい絵が描けりゃそれで幸せなのさ
自分の「思い」のほうが大切なのだ
なんだかそれも自由でいいような気もするな…
たしかにね
しかし何度も言うように「木《もく》」のままでは進歩がないのも事実だ
社会からもドロップアウトしてしまう
そしてもし「土《ど》」の立場だとしたら…
環境や「気」の影響を受けることになる
さむい!濡れる!絵どころじゃないっ!

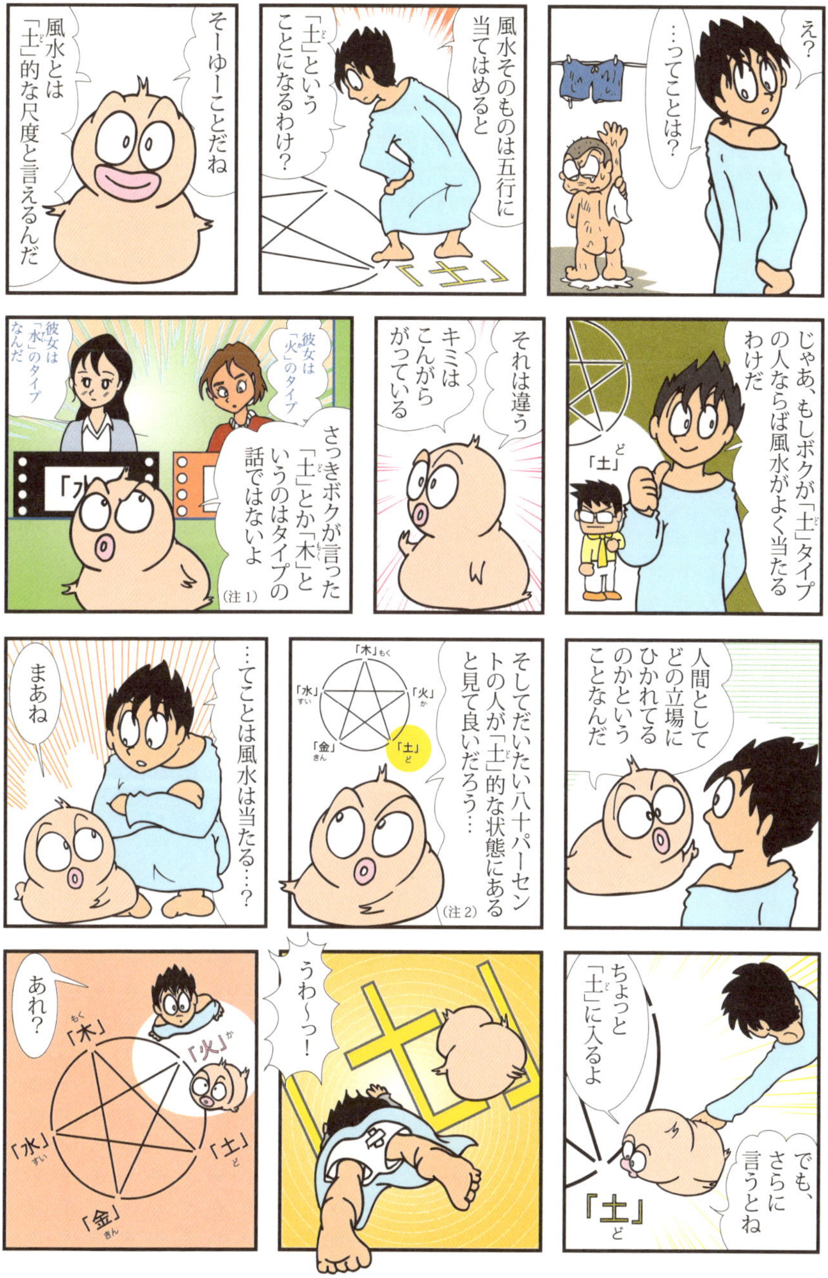

え？
…ってことは？
風水そのものは五行に当てはめると
「土《ど》」ということになるわけ？
『土』
そーゆーことだね
風水とは「土《ど》」的な尺度と言えるんだ
じゃあ、もしボクが「土《ど》」タイプの人ならば風水がよく当たるわけだ
「土《ど》」
それは違う
キミはこんがらがっている
さっきボクが言った「土《ど》」とか「木《もく》」というのはタイプの話ではないよ
彼女は「火《か》」のタイプ
彼女は「水《すい》」のタイプなんだ
（注 1）
人間としてどの立場にひかれてるのかということなんだ
「木《もく》」
「火《か》」
「土《ど》」
「金《きん》」
「水《すい》」
そしてだいたい八十パーセントの人が「土《ど》」的な状態にあると見て良いだろう…
（注 2）
…てことは風水は当たる…？
まあね
ちょっと「土《ど》」に入るよ
でも、さらに言うとね
『土《ど》』
うわ〜っ！
あれ？
「木《もく》」
「火《か》」
「水《すい》」
「土《ど》」
「金《きん》」

（注 1）第 2 話 19 ページ参照　（注 2）二十一世紀後半には「水」の状態の人が増えていると考えられる。「水」については第 25 話参照。

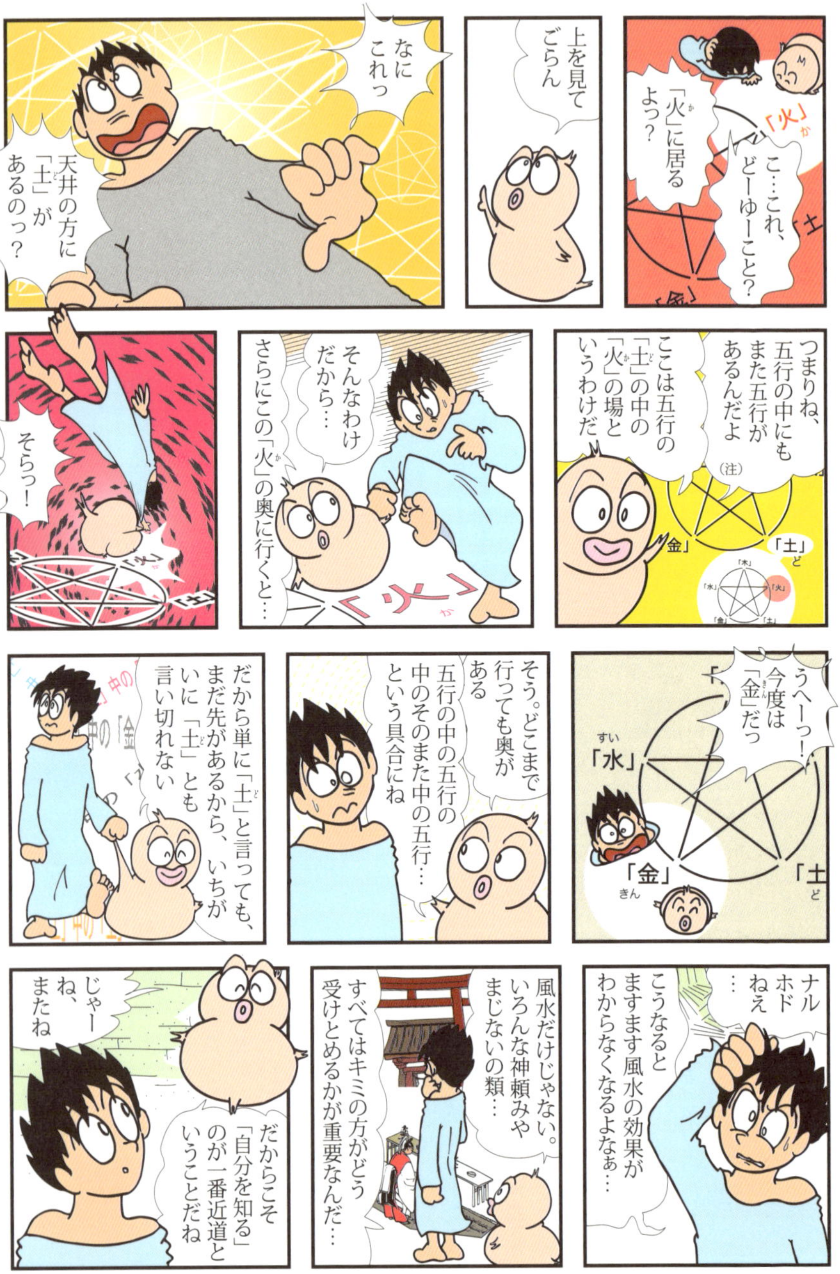
こ…これ、どーゆーこと?
「火《か》」に居るよっ?
「火」か
上を見てごらん
なにこれっ
天井の方に「土《ど》」があるのっ?
つまりね、五行の中にもまた五行があるんだよ（注）
ここは五行の「土《ど》」の中の「火《か》」の場というわけだ
「金」
「土」ど
「木」「火」「水」「金」「土」
そんなわけだから…
さらにこの「火《か》」の奥に行くと…
「火」か
そらっ!
うへーっ! 今度は「金《きん》」だっ
「水」すい
「金」きん
「土」ど
そう。どこまで行っても奥がある
五行の中の五行の中のそのまた中の五行…という具合にね
だから単に「土《ど》」と言っても、まだ先があるから、いちがいに「土《ど》」とも言い切れない
ナルホドねえ…
こうなるとますます風水の効果がわからなくなるよなぁ…
風水だけじゃない。いろんな神頼みやまじないの類…
すべてはキミの方がどう受けとめるかが重要なんだ…
じゃーね、またね
だからこそ「自分を知る」のが一番近道ということだね

check! 風水は地の気を読む五行の「土」的な尺度と言えるが、ヒトのレベルが「土」にない時は当てはまりにくくなる。つまりは常に「自分を知る」事がベースとなる。

(注) これを「フラクタル」と言う。第24話162ページ参照。

19　トラウマなんかくそくらえ！

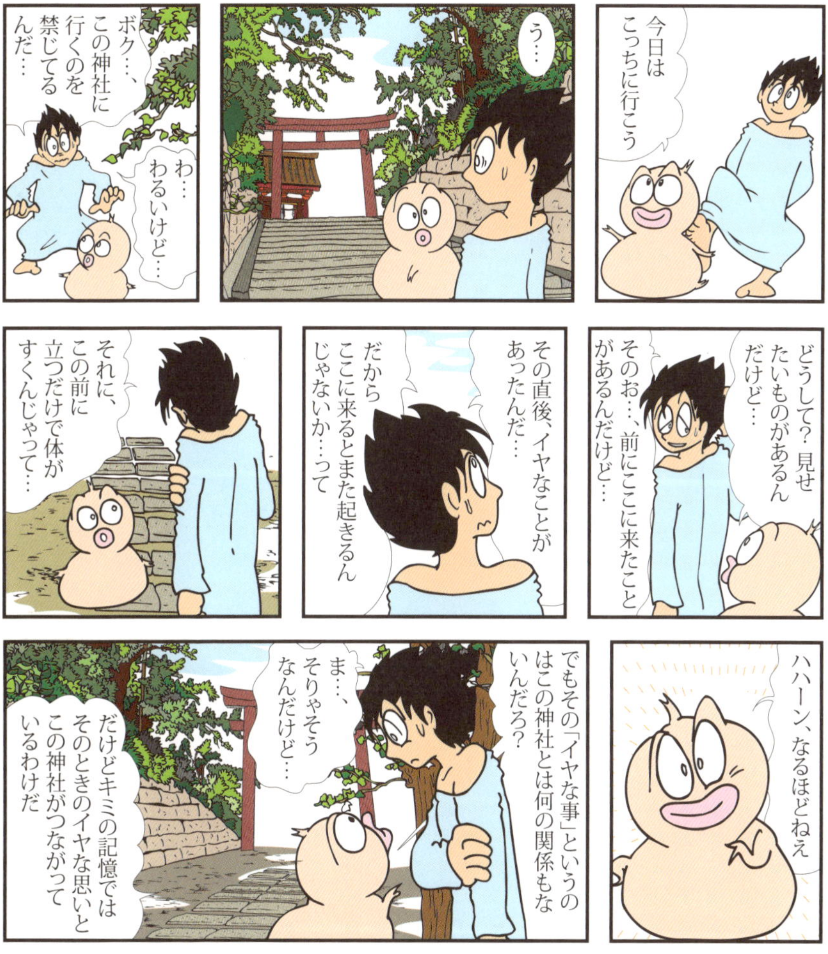
今日はこっちに行こう
う…
ボク…、この神社に行くのを禁じてるんだ…
わ…わるいけど…
どうして？ 見せたいものがあるんだけど…
そのお…、前にここに来たことがあるんだけど…
その直後、イヤなことがあったんだ…
だからここに来るとまた起きるんじゃないか…って
それに、この前に立つだけで体がすくんじゃって…
ハハーン、なるほどねえ
でもその「イヤな事」というのはこの神社とは何の関係もないんだろ？
ま…、そりゃそうなんだけど…
だけどキミの記憶ではそのときのイヤな思いとこの神社がつながっているわけだ

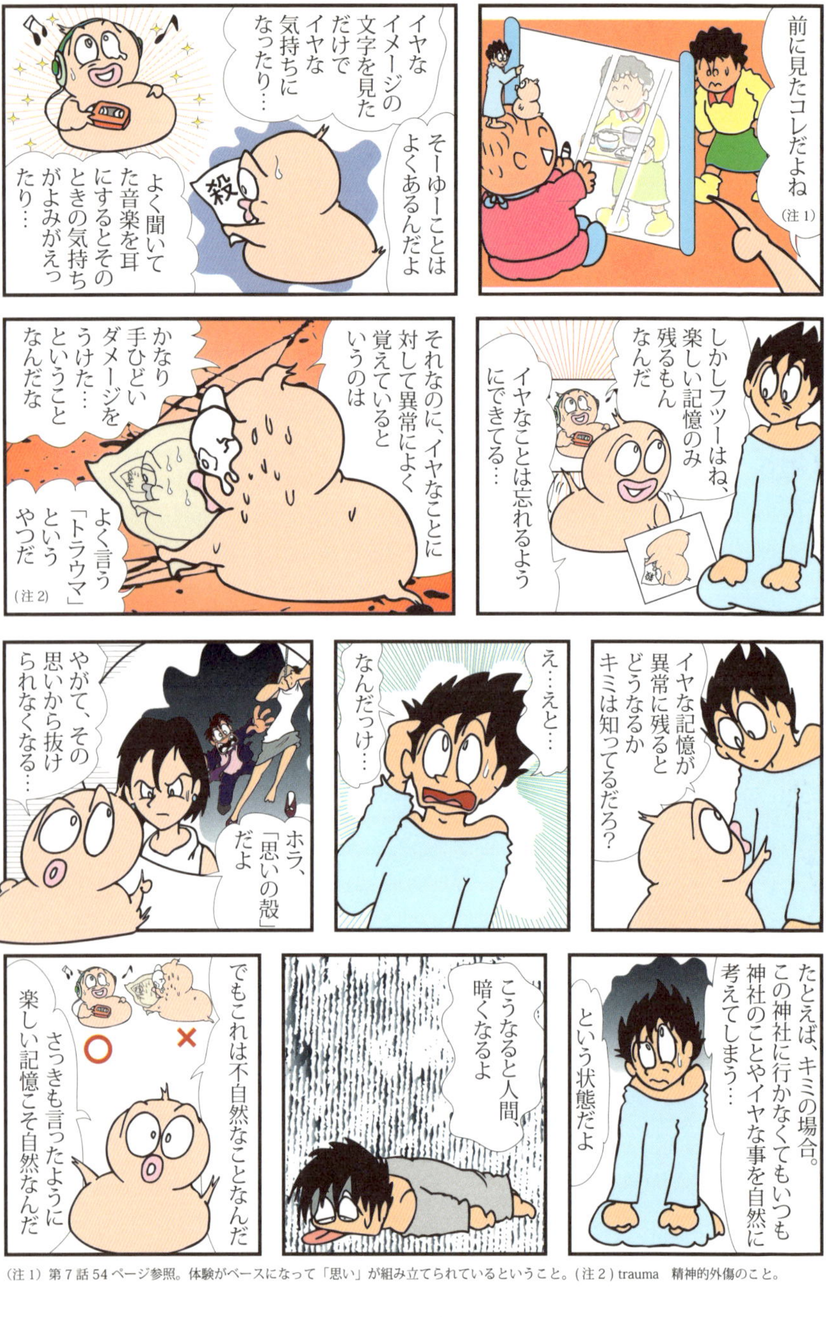

前に見たコレだよね
(注1)
イヤなイメージの文字を見ただけでイヤな気持ちになったり…
よく聞いていた音楽を耳にするとそのときの気持ちがよみがえったり…
そーゆーことはよくあるんだよ
殺
しかしフツーはね、楽しい記憶のみ残るもんなんだ
イヤなことは忘れるようにできてる…
それなのに、イヤなことに対して異常によく覚えているというのは
かなり手ひどいダメージをうけた…ということなんだな
よく言う「トラウマ」というやつだ
(注2)
イヤな記憶が異常に残るとどうなるかキミは知ってるだろ?
え…えと…
なんだっけ…
やがて、その思いから抜けられなくなる…
ホラ、「思いの殻」だよ
たとえば、キミの場合。この神社に行かなくてもいつも神社のことやイヤな事を自然に考えてしまう…
という状態だよ
こうなると人間、暗くなるよ
でもこれは不自然なことなんだ
さっきも言ったように楽しい記憶こそ自然なんだ

(注1) 第7話54ページ参照。体験がベースになって「思い」が組み立てられているということ。(注2) trauma　精神的外傷のこと。

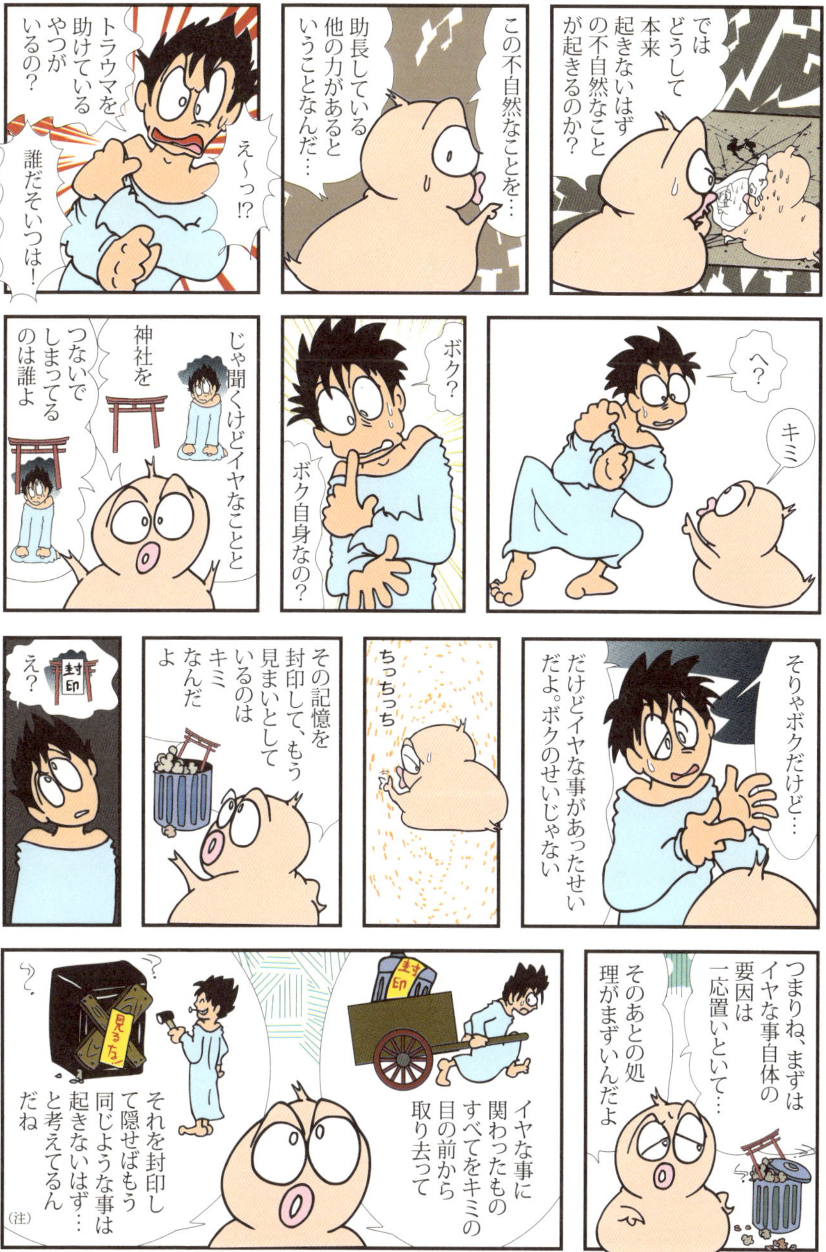

ではどうして本来起きないはずの不自然なことが起きるのか？
この不自然なことを…
助長している他の力があるということなんだ…
え〜っ!?
トラウマを助けているやつがいるの？
誰だそいつは！
キミ
へ？
ボク？
ボク自身なの？
じゃ聞くけどイヤなことと神社をつないでしまってるのは誰よ
そりゃボクだけど…
だけどイヤな事があったせいだよ。ボクのせいじゃない
ちっちっち
その記憶を封印して、もう見まいとしているのはキミなんだよ
え？
封印
つまりね、まずはイヤな事自体の要因は一応置いといて…
そのあとの処理がまずいんだよ
イヤな事に関わったものすべてをキミの目の前から取り去って
封印
見るな!
それを封印して隠せばもう同じような事は起きないはず…と考えてるんだね
（注）

（注）隠すほどに「影」となり内面に現れる。これは「土」に蓄積されるネガティブエネルギーである。これに向き合わせ排泄させる力が「金」であり、因習的には「金神」ともされた。「土」の章 ならびに「火」の章第123話166ページ参照。

だけど「見るな!」と言われるほど見たいものはない
見るな!
だからキミは封印したはずの記憶を結局見てしまうんだよ
見るな!
そんな馬鹿な!
そうキミはバカだ
バカ!?
…
ウ〜ム…
だるまん…、助けてよ…
じゃ、どーすればいいんだよ
まるでのび太だねコリャ…
簡単なことさ
その記憶を隠すんじゃなくて捨てればいいんだ
その為には
一度向き合わなきゃダメだ
来てごらん
うえ…
入るのぉ?
いいかい?神社はキミのイヤな事と何の関係もない
勝手に関連づけたのはキミだ
だったら関連をはずすんだ
逃げ続けるから呪いに変わるんだ

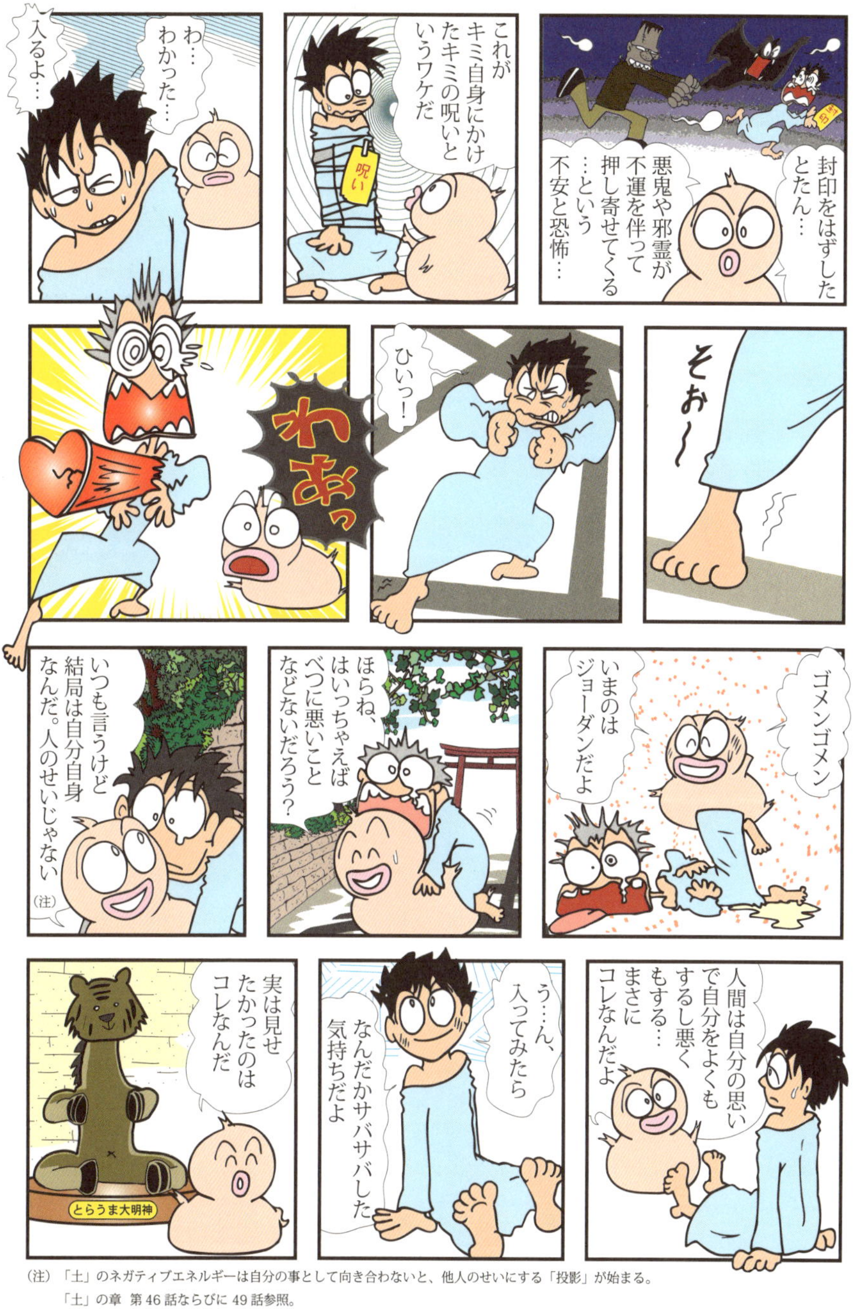
これがキミ自身にかけたキミの呪いというワケだ
呪い
わ…わかった…
入るよ…
封印をはずしたとたん…
悪鬼や邪霊が不運を伴って押し寄せてくる…という不安と恐怖…
封印
そぉ～
ひいっ！
わぁっ
ゴメンゴメン
いまのはジョーダンだよ
ほらね、はいっちゃえばべつに悪いことなどないだろう？
いつも言うけど結局は自分自身なんだ。人のせいじゃない
(注)
人間は自分の思いで自分をよくもするし悪くもする…まさにコレなんだよ
う…ん、入ってみたら
なんだかサバサバした気持ちだよ
実は見せたかったのはコレなんだ
とらうま大明神

(注)「土」のネガティブエネルギーは自分の事として向き合わないと、他人のせいにする「投影」が始まる。
「土」の章 第46話ならびに49話参照。

トラウマ大明神?
なんじゃ、こりゃ…
とらうま大明神
トラつまり「寅《とら》」とウマつまり「午《うま》」は十二支のメンバーでこれを五行にすると「木《もく》」と「火《か》」だ
子 丑 寅 とら 卯 辰 巳 午 うま 未 申 酉 戌 亥
「水」 「木」もく 「土」 「金」 「火」か
(注1)
「木《もく》」から「火《か》」は、「思い」を受けとめる「愛」だ
「木」もく
「火」か
それをトラウマにかけてるんだ
trauma
不安や恐怖も「木《もく》」の思いにすぎない。それを「火《か》」の愛で癒そうってわけさ
ああやって抱かれるとスッキリするって話だよ
へえ…やってみようかな…
ホント…安心する…
守られてる感じで…
ハッ!
やけど…、してない?
(注2)
まあ、こういうわけで
自分で勝手につけた「禁」は向き合って捨ててしまうのがトラウマから抜ける一番の近道ってわけ
そして…
朝寝坊は禁じてたけれど…まあいいや
ムニャムニャ
「禁」は捨てたほうがいいんだもんに
そりゃちっと違うんだけどね…

check! トラウマは恐怖の記憶が不自然に意識されて「思い」を歪めてしまうことでおきる。解消するためには「思い（木）」を新たに「現実（土）」につなぐ事である。

(注1) 寅、午に戌を加えて「火の三合」という。「土」の章 第44話参照。　(注2) 12話89ページ参照。

20　取り越し苦労はやめよう

ガタンゴトン
ガタンゴトン
最近、収入があがってないな…
経営が苦しい…
減給だってさ
解雇されるかも…
ああ…、そうなったらどうしよう
開業する資金もないし…
はっ
いかんいかんっ!
「思いの殻」の中に入ってしまっているっ!
え…と、思いの殻を破るにはどうしたらいいんだっけ…
……
それにしてもつらい…
不安だ…

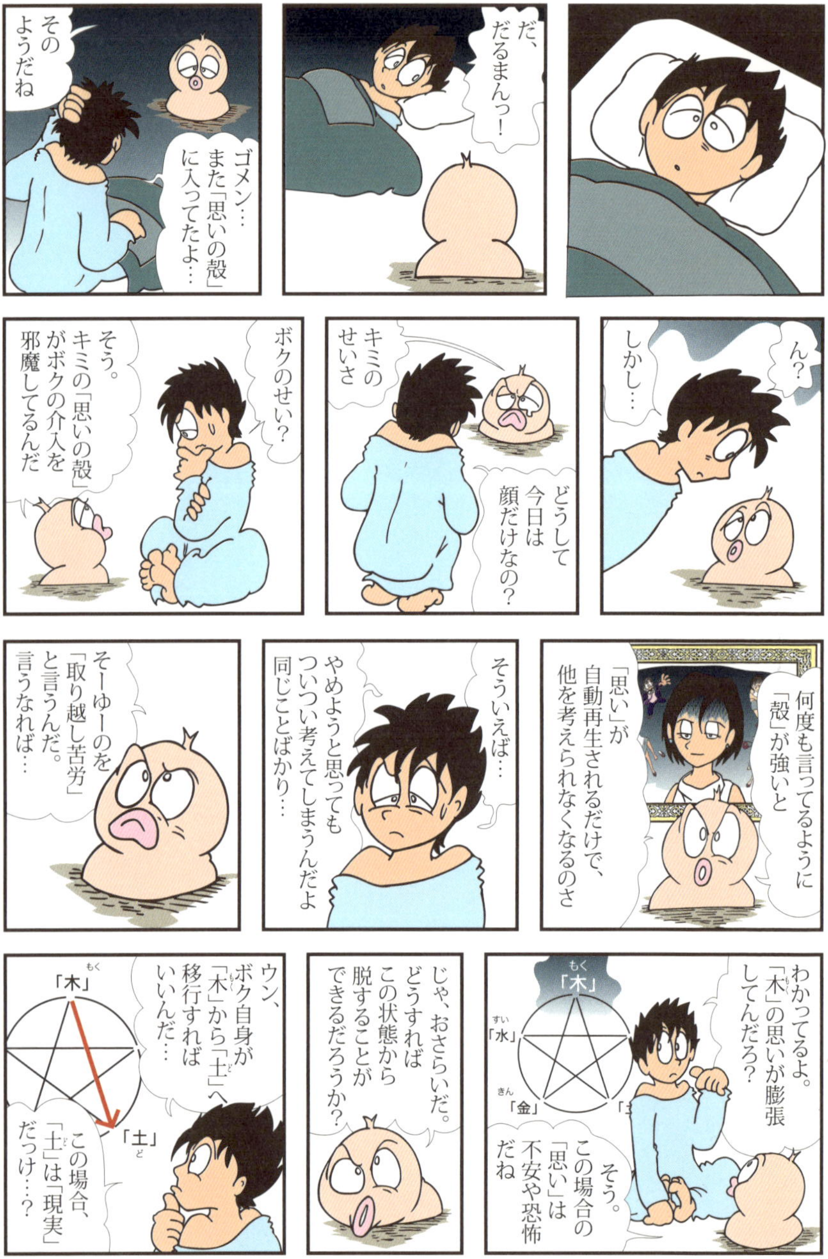

だ、だるまんっ！
ゴメン…また「思いの殻」に入ってたよ…
そのようだね
ん？
しかし…
どうして今日は顔だけなの？
キミのせいさ
ボクのせい？
そう。キミの「思いの殻」がボクの介入を邪魔してるんだ
何度も言ってるように「殻」が強いと
「思い」が自動再生されるだけで、他を考えられなくなるのさ
そういえば…
やめようと思ってもついつい考えてしまうんだよ同じことばかり…
そーゆーのを「取り越し苦労」と言うんだ。言うなれば…
わかってるよ。「木《もく》」の思いが膨張してんだろ？
「木《もく》」
「水《すい》」
「金《きん》」
そう。この場合の「思い」は不安や恐怖だね
じゃ、おさらいだ。どうすればこの状態から脱することができるだろうか？
ウン、ボク自身が「木《もく》」から「土《ど》」へ移行すればいいんだ…
「木《もく》」
「土《ど》」
この場合、「土《ど》」は「現実」だっけ…？

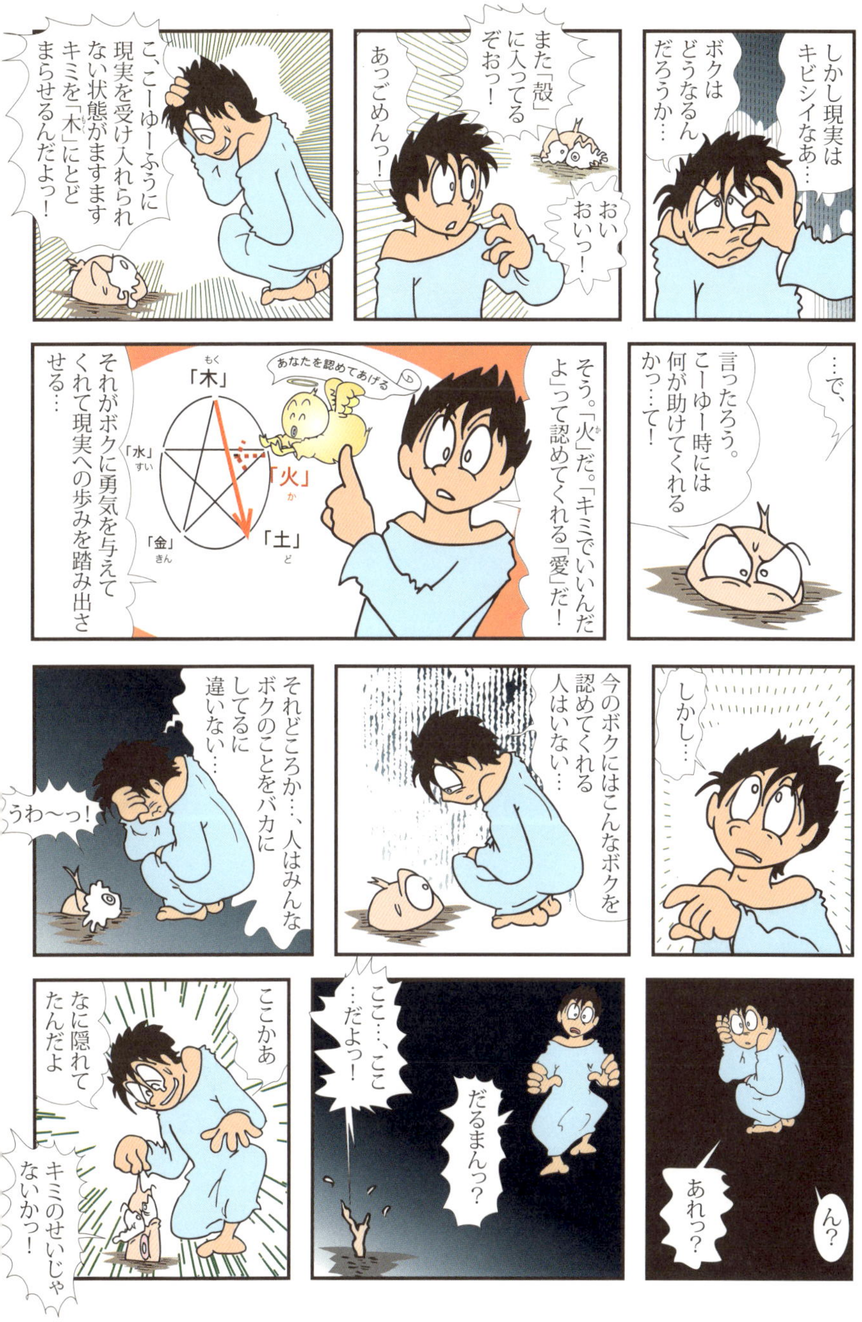
しかし現実はキビシイなあ…
ボクはどうなるんだろうか…
おいおいっ！
また「殻」に入ってるぞおっ！
あっごめんっ！
こ、こーゆーふうに現実を受け入れられない状態がますますキミを「木《もく》」にとどまらせるんだよっ！
…で、
言ったろう。こーゆー時には何が助けてくれるかっ…て！
そう。「火《か》」だ。「キミでいいんだよ」って認めてくれる「愛」だ！
あなたを認めてあげる
「木《もく》」
「火《か》」
「土《ど》」
「金《きん》」
「水《すい》」
それがボクに勇気を与えてくれて現実への歩みを踏み出させる…
しかし…
今のボクにはこんなボクを認めてくれる人はいない…
それどころか…、人はみんなボクのことをバカにしてるに違いない…
うわ〜っ！
ん？
あれっ？
ここ…、ここ…だよっ！
だるまんっ？
ここかあ
なに隠れてたんだよ
キミのせいじゃないかっ！

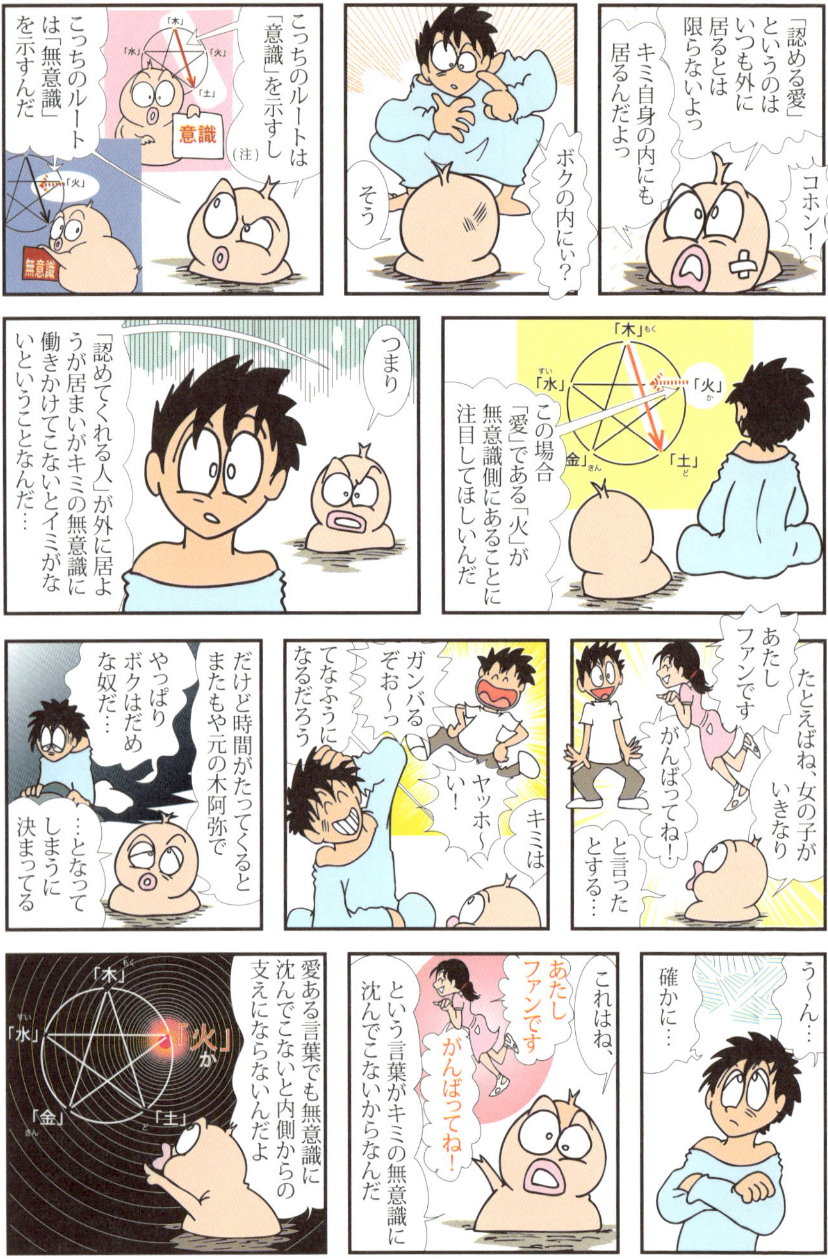
「認める愛」というのはいつも外に居るとは限らないよっ
キミ自身の内にも居るんだよっ
コホン！
ボクの内にぃ？
そう
こっちのルートは「意識」を示すし（注）
「木」
「火」
「水」
「土」
意識
こっちのルートは「無意識」を示すんだ
「火」
無意識
「木」《もく》
「水」《すい》
「火」《か》
「金」《きん》
「土」《ど》
この場合「愛」である「火」が無意識側にあることに注目してほしいんだ
つまり
「認めてくれる人」が外に居ようが居まいがキミの無意識に働きかけてこないとイミがないということなんだ…
たとえばね、女の子がいきなり
あたしファンです
がんばってね！
と言ったとする…
キミは
ガンバるぞお～っ
ヤッホ～い！
てなふうになるだろう
だけど時間がたってくるとまたもや元の木阿弥で
やっぱりボクはだめな奴だ…
…となってしまうに決まってる
う～ん…
確かに…
これはね、
あたしファンです
がんばってね！
という言葉がキミの無意識に沈んでこないからなんだ
「木」《もく》
「水」《すい》
「火」《か》
「金」《きん》
「土」《ど》
愛ある言葉でも無意識に沈んでこないと内側からの支えにならないんだよ

（注）第16話118ページ参照。

なるほど。だからこそ「愛」とか「認めてあげる」ことがとくに子供の時に必要なんだ
それが無意識に沈み込む時間がいるんだ…
そうそう。
ふう…やっと五体そろった…
しかし、だるまん
自分が自分の無意識に認められた位でそんなに変わるだろうか…?
キミは「自分の…」というイミをだいぶ誤解しているよ
前にもボクは
人はホントは自分に愛されたいんだ…って言ったよね
(注1)
これは一見、変な話に見えるけど
「自分」というイミを正しくつかむとよくわかる
自我
自己
「木」《もく》
「水」《すい》
「火」《か》
「金」《きん》
「土」《ど》
ボクは前にこうも言った
自分とはいっても「自我」と「自己」があって自我の奥には自己がある…
(注2)
客観
主観
そしてさらにこう言った
主観の奥には客観がある…と
(注3)
自我=主観
自己=客観
主観
客観
自我
自己
「木」《もく》
「水」《すい》
「火」《か》
この二つをダブらせると
こうなる
自我=主観
ウン。自我とは主観…。うん、確かにワタシというのは主観だよね
自己=客観
客観
自己
しかし自己=客観って、「自分の奥にある自分」とはもはや自分ではないということ?
そうだ

(注1)第10話77ページ参照。　(注2)第11話84ページ参照。　(注3)第15話112ページ参照。

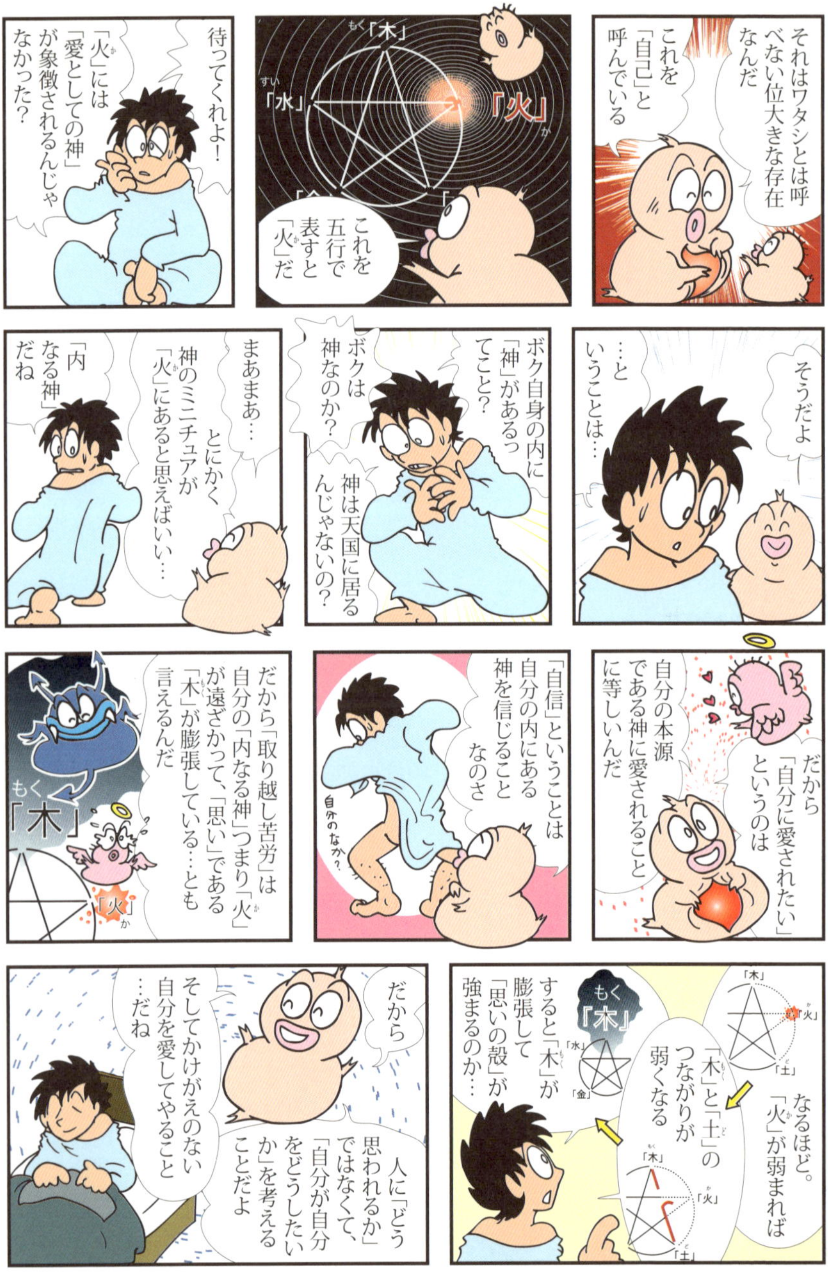

それはワタシとは呼べない位大きな存在なんだ
これを「自己」と呼んでいる
もく「木」
すい「水」
「火」か
これを五行で表すと「火《か》」だ
待ってくれよ！
「火《か》」には「愛としての神」が象徴されるんじゃなかった？
そうだよ
…ということは…
ボク自身の内に「神」があるってこと？
ボクは神なのか？
神は天国に居るんじゃないの？
まあまあ…
とにかく神のミニチュアが「火《か》」にあると思えばいい…
「内なる神」だね
だから「自分に愛されたい」というのは
自分の本源である神に愛されることに等しいんだ
「自信」ということは自分の内にある神を信じることなのさ
自分のなかか？
だから「取り越し苦労」は自分の「内なる神」つまり「火《か》」が遠ざかって、「思い」である「木《もく》」が膨張している…とも言えるんだ
もく「木」
「火」か
なるほど。「火《か》」が弱まれば
「木《もく》」と「土《ど》」のつながりが弱くなる
すると「木《もく》」が膨張して「思いの殻」が強まるのか…
もく『木』
「木」「火」「土」「水」「金」
だから
人に「どう思われるか」ではなくて、「自分が自分をどうしたいか」を考えることだよ
そしてかけがえのない自分を愛してやること…だね

check! 「思い（木）」と「現実（土）」をつなぐ事で「思いの殻」から脱却できるが、このとき助けとなる「火」とは「無意識」にある「内なる神」から来る「自分を信じる愛」である。

21　だるまんはどこから来たか

来たな
だるまんよ
どうしたんだい?
あらたまって…
ま
そこに座れ!
よく考えてみると
どうもヘンだ
なぜ夢の中とはいえ、ボクに
これだけのことが
知れるのか
そして
それを
伝える
キミ! キミは
何者なんだっ!
だから
いや待った!
ボクは考えた
キミは
神か悪魔だな!
悪魔なら
今すぐに
立ち去れっ!
そしてもし
神なら…
神なら…

このボクは神と対話する者…
つまり預言者だ…
ソ、ソクラテスか、プラトンか…
イザヤ、エレミヤ、エゼキエル…
す…すごいっ！
おおっ！
大衆よ、我が前にひれ伏すが良い
我こそはイエスの再臨だ
ただ一人の神の子なるぞ！
ねえ…
せっかくのってる所を悪いんだけどね…
おお…
おお…
…
こらぁっ！
さっきから黙って聞いてりゃなんだよっ！
いい気になるんじゃないよっこのっ！
おまえが
イエスキリストのわけないだろがっそんなアホの預言者が居るかよっ！

や…やはりオマエは悪魔だったんだな
さ…去れっ!
…
去れってーの!
ねえ
ちょっと頭を冷やしてくれよ
ボクは今までに何と言った?
「木」《もく》
「火」《か》
「土」《ど》
「火《か》」に象徴される所、無意識の奥は「内なる神」があってそこは「自分」を超えている…と言ったよな
そう…だからボクの正体は小さな人間を超えた神…なのだよ
もうちょっと冷やす?
「内なる神」というのはね、誰にでもあるんだよ
みんな神の一部を魂の奥底に持っているんだ(注)
キミだけが特別じゃない
神の脳が入っている人と神の爪が入っている人では違うはずだよな
神の一部なら
そしてこのボクこそは…
あ～っ!もういいっ!
「木」《もく》
「水」《すい》
「火」《か》
「金」《きん》
「土」《ど》
だからね、なぜ五行でこれを「火《か》」と言ってるか考えてみなよ

（注） 古代ペルシアのゾロアスター教では最高神アフラ・マズダー（Ahura Mazda）が魔との戦いの末、バラバラにされて光のかけらとなり個々人の内なる神性となったという。「火」の章に登場する第六天、文殊菩薩、スサノオなどをアフラ・マズダーと同義と見る向きもある。

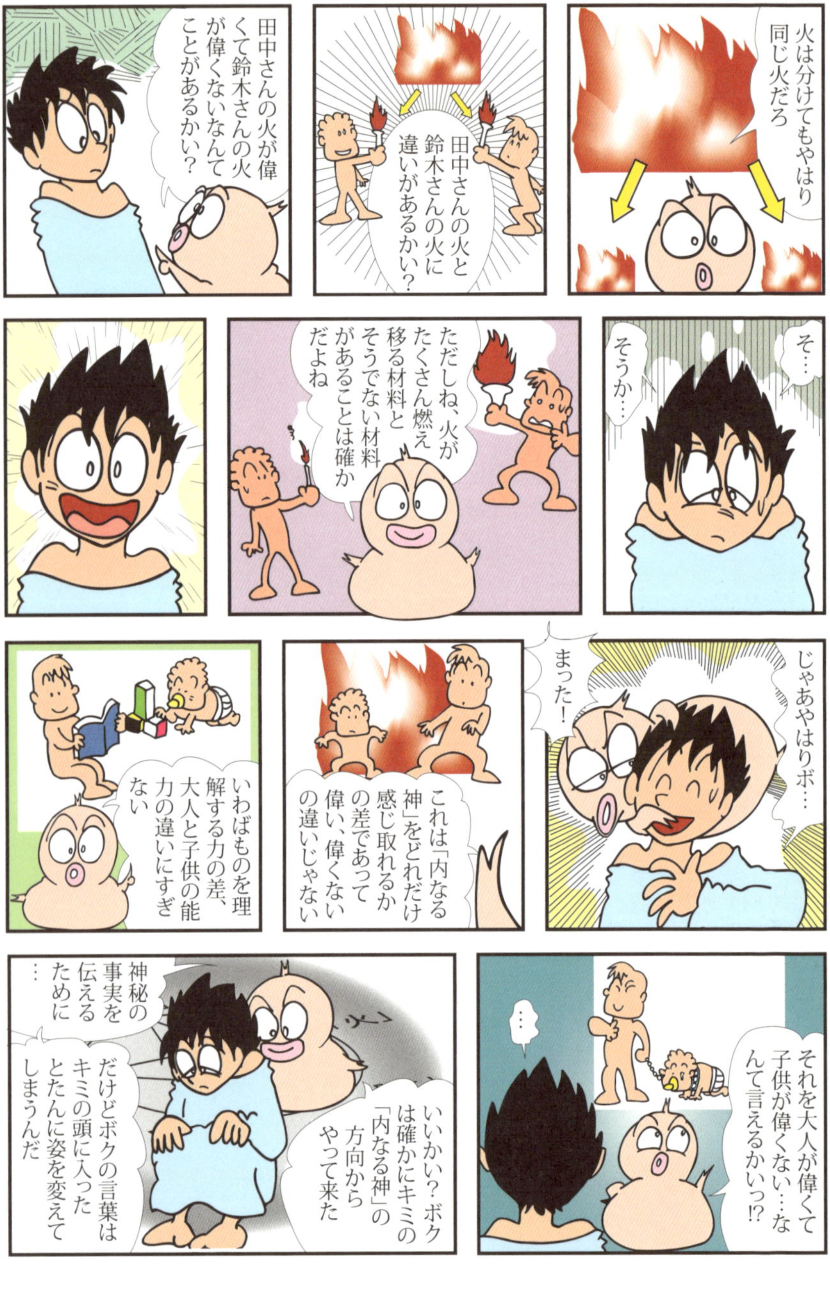

火は分けてもやはり同じ火だろ
田中さんの火と鈴木さんの火に違いがあるかい？
田中さんの火が偉くて鈴木さんの火が偉くないなんてことがあるかい？
そ…
そうか…
ただしね、火がたくさん燃え移る材料とそうでない材料があることは確かだよね
じゃあやはりボ…
まった！
これは「内なる神」をどれだけ感じ取れるかの差であって偉い、偉くないの違いじゃない
いわばものを理解する力の差、大人と子供の能力の違いにすぎない
それを大人が偉くて子供が偉くない…なんて言えるかいっ!?
…
いいかい？ボクは確かにキミの「内なる神」の方向からやって来た
神秘の事実を伝えるために…
だけどボクの言葉はキミの頭に入ったとたんに姿を変えてしまうんだ

ホラ、赤ちゃんがお母さんの姿を見たときの事を覚えているだろ？
（注 1）
ボクが何を言おうともキミの持つ材料に置き換えないと理解できないんだよ
そ…そうだった
内にあるものしか理解できない…
じゃ…、じゃあなぜ、キミの言ってることをボクは理解してるのかい？
違う、ちがうっ！
キミはボクの言ってることをすべて理解できちゃいない！
ボクの言ってることをキミの内に入るぶんだけ理解してるんだ
だけどそれでいいんだ
人間とはそうやりながら器をひろげていくもんなんだ
だけど「預言者」は違う！
神の言葉を正確に伝えねばならない
「言葉を預かる者」だからね！
愛
あい
哀
その言葉の内容をキミの個性が勝手なわん曲を加えてしまっては何にもならないじゃないか！
だけどヒトは内にあるものでしか理解できないんだろ？
内にないものが来たらどうしてもねじ曲げて取り上げるしかないじゃん
だからね
内にないものがない位の大きな器の魂でなきゃダメなんだ
（注 2）

（注 1）第 7 話 54 ページ参照。　（注 2）第 10 話 78 ページ参照。

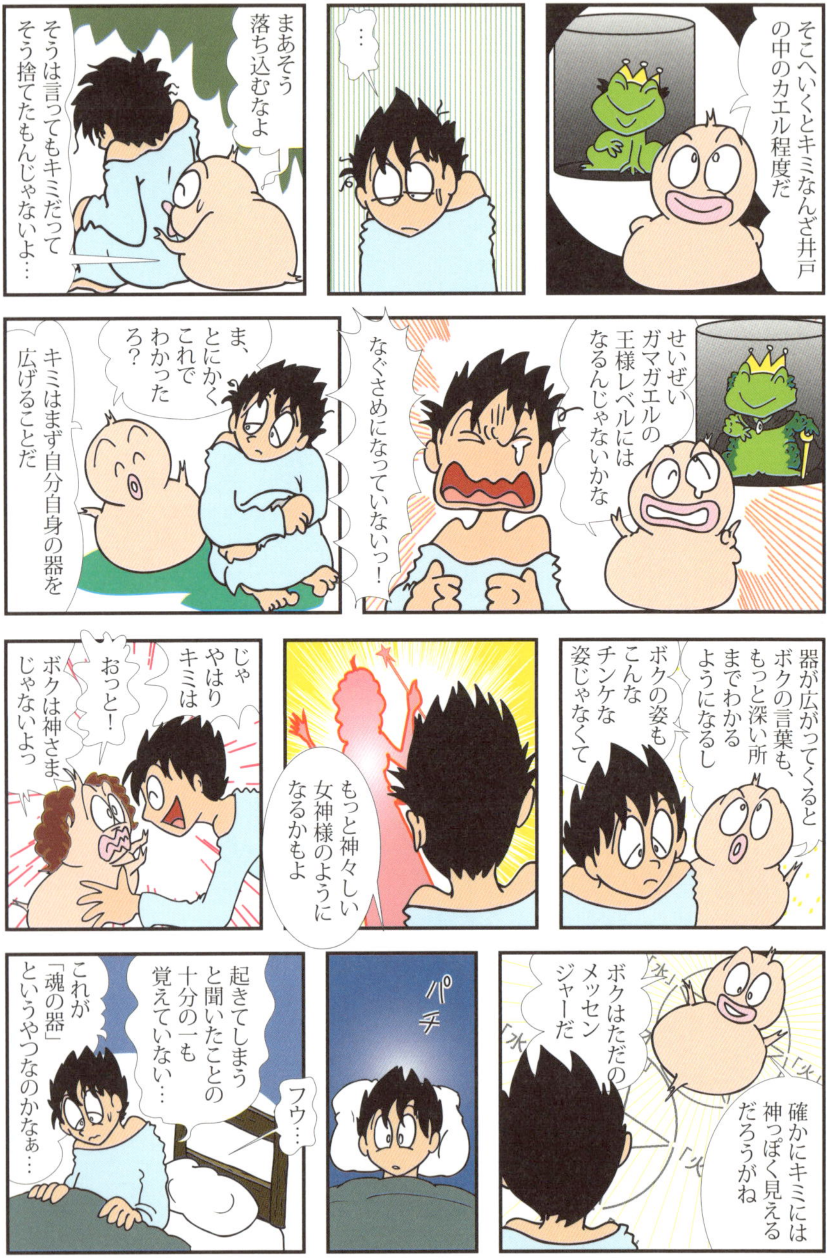
そこへいくとキミなんざ井戸の中のカエル程度だ
…
まあそう落ち込むなよ
そうは言ってもキミだってそう捨てたもんじゃないよ…
せいぜいガマガエルの王様レベルにはなるんじゃないかな
なぐさめになっていないっ！
ま、とにかくこれでわかったろ？
キミはまず自分自身の器を広げることだ
器が広がってくるとボクの言葉も、もっと深い所までわかるようになるし
ボクの姿もこんなチンケな姿じゃなくて
もっと神々しい女神様のようになるかもよ
じゃやはりキミは
おっと！ボクは神さまじゃないよっ
ボクはただのメッセンジャーだ
確かにキミには神っぽく見えるだろうがね
パチ
フウ…
起きてしまうと聞いたことの十分の一も覚えていない…
これが「魂の器」というやつなのかなぁ…

check! 神示にも似た直観の類は自他を越えた無意識のかなたからやってくる。しかし多くは意識にのぼる段階で歪められてしまうものである。

22　右巻き左巻き①

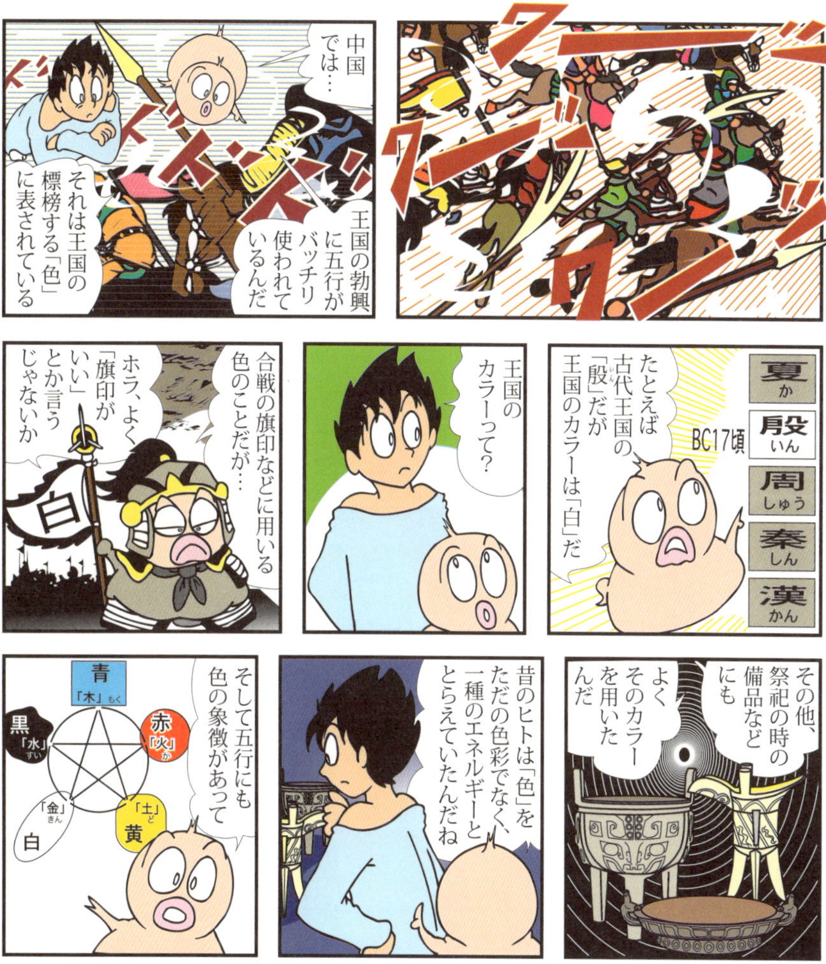
中国では…
王国の勃興に五行がバッチリ使われているんだ
それは王国の標榜する「色」に表されている
夏《か》
殷《いん》
周《しゅう》
秦《しん》
漢《かん》
BC17頃
たとえば古代王国の「殷《いん》」だが王国のカラーは「白」だ
王国のカラーって？
合戦の旗印などに用いる色のことだが…
ホラ、よく「旗印がいい」とか言うじゃないか
白
その他、祭祀の時の備品などにも
よくそのカラーを用いたんだ
昔のヒトは「色」をただの色彩でなく、一種のエネルギーととらえていたんだね
そして五行にも色の象徴があって
青
「木」もく
赤
「火」か
黄
「土」ど
白
「金」きん
黒
「水」すい

これを相剋《そうこく》ルートに当てはめてみると
青「木」
赤「火」
「土」黄
白「金」
黒「水」
今の「殷《いん》」王朝は五行の「金《きん》」で、それに勝つには「火《か》」の赤が必要な事がわかる
白
夏 か
殷 いん
周 しゅう
秦 しん
漢 かん
赤
従って「殷《いん》」を倒すべく立ち上がった「周《しゅう》」王朝は旗印に「赤」色を標榜した
へえー、おもしろいねえ…
やがて時がたち、「周《しゅう》」を滅ぼそうとした「秦《しん》」は黒を、「秦《しん》」を滅ぼそうとした「漢《かん》」は黄を標榜した
夏 か
殷 いん
周 しゅう
秦 しん
漢 かん
黒
黒
赤
相剋《そうこく》ルートのとおりだろ?
黒「水」
赤「火」
白「金」
白
ね!
五行の色って、「勝つ」ためのジンクスみたいなもんだったんだ…
しかし、戦争はむごいね…
いやいやジンクスなんていう甘いもんじゃない
勝つための「論理」そのものだったんだ
ん?
んんんん…!?
どうした?
ねえだるまん、これへんだよ
いつもの相剋《そうこく》ルートと矢印の向きが逆だ
そう…
いい点に気づいたね
じゃあ矢印を取ってみよう
「火《か》」
「金《きん》」
たとえば「火《か》」と「金《きん》」の関係はどうだったか?

えーと、火が金属を溶かすんだから…
『「火《か》」は「金《きん》」に勝つ』だよね
「木」もく
「火」か
「土」ど
「金」きん
「水」すい
そう
そしてボクたちはそれをこう描いていた
んー?
…でも、だるまん、
『「火《か》」は「金《きん》」に勝つ』だから、勝者は「金《きん》」の手から「火《か》」の手に移る…と。
ならば「火《か》」が矢印の先にあるほうが普通じゃないのかな?
ね、その要領で
「金《きん》」より「火《か》」、「火《か》」より「水《すい》」、「水《すい》」より「土《ど》」、「土《ど》」より「木《もく》」…が強いって!
うん、この矢印の方がわかりやすい。今の中国のケースでもそうだ
実はボクもそう思ってたことがある。従来の矢印の向きよりも
反対向きにした方が相剋《そうこく》ルートの意味合いにマッチしてるんじゃないか…とね
しかしオーソドックスな「五行」ではこのような右回りの矢印で表すことになっている
なんでそんな面倒なことをしたのかねぇ
実はここに五行の深いイミがあるんだ
いいかい?
オーソドックスの方の五行相剋《そうこく》ルートの矢印だけを書き出してみるとこうなる

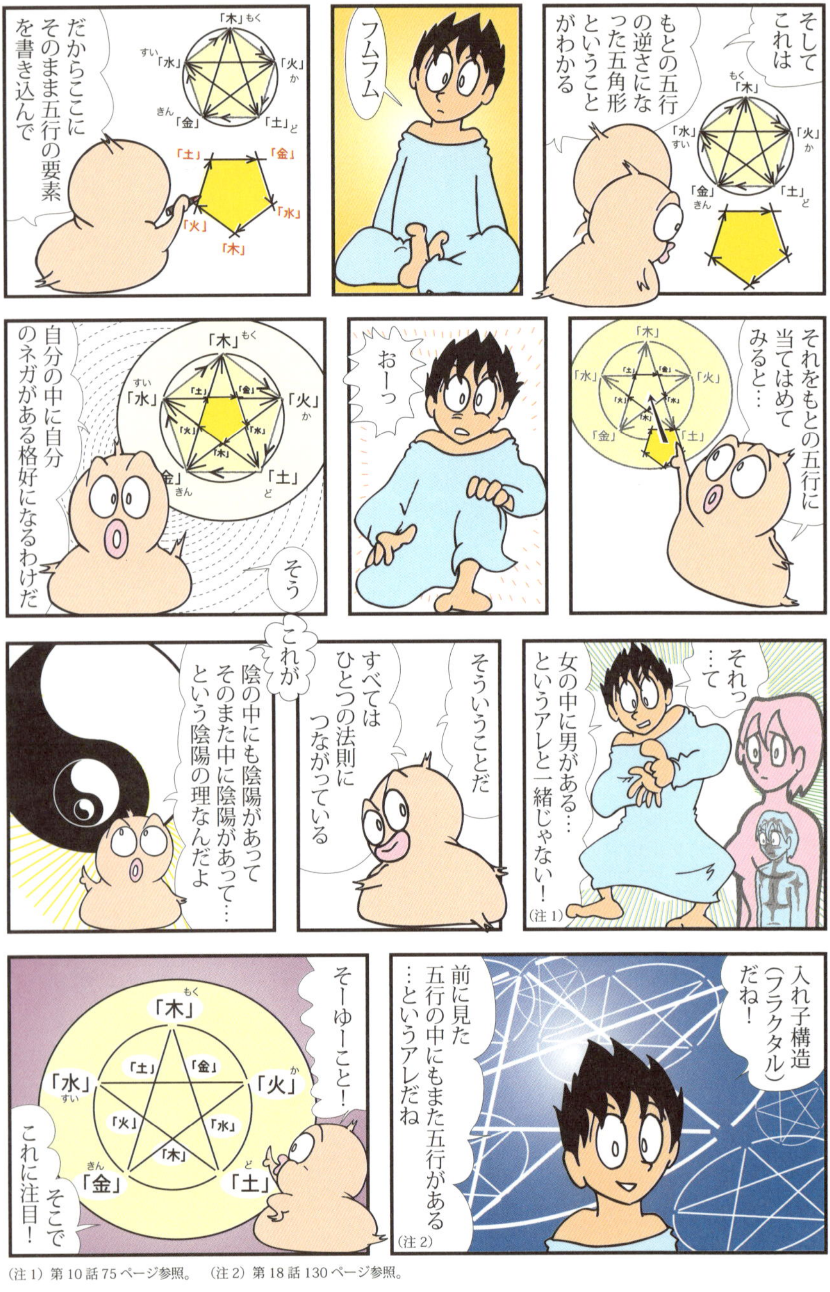

そしてこれは
もとの五行の逆さになった五角形ということがわかる
「木《もく》」
「火《か》」
「土《ど》」
「金《きん》」
「水《すい》」
フムフム
だからここにそのまま五行の要素を書き込んで
「木《もく》」
「火《か》」
「土《ど》」
「金《きん》」
「水《すい》」
「土」「金」「水」「木」「火」
それをもとの五行に当てはめてみると…
おーっ
自分の中に自分のネガがある格好になるわけだ
そう
それっ…て
女の中に男がある…というアレと一緒じゃない！
(注1)
そういうことだ
すべてはひとつの法則につながっている
これが
陰の中にも陰陽があってそのまた中に陰陽があって…という陰陽の理なんだよ
入れ子構造（フラクタル）だね！
前に見た五行の中にもまた五行がある…というアレだね
(注2)
そーゆーこと！
そこでこれに注目！
「木《もく》」
「火《か》」
「土《ど》」
「金《きん》」
「水《すい》」
「土」「金」「火」「水」「木」

(注1) 第10話75ページ参照。　(注2) 第18話130ページ参照。

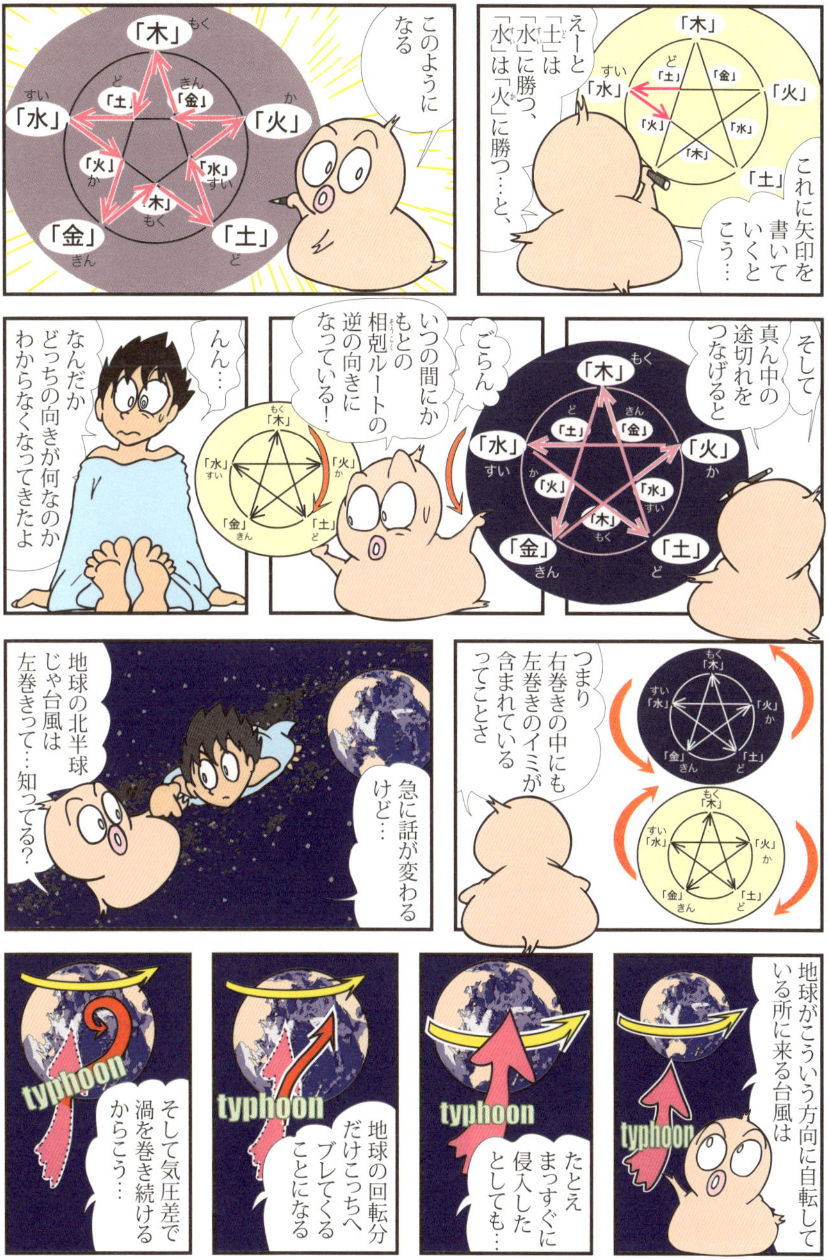
えーと「土《ど》」は「水《すい》」に勝つ、「水」は「火《か》」に勝つ…と、
これに矢印を書いていくとこう…
「木」
「火」
「土」
「金」
「水」
このようになる
「木《もく》」
「火《か》」
「土《ど》」
「金《きん》」
「水《すい》」
そして真ん中の途切れをつなげると
ごらん
いつの間にかもとの相剋《そうこく》ルートの逆の向きになっている!
んん…
なんだかどっちの向きが何なのかわからなくなってきたよ
つまり右巻きの中にも左巻きのイミが含まれているってことさ
急に話が変わるけど…
地球の北半球じゃ台風は左巻きって…知ってる?
地球がこういう方向に自転している所に来る台風は
typhoon
たとえまっすぐに侵入したとしても…
typhoon
地球の回転分だけこっちへブレてくることになる
typhoon
そして気圧差で渦を巻き続けるからこう…
typhoon

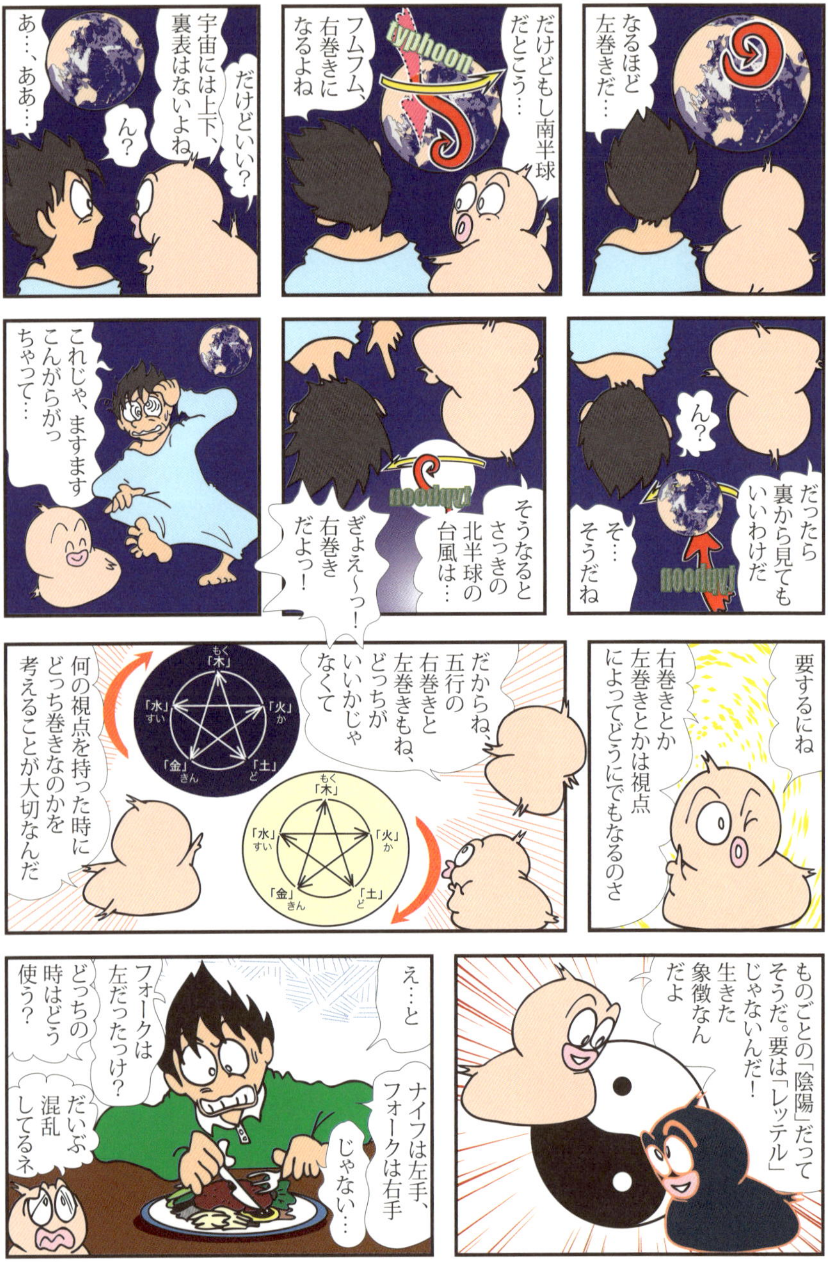
なるほど左巻きだ…
だけどもし南半球だとこう…
typhoon
フムフム、右巻きになるよね
だけどいい？
宇宙には上下、裏表はないよね
ん？
あ…、ああ…
だったら裏から見てもいいわけだ
ん？
そ…そうだね
typhoon
そうなるとさっきの北半球の台風は…
typhoon
ぎょえ〜っ！右巻きだよっ！
これじゃ、ますますこんがらがっちゃって…
要するにね
右巻きとか左巻きとかは視点によってどうにでもなるのさ
だからね、五行の右巻きと左巻きもね、どっちがいいかじゃなくて
「木《もく》」
「火《か》」
「土《ど》」
「金《きん》」
「水《すい》」
何の視点を持った時にどっち巻きなのかを考えることが大切なんだ
ものごとの「陰陽」だってそうだ。要は「レッテル」じゃないんだ！生きた象徴なんだよ
え…と
ナイフは左手、フォークは右手じゃない…
フォークは左だったっけ？どっちの時はどう使う？
だいぶ混乱してるネ

check! ものごとの「陰陽」は判で押したようには分けられない。たとえば「陽」の中にも「陰」はあり、視点が変われば「陽」のものは「陰」にもなる。

23　右巻き左巻き②

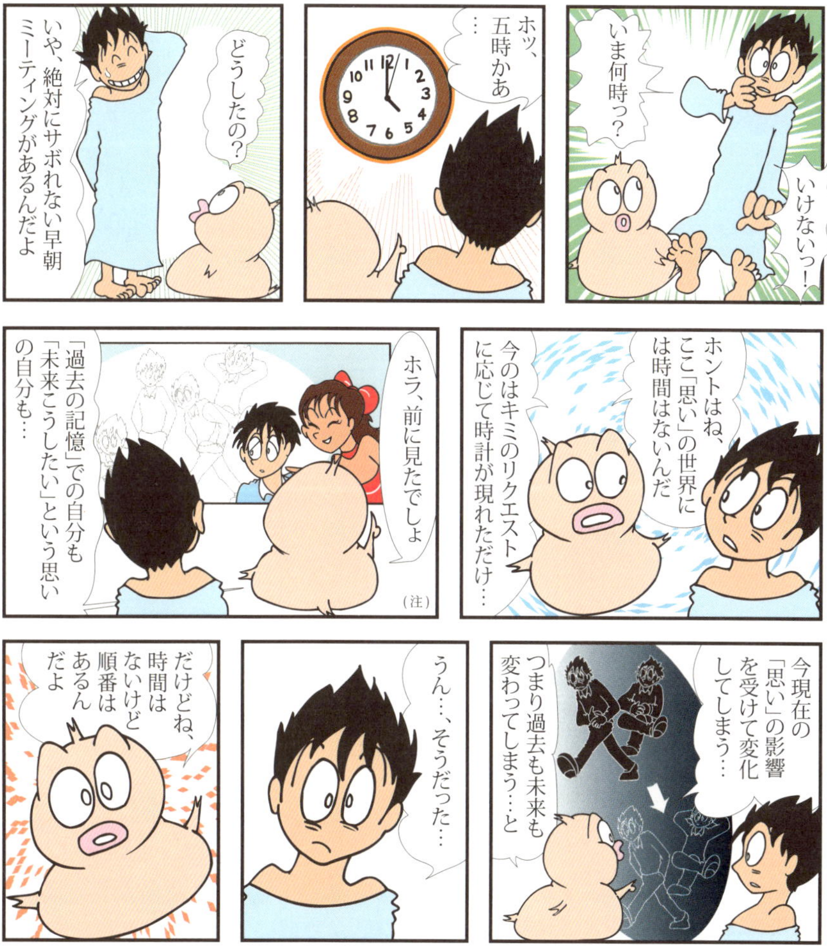
いま何時っ?
いけないいっ!
ホッ、五時かあ…
どうしたの?
いや、絶対にサボれない早朝ミーティングがあるんだよ
ホントはね、ここ「思い」の世界には時間はないんだ
今のはキミのリクエストに応じて時計が現れただけ…
ホラ、前に見たでしょ
「過去の記憶」での自分も「未来こうしたい」という思いの自分も…
(注)
今現在の「思い」の影響を受けて変化してしまう…
つまり過去も未来も変わってしまう…と
うん…、そうだった…
だけどね、時間はないけど順番はあるんだよ

(注) 第15話108ページ参照。

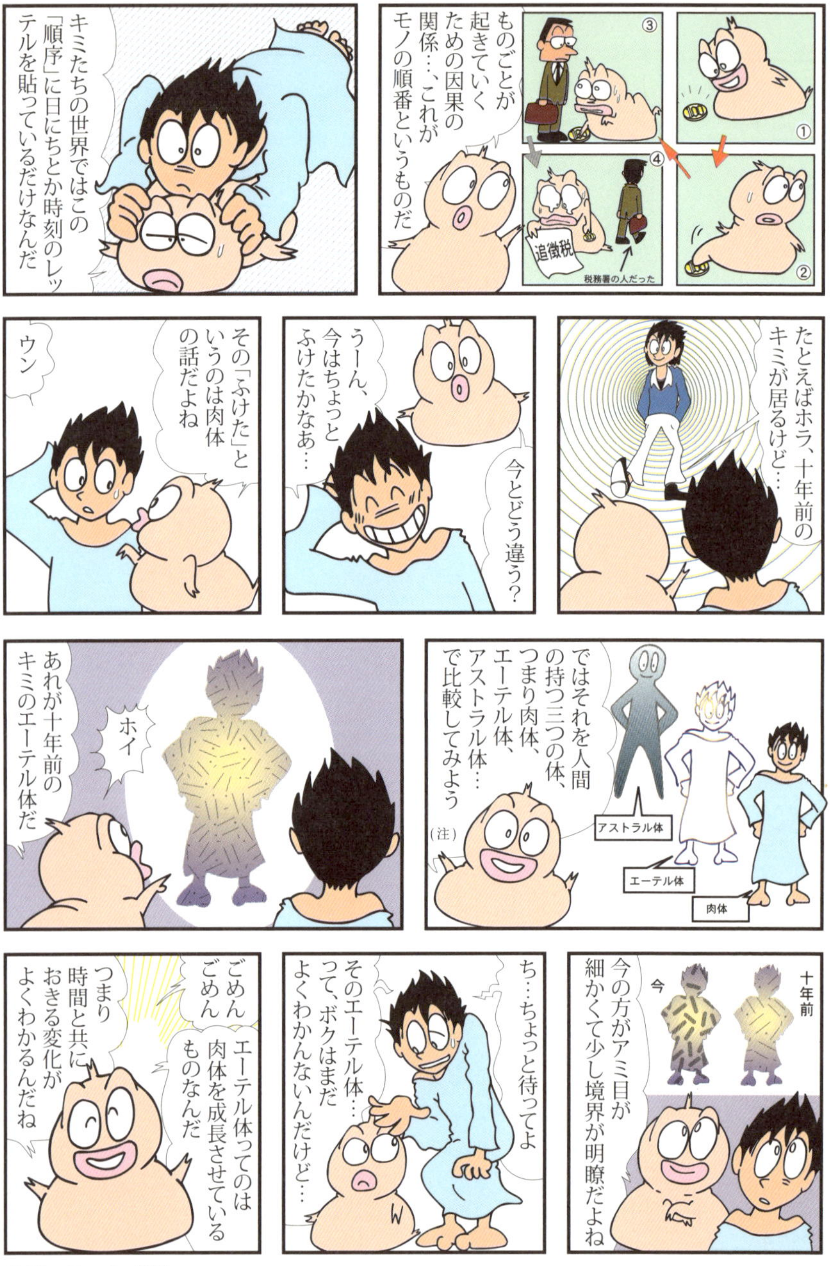
ものごとが起きていくための因果の関係…、これがモノの順番というものだ
追徴税
税務署の人だった
キミたちの世界ではこの「順序」に日にちとか時刻のレッテルを貼っているだけなんだ
たとえばホラ、十年前のキミが居るけど…
今とどう違う?
うーん、今はちょっとふけたかなあ…
その「ふけた」というのは肉体の話だよね
ウン
ではそれを人間の持つ三つの体、つまり肉体、エーテル体、アストラル体…で比較してみよう
(注)
アストラル体
エーテル体
肉体
ホイ
あれが十年前のキミのエーテル体だ
今
十年前
今の方がアミ目が細かくて少し境界が明瞭だよね
ち…ちょっと待ってよ
そのエーテル体…って、ボクはまだよくわかんないんだけど…
エーテル体ってのは肉体を成長させているものなんだ
ごめんごめん
つまり時間と共におきる変化がよくわかるんだね

(注) 第11話81ページ参照。

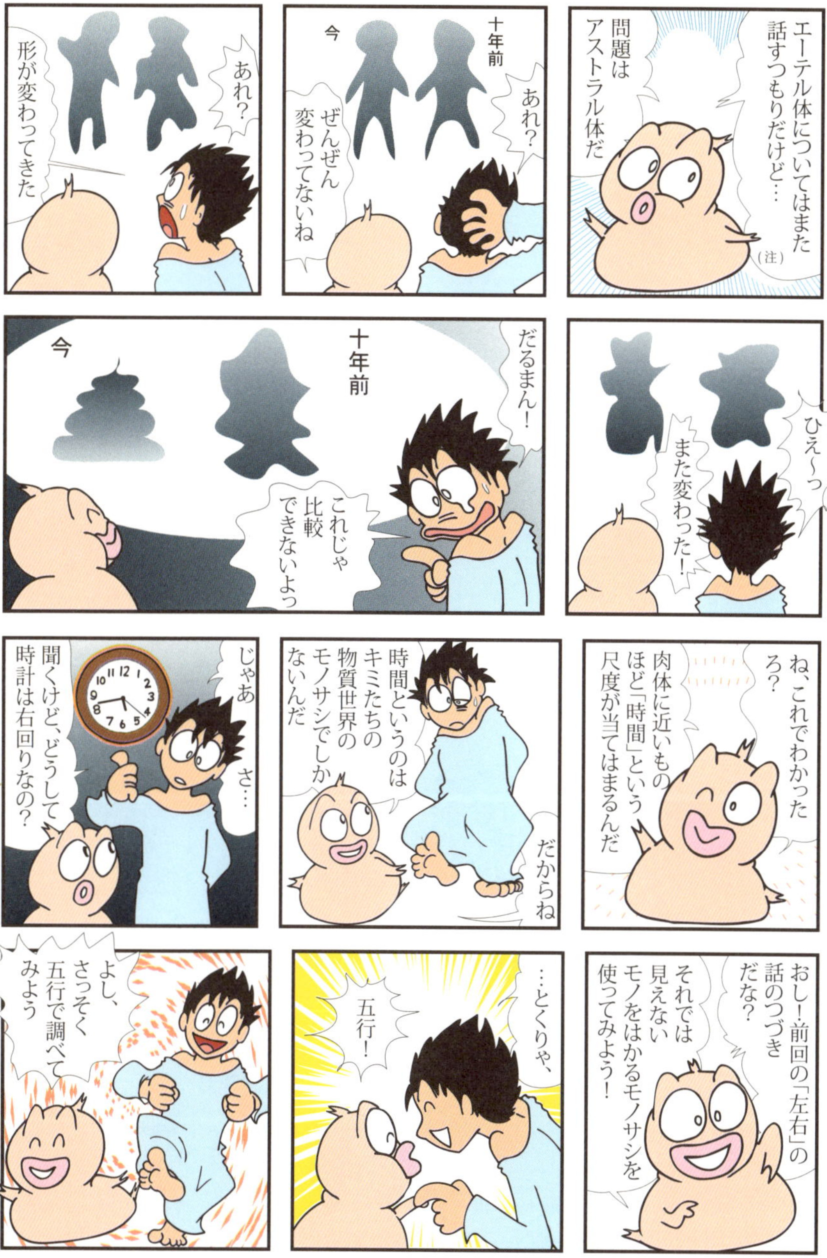
エーテル体についてはまた話すつもりだけど…
(注)
問題はアストラル体だ
十年前
今
あれ?
ぜんぜん変わってないね
あれ?
形が変わってきた
ひえ〜っ
また変わった!
十年前
今
だるまん!
これじゃ比較できないよっ
ね、これでわかったろ?
肉体に近いものほど「時間」という尺度が当てはまるんだ
だからね
時間というのはキミたちの物質世界のモノサシでしかないんだ
じゃあさ…
聞くけど、どうして時計は右回りなの?
おし!前回の「左右」の話のつづきだな?
それでは見えないモノをはかるモノサシを使ってみよう!
…とくりゃ、
五行!
よし、さっそく五行で調べてみよう

(注)「土」の章 第1話参照。

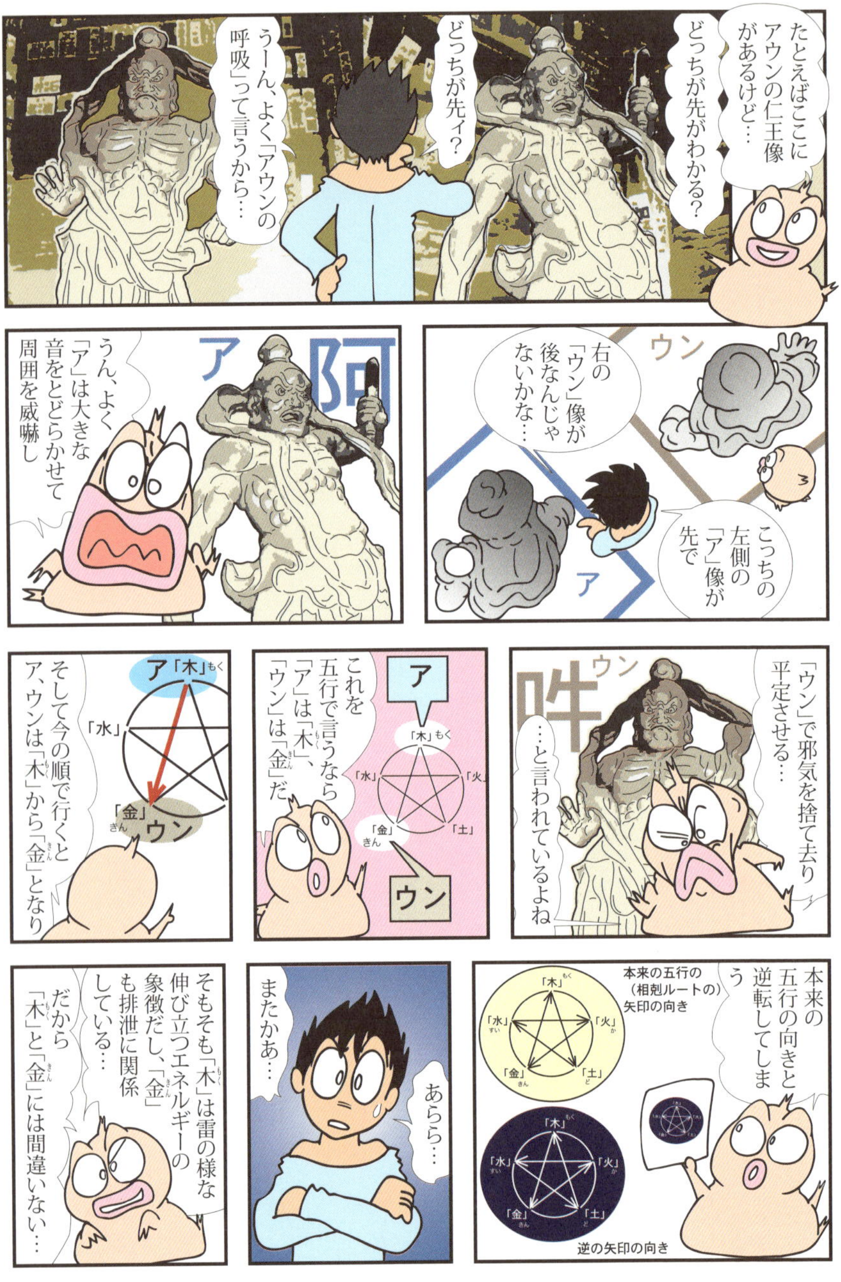

たとえばここにアウンの仁王像があるけど…
どっちが先がわかる？
どっちが先ィ？
うーん、よく「アウンの呼吸」って言うから…
ウン
右の「ウン」像が後なんじゃないかな…
こっちの左側の「ア」像が先で
ア
阿
ア
うん、よく「ア」は大きな音をとどろかせて周囲を威嚇し
吽
ウン
「ウン」で邪気を捨て去り平定させる…
…と言われているよね
これを五行で言うなら「ア」は「木《もく》」、「ウン」は「金《きん》」だ
ア
「木」もく
「水」
「火」
「金」きん
「土」
ウン
そして今の順で行くとア、ウンは「木《もく》」から「金《きん》」となり
ア
「木」もく
「水」
「金」きん
ウン
本来の五行の向きと逆転してしまう
本来の五行の（相剋ルートの）矢印の向き
「木」もく
「水」すい
「火」か
「金」きん
「土」ど
逆の矢印の向き
またかあ…
あらら…
そもそも「木《もく》」は雷の様な伸び立つエネルギーの象徴だし、「金《きん》」も排泄に関係している…
だから「木《もく》」と「金《きん》」には間違いない…

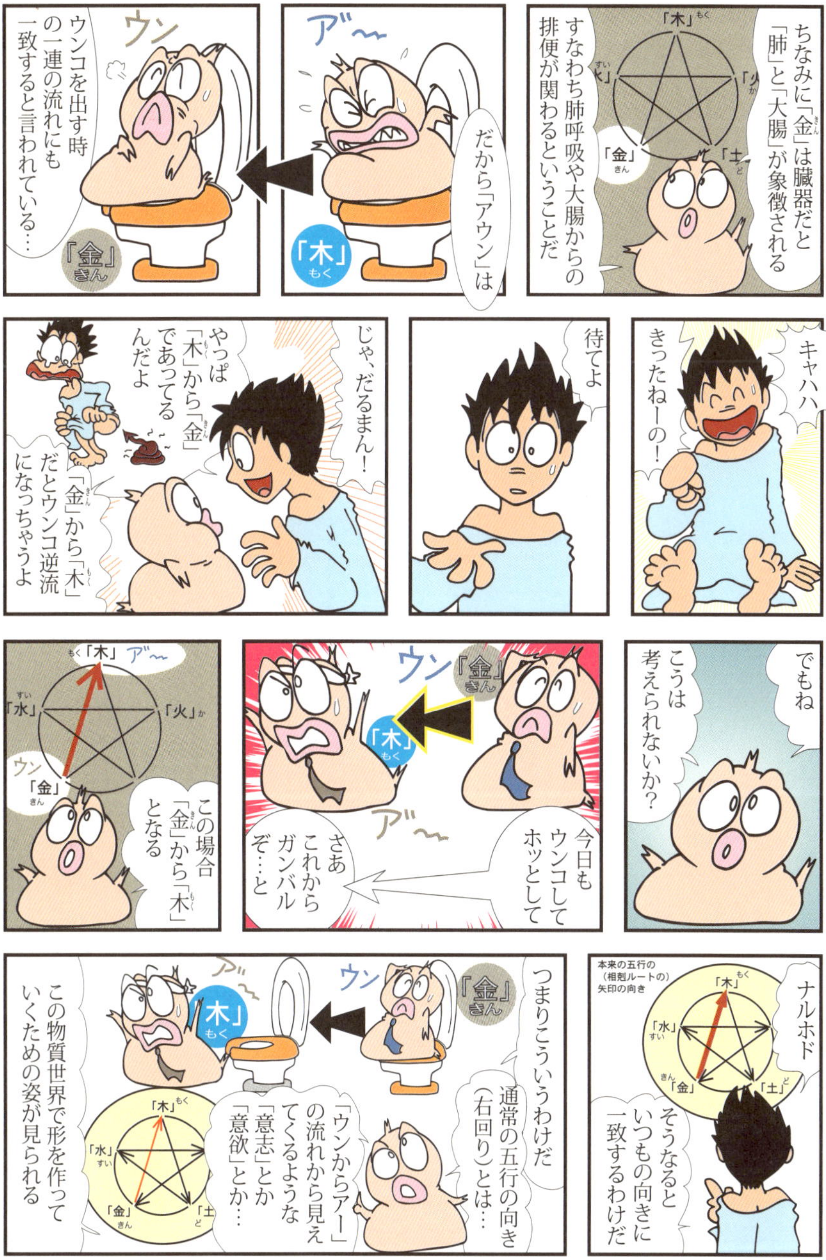
ちなみに「金《きん》」は臓器だと「肺」と「大腸」が象徴される
「木」もく
「火」か
「土」ど
「金」きん
「水」すい
すなわち肺呼吸や大腸からの排便が関わるということだ
だから「アウン」は
アﾞ〜
「木」もく
ウン
ウンコを出す時の一連の流れにも一致すると言われている…
「金」きん
キャハハ
きったねーの!
待てよ
じゃ、だるまん!
やっぱ「木《もく》」から「金《きん》」であってるんだよ
「金《きん》」から「木《もく》」だとウンコ逆流になっちゃうよ
でもね
こうは考えられないか?
ウン
「金」きん
「木」もく
アﾞ〜
今日もウンコしてホッとして
さあこれからガンバルぞ…と
もく「木」
アﾞ〜
すい「水」
「火」か
ウン
「金」きん
この場合「金《きん》」から「木《もく》」となる
ナルホド
本来の五行の（相剋ルートの）矢印の向き
「木」もく
「水」すい
きん「金」
「土」ど
そうなるといつもの向きに一致するわけだ
つまりこういうわけだ
ウン
「金」きん
アﾞ〜
「木」もく
通常の五行の向き（右回り）とは…
「ウンからアー」の流れから見えてくるような「意志」とか「意欲」とか…
「木」もく
「水」すい
「金」きん
「土」ど
この物質世界で形を作っていくための姿が見られる

そこで!
たとえば二枚の「モナ・リザ」を比べてみようか
どっちが好き?
やっぱこっちだよ
なんとなく暖かい感じがする
そう
なんとなく左側に空間がある方に安心するよね
これはね
能舞台などにも見られる様に
肉眼は左上から右下という流れに順応するようにできているからなんだ
ナルホド
「木」もく
「火」か
「土」ど
「金」きん
「水」すい
だから時計の右回りがこの世的な象徴になるわけだな
もうひとつあるよ
もく「木」
「火」か
「土」ど
思いが形になっていく動き。これも右回りに出てくるよね
「形になっていく」といえば水から氷ができるのもそうだけど…
蒸気
水
氷
気体の持つ分子の自由な動きが弱まるにつれて固まっていく…
蒸気
氷
熱エネルギー
つまり気体の持つ熱エネルギーが放出されて水や氷になるんだ
つまり何かを捨てて形ができる
ア゛〜
ウン
ナルホド
捨ててから得る…か
ではボクもそろそろ起きてガンバるか。
ウン、ミーティングにはまだ早いな
…って、
もう八時じゃんか!
夢の中には時間がないのを忘れてたぁ〜っ!

check! 時計と同じ右回りは、「形を作っていく」順番を示す。たとえば阿吽像はウン（金）からア（木）へと変化、「浄化して意欲を出す」意味となる。

24　上のごとくまた下もあり

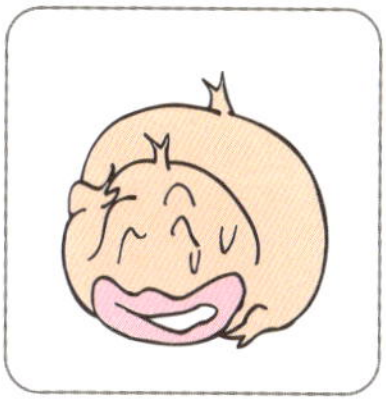

ん？
？
どうしたの
いや…、別に
今日の話はアレだ
うわっ！
だからどうしたのってば！
いや、あの、また変なヒモが…
変なヒモぉ～？
それより今日の話はコレだっちゅ～の！
ひえ～っ！
も～っ、おこるよぉ～！さっきから何のリアクションだよぉっ！
だからヘンなヒモがたびたび目の前にぃ～！
そんなことより今日はコレ！
ここにボクの絵があるよね！

うん…
そろ…
う
またヘンなヒモ?
いや…、もう、ない…
あれ?このだるまんの絵…
近くでみると…
全部だるまんの絵でできてるよ
そう
その小さなだるまんをこの虫眼鏡で見てごらん
ひえ〜っ!
これもまただるまんの絵からできてるっ!
そう!
こういうふうにどこまでいっても同じものが繰り返されるのを
「フラクタル」という!
(注)
ああ!前に五行とか陰陽の所で出てきたアレだね!
その通り!
そしてコレこそが無限大と無限小を貫く鉄則なんだ
中世の錬金術師たちはこの鉄則をこう呼んだ「上のごとくまた下もあり」…と
PHILOSOPHORVM.
Nota bene: In arte nostri magisterij nihil est celatū à Philosophis excepto secreto artis, quod non licet cuiquam reuelare, quod si fieret ille maledicetur, & indignationem domini incurreret, & apoplexia moreretur. Quare omnis error in arte existit, ex eo, quod debitam
Secretum artis
もう少しわかりやすく説明してちょーだいな…
ん〜
そう…
言い換えれば…だ

(注) 第18話130ページ参照。

ちょっと来て!
う…宇宙!
そう。太陽系だ。模式図化してるけどほぼこんな感じだ
今度はこっちだ
今度は体の中の細胞だ。核があってそれを中心にいろんな細胞が並んでいるよね
さっきと似てるな
もっと小さくなるよ
これは原子だ。陽子を中心に電子が居る
またもや同じ渦巻き型だ
これだよ「上のごとくまた下もあり」…
上も下もどこまで行っても同じ原則が貫いている
実際のところ…
我々を取り巻く世界はすべてこの通りになっている
(注)
だからもし、なんだかわからないようなものがあった時は…

(注)人間が理解しやすくする為にこのように体系づけているとも言える。言い換えるなら「思いの鏡」(47ページ)を通して理解すると、世界はこのように見えるということだ。

その前後の関係をよく観察
すると
必ず似たものがある
から
それを手がかりにして…
わからなかったものの正体を
つかむことができるという事だ
サルの行水だから
覗いたのもサルってわけか…
しかしぃ〜
ぐーぜんかもよ…
よし
じゃあ
身近な
ものを
みせて
あげるよ
ここにY字型が
ある
何だろう
木の枝
でした
ここで全体の木の枝と
部分の枝は相似形だ
上のごとく
また下もあり！
こんどは海岸線だ
もっと上からながめて
みると
全体と一部は
相似形だ
上のごとく
また下もあり！

なんだかこじつけっぽい気もするなぁ…
それは細かい所を見過ぎるからだ
まずは全体をつかむことが大切なんだ
たとえばさっきのこの渦巻きだが…
これを横からながめると…
「らせん形」ともとれる…
この際
全く別の場所にあるものが
B
A
上から見たら同じ七時の方向にあるともわかる
A
B
やっぱこじつけっぽいよ
こじつけと取るのは結構だけど…
こういう視点を捨てるとものごとの裏に隠れている意味を見いだせないよ
ホントかウソかわからない事はまるっきり捨ててしまうのではなく
一応棚の上にあげておくんだよ
それが後になって本当に困り切ったとき
初めて役に立つ時がくる
ポロッ
これを「棚からボタもち」…という

ヒャハハ!
なるほろなるほろ
ひいっ
あれだよ!さっきのヘンなヒモは
でたっ
ん?
これかぁ…
これはさっきから言ってる「らせん」さ
「上のごとくまた下もあり」!つまりすべてを貫く原則の姿だ
ものごとはらせん形に発展する…という見本だよ
我々は毎日毎日同じことを繰り返しているようでいて…
少しずつ違っているだろ
こうして日々、進歩していくのが我々の姿なんだ…
見えないものを測るモノサシの「五行」も…
実はこれを体現したものなんだ
「木」
「水」
「金」
「土」
わからないものがあったら似たものを見つけてその関係を見る…か
なるほど
ともに「天へと伸びる」もんなぁ…
「木《もく》」の象徴のひとつである「思い」と樹木そのものは似てる…か
そう。だから「樹木」は「思い」の発展した姿とも言えるのさ
またな
ムズカシいなぁ…

check! 五行の象徴は「似たもの探し」である。たとえば「木」なら、「思い」と「樹木」は、「伸び上がる」という点で一致する。その背後には「上のごとくまた下もあり」という相似の法則が存在する。

25　理想の立場

よお
いやーっ、ひさしぶりぃーっ!
いやこれでなかなか俺も忙しくてさ
毎日、北海道や九州からも俺でなきゃっていう患者が押し寄せてくる始末だよ
へえーっ、すごいなあ
それから博士号だけどさ、
オマエも持ってないよな
うん…
教授に五百万つかませて取っておいたよ
そんなことできんの?
そんなもんだよ
アレがあるとハクがつくし患者も増えるんだ
またな
どーしたの?

ああ…
高校の時の同級生で今は医者なんだ
いいやつには違いないんだけど…
いつも自慢するんだ
それだけかい？ちょっぴりうらやましく思ってるんだろ？
うん…、そう言われればそうだな…
あいつのは自慢かもしれないけれど…、事実だろ？
それに比べたら今のオレは全然ダメだな…って
よし
じゃこうしてみよう
立場逆転!!
やあ
やあ久しぶり
ん？これがオレ？
あ…あのさ…
あの…
元気…だった？
それよりどうだい、景気は
い…いや、フッーかな？
なにしてんだオレ？
？
「北海道や九州からも患者が来て忙しい」って言えばいいのに…

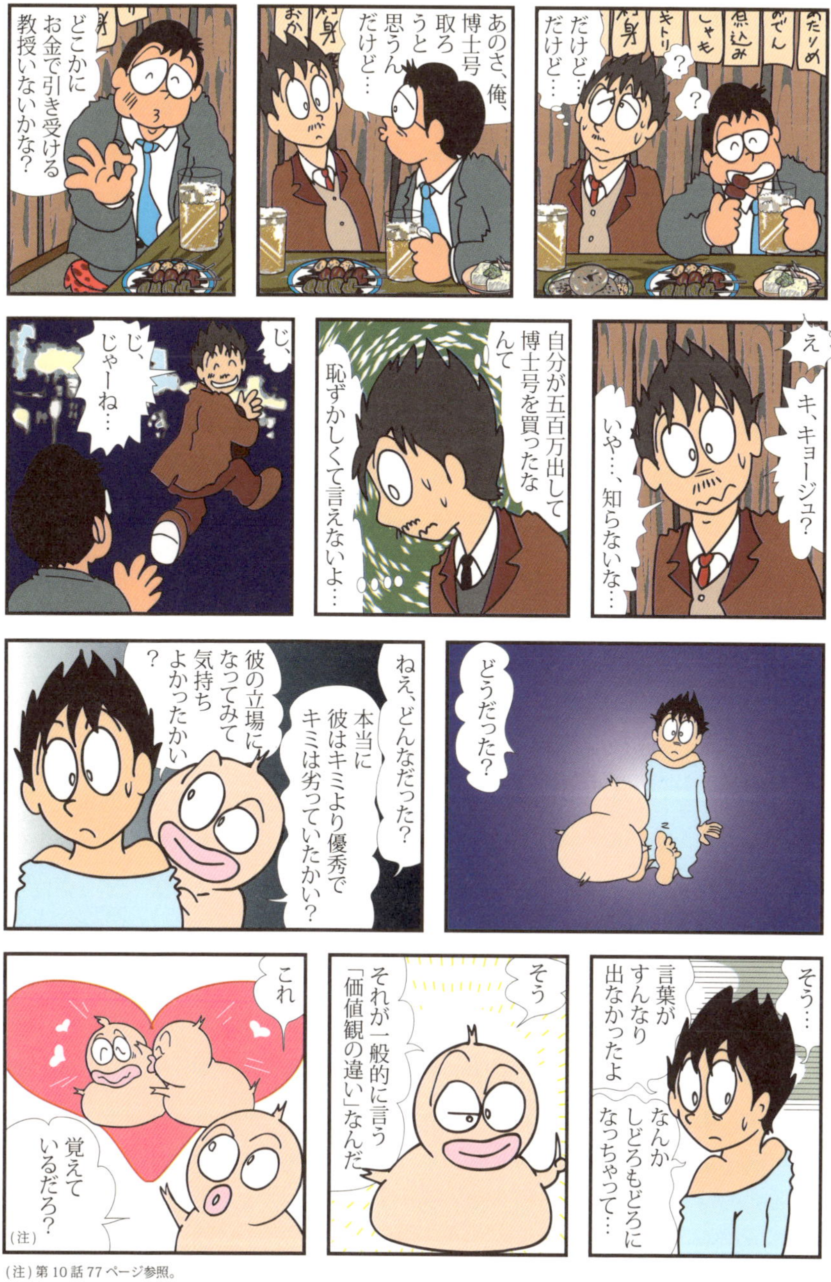
だけど…
?
?
あのさ、俺、博士号取ろうと思うんだけど…
どこかにお金で引き受ける教授いないかな？
え
キ、キョージュ？
いや…、知らないな…
自分が五百万出して博士号を買ったなんて
恥ずかしくて言えないよ…
じ、
じ、じゃーね…
どうだった？
ねえ、どんなだった？
本当に彼はキミより優秀でキミは劣っていたかい？
彼の立場になってみて気持ちよかったかい？
そう…
言葉がすんなり出なかったよ
なんかしどろもどろになっちゃって…
そう
それが一般的に言う「価値観の違い」なんだ
これ
覚えているだろ？
(注)

(注) 第 10 話 77 ページ参照。

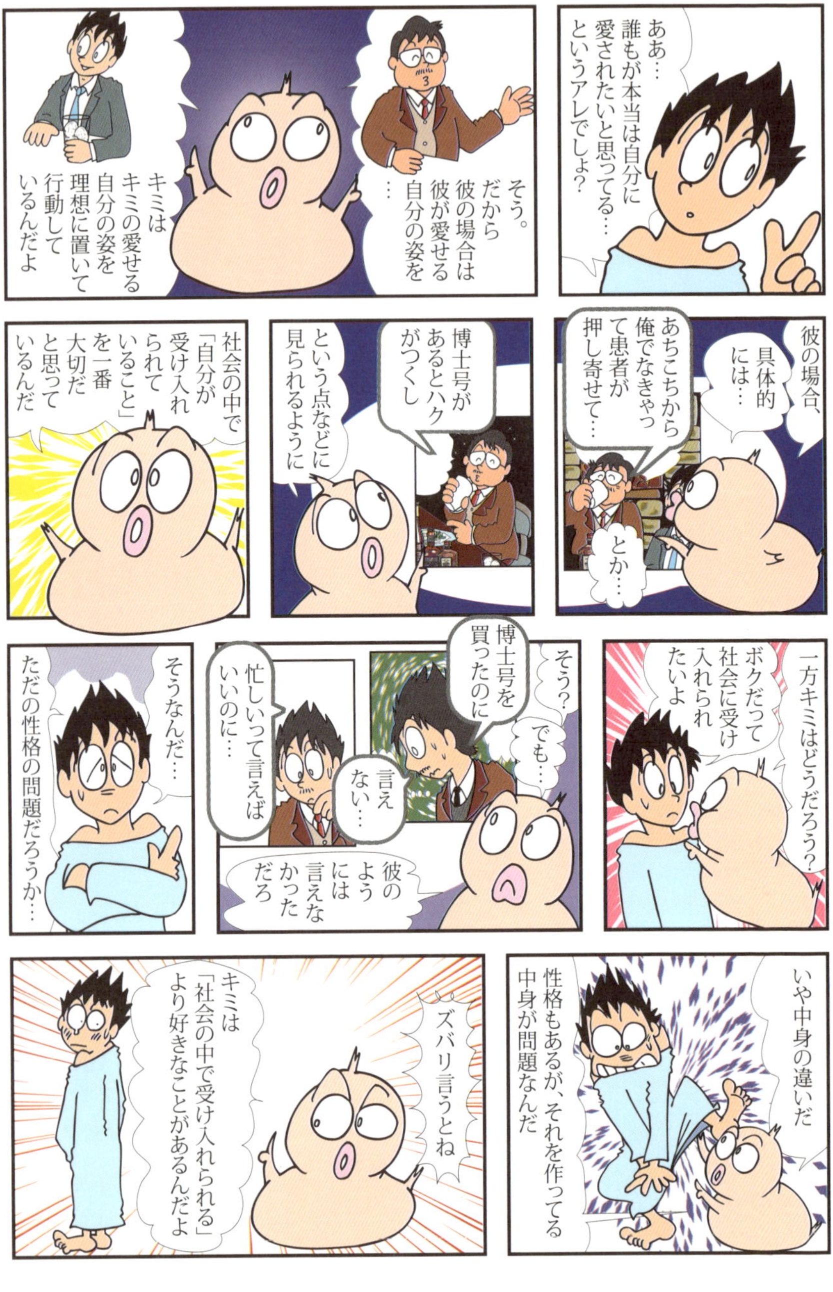
ああ…
誰もが本当は自分に愛されたいと思ってる…というアレでしょ?
そう。だから彼の場合は彼が愛せる自分の姿を…
キミはキミの愛せる自分の姿を理想に置いて行動しているんだよ
彼の場合、
具体的には…
あちこちから俺でなきゃって患者が押し寄せて…
とか…
博士号があるとハクがつくし
という点などに見られるように
社会の中で「自分が受け入れられていること」を一番大切だと思っているんだ
一方キミはどうだろう?
ボクだって社会に受け入れられたいよ
そう?
博士号を買ったのに
でも…
言えない…
忙しいって言えばいいのに…
彼のようには言えなかっただろ
そうなんだ…
ただの性格の問題だろうか…
いや中身の違いだ
性格もあるが、それを作ってる中身が問題なんだ
ズバリ言うとね
キミは「社会の中で受け入れられる」より好きなことがあるんだよ

え?
ボクさ!
ボクと居るだろ!
キミは「ものごとのイミを知りたい」と言った
それは普段は表に見えていないけど確実に世界を支えている裏にあるイミだ!
それを探求しているキミをキミ自身は一番好きなんだよ
だから彼のようにサラッと言葉が出てこない。そりゃそうだ、彼とは自慢の内容が違うんだ
あちこちから俺でなきゃって患者が押し寄せて…
キミは彼を「自慢が多い」と言ったけれど…
ホントは誰もが自慢したいんだ
自分に愛されたいからね
だけど自慢を口に出している自分が好きでなきゃ口にはしない…
それだけのことさ!
「木」《もく》
「火」《か》
「土」《ど》
「金」《きん》
「水」《すい》
五行で言うと彼の立場は「土《ど》」になる
「現実社会」という地盤にしっかりと足を立てて
自分が役立つことを最高の自分と思っているんだよ
ボクもそうだけどなあ…
いや違うね
キミはここだ

キミはその「地盤」の奥にある水脈を見つけようとしている
そして地盤そのものをもっと改良して役立てたい…と考えている
それがキミの理想だ
だからもはや「自分がうんぬん…」ということは興味が薄れている
うっすらとだけどね
「木《もく》」
「火《か》」
「水《すい》」
「金《きん》」
「土《ど》」
これを五行で言うと「水《すい》」の立場になる
ナルホド
じゃボクは彼より偉いんだ。
彼より上を行ってるんだね
別に偉くはないよ
「水《すい》」
「土《ど》」
水は土に埋め立てられる
五行では「水《すい》」は「土《ど》」に負けるんだよ
それに博士号にお金を使ったことを言えなかったろ?
正直じゃないじゃん!
う…
じゃやっぱり…
ボクは劣っているのか…
「木《もく》」
「水《すい》」
「火《か》」
「金《きん》」
「土《ど》」
なに言ってんの!
劣ってないよ
「相剋《そうこく》ルート」は精神的成長だと言っただろ
(注1)
…
今日の段階では「立場が違う」ということだけを明瞭にしておこう
比較して自分をおとしめるのはやめろよ
いいかい?ことは優劣じゃないんだ
翌朝…
なぜボクの理想は「水《すい》」なんだ?
「水《すい》」ってなんだろう…?
(注2)

check! 他人との優劣比較は五行的には無意味である。各自の立場でまず「愛せる自分」を探しているのが我々の真の姿である。

(注1)第16話117ページ参照。(注2)第29話196ページ参照。

26　宗教戦争に神はなし

キンコーン
ハイ
こんにちは
私たちはひとりひとりの人生の浄化に努めている者です
このたび
私たちの先生が新刊を出されました
人生に勝利する7つの祈り
神教総統　王瓦道照
とっても良いご本なのでぜひ…
ちょいちょい
あれ、新興宗教の勧誘だよ
うん…そのようだね
しかし、ちょうどいいや
聞きたかったこともあるし…
ドローン
まあ
ぜひお上がりになって！
それはそれは

おい…いいのかよ
まかせとけって!
わたしねとっても神サマにキョーミがありますの
そうですかそれは、それは!
しかし神サマにキョーミ…という言葉はよくありませんね
私どもの先生がおっしゃるようにですね…
キンコーン
コンニチハー
アナタハカミヲシンジマスカー
まあうれしい!
あがってあがって!
ホ…ホワット?…
ちょうどいいところでしたのよ
楽しくいろんな神サマの話をしましょーよ!
いろんな神サマなんてとんでもない
真の神はわが会の先生にのみ教示を与えていらっしゃるのです
アナタナニユーカ!
ワガ主ヲバカニスルカー!
オマエアクマダロー!
ガタン
キンコン
開運のハンコいりませんか?
ついでに手相も見ますよ

やれやれ…
今日は宗教のオンパレードだな
なんだか「朝まで生テレビ」のようになってきたぞ
ところで
えー…
わたし、悩みがあるのよ…
聞いてくださる?
よろこんで!
ザンゲシナサーイ!
開運しますよっ!
本当の信仰を持って…
どうすれば神サマに喜んでいただけるような人間になれるのか…
どうすれば…
それは是非うちの先生にっ!
この印鑑を仏壇にそなえてですねっ!
イノルノデース!
トニカクイノリマクルノデース
うるさいねっこのヘボ外人っ!
印鑑だよぉっ!
ツボもあるぞっ!
ナニカッ!
コノクソババッ!
とりあえずできることはなにか…
そう考えてみたのよ
たとえば…
いっさい他人を責めないこととか…

ピタッ
みなさんは何かしら…
反対勢力をやっつければ自分が正しいということになるとでも思っていらっしゃるのかしら…？
違う意見を見れば叩きつぶすのが神の掟とでもいうのかしら…？
チ…、チガウケド…
なんだとっさっさとクニに帰れってのぉ！
コノクソババガ…
ナニカッイエロモンキィ！
ウルサーア
おばけーっ
アクマダア～ッ
オニだ～っ！
オ…オバケっ……！
ハァハァ

さすがだね。帰るときまで意見はバラバラ
しかしだるまんもヒトが悪いよ…
ケンカさせるために集めるんだもの
それは違うよ
会えば必ずケンカする…、それだけさ
五行で言うとね
あの連中は「木《もく》」と「土《ど》」がつながってないんだ
「木《もく》」
「土《ど》」
え?
「木《もく》」と「土《ど》」をつなぐには「火《か》」が仲立ちになる…って
「木《もく》」
「火《か》」
「土《ど》」
そしてその「火《か》」は神サマに近い…って…
そしたら
一番神サマのことを言っている彼らが、一番神サマと離れていることになる…!
(注)
「木《もく》」
「水」
「火《か》」
「金」
「土《ど》」
実はそうなんだ
まず「木《もく》」なんだけど…
「木《もく》」は「思い」だ
自分んとこの宗教に対する「思い入れ」だよね
しかし「土《ど》」は現実
現実には反対意見のヒトも居る
「木」
「水」
「火」
「金」
「土《ど》」
しかし彼らの「思い入れ」はそれを許せず認めない。それは何故か?
「木《もく》」
「水《すい》」
「金《きん》」
「土《ど》」
「火《か》」だ。「火《か》」にあたる神的な心、つまり本当の愛を感じたことがないからなんだ…
「木《もく》」
「火《か》」
「土《ど》」

(注) 第 17 話 121 ページ参照。

でも彼らはすぐに「愛」という言葉を出すけど？
それは本当は愛に飢えているんだ
「木《もく》」
「土《ど》」
「木《もく》」
「水《すい》」
「火《か》」
「金《きん》」
「土《ど》」
だから「火《か》」の代わりに教祖と言われるヒトが居て…
「神はあなたを愛してる」なんて言ってもらっちゃうともう…
メロメロになっちゃうんだね
いわばニセの神だ
「木《もく》」
「火《か》」
「土《ど》」
そして教祖が「火《か》」の位置に座っちゃう…
なんで愛に飢えるようになっちゃうんだろ？
両親に冷たくされたとか…
他人との比較で自分が愛せなくなったとか…
いろんな理由が考えられる…
じゃ彼らが宗教のマインドコントロールからさめるにはどうすればいいの？
「木《もく》」
「水《すい》」
「火《か》」
「金《きん》」
『土《ど》』
現実
まず「土《ど》」の現実を受け入れることだ
たとえば世間の人はあなたをどう言ってるか…
金もうけ宗教
いい悪いは別として、これもひとつの現実だ。再考の余地はある…
「木《もく》」
「土《ど》」
でもそのためには「愛」を充分受けてないと難しいだろう
水や光を充分もらってる植物が障害に強いのと同じ事なんだ
そして
いつか気づいてほしいな
あ…またやってる…

check! マインドコントロールは「思い（木）」と「現実（土）」をつなぐ「火」の要素が欠けていると起こりやすい。「火」は「認める愛」であり、「内なる神」に象徴される。

27　イライラを治す

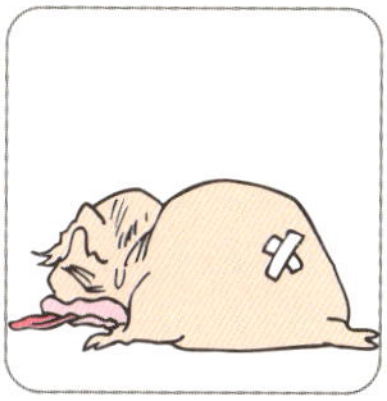

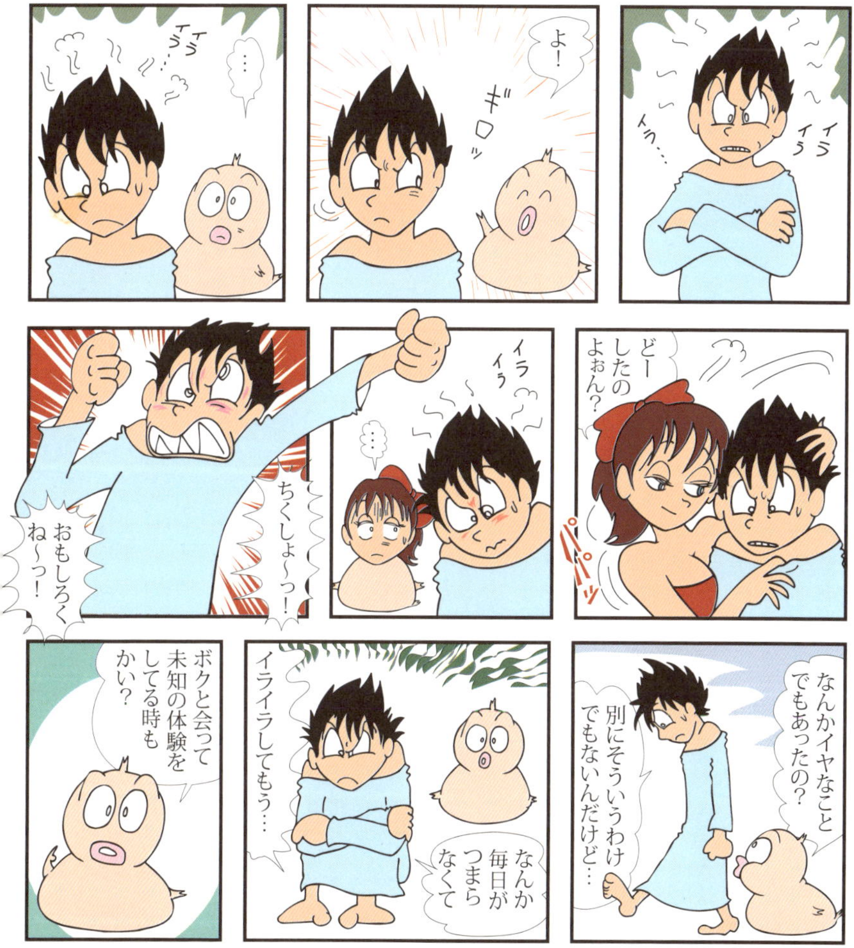

イラ
イラ…
よ!
ギロッ
イラ
イラ…
…
どーしたのよぉん?
パッ
イラ
イラ
…
ちくしょ~っ!
おもしろくね~っ!
なんかイヤなことでもあったの?
別にそういうわけでもないんだけど…
イライラしてもう…
なんか毎日がつまらなくて
ボクと会って未知の体験をしてる時もかい?

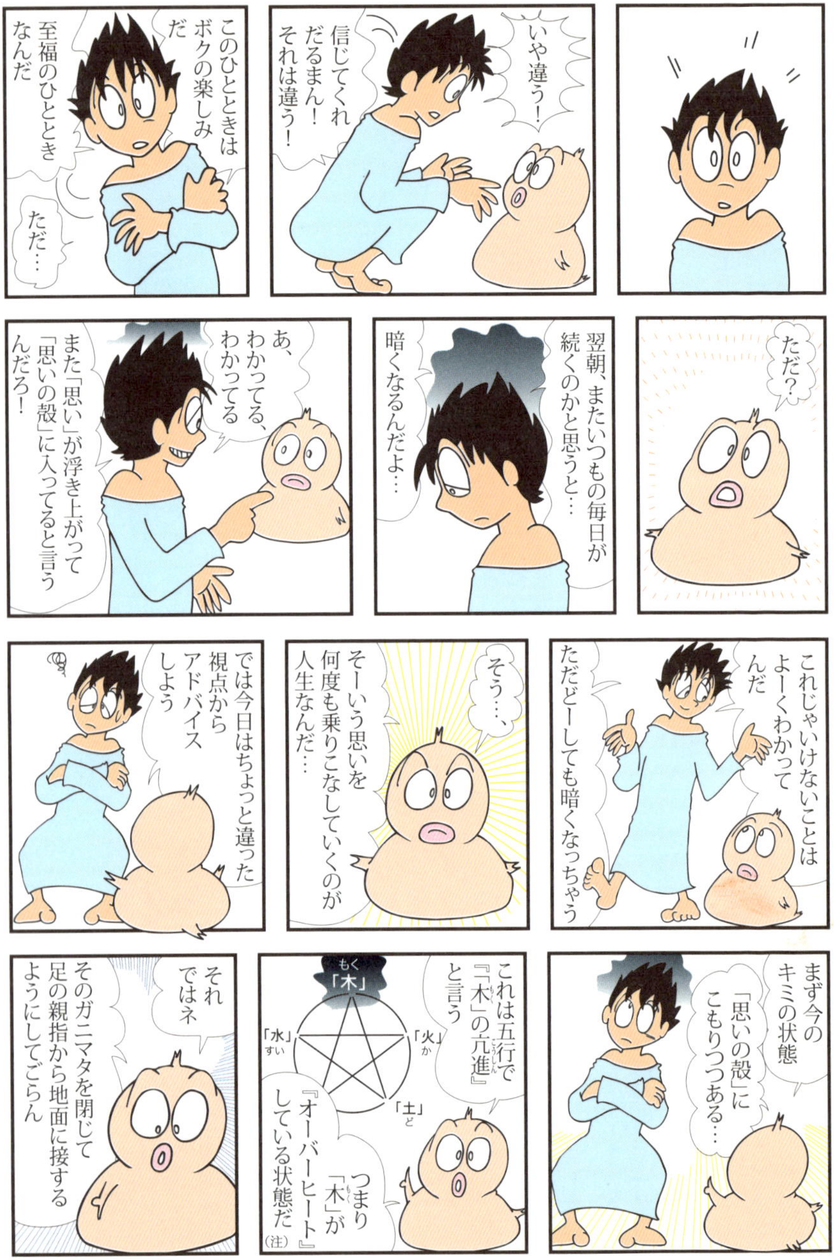
いや違う！
信じてくれだるまん！それは違う！
このひとときはボクの楽しみだ
至福のひとときなんだ
ただ…
ただ？
翌朝、またいつもの毎日が続くのかと思うと…
暗くなるんだよ…
あ、わかってる、わかってる
また「思い」が浮き上がって「思いの殻」に入ってると言うんだろ！
これじゃいけないことはよーくわかってんだ
ただどーしても暗くなっちゃう
そう…、
そーいう思いを何度も乗りこなしていくのが人生なんだ…
では今日はちょっと違った視点からアドバイスしよう
まず今のキミの状態
「思いの殻」にこもりつつある…
これは五行で『「木《もく》」の亢進《こうしん》』と言う
「木」《もく》
「火」《か》
「土」《ど》
「水」《すい》
つまり「木《もく》」が『オーバーヒート』している状態だ（注）
それではネ
そのガニマタを閉じて足の親指から地面に接するようにしてごらん

（注） 第16話116ページ参照。

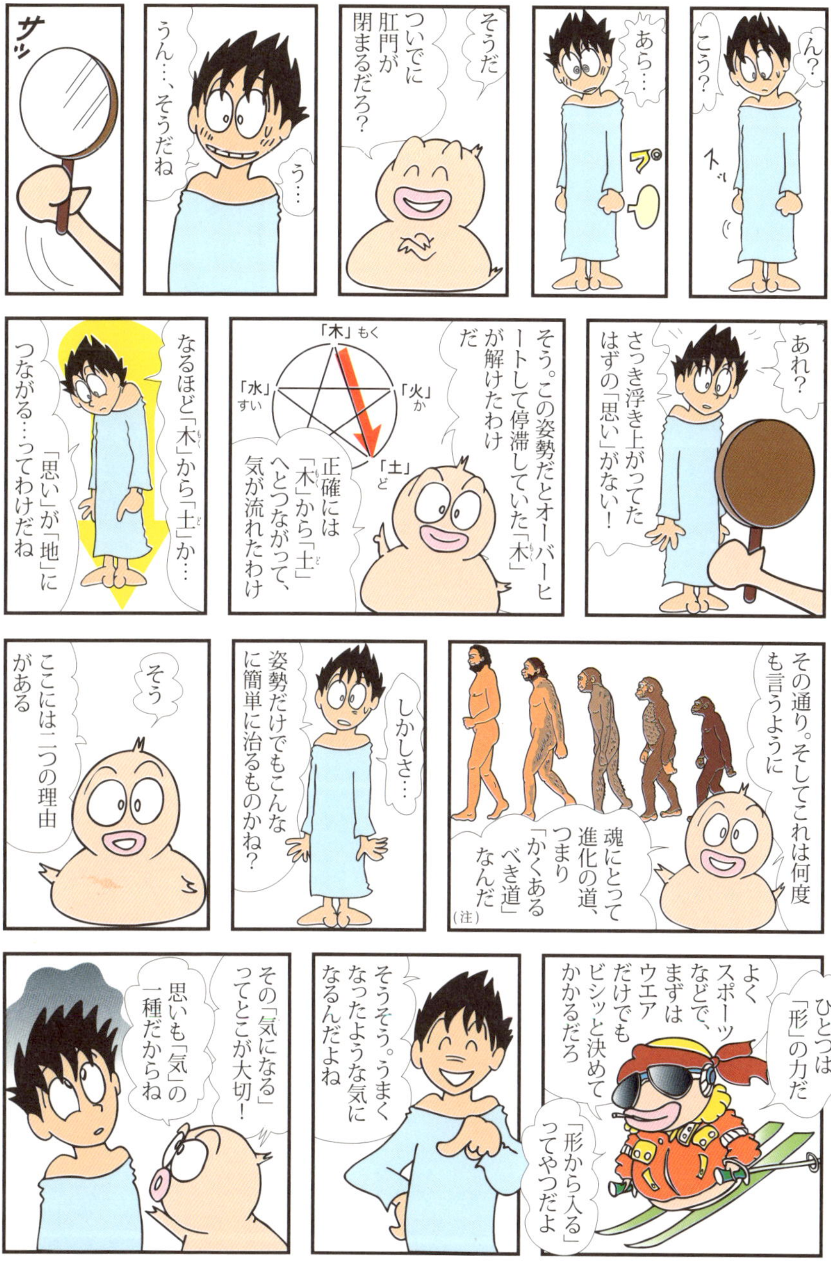

ん?
こう?
ス…
あら…
プ
そうだ
ついでに肛門が閉まるだろ?
う…
うん…、そうだね
サッ
あれ?
さっき浮き上がってたはずの「思い」がない!
そう。この姿勢だとオーバーヒートして停滞していた「木《もく》」が解けたわけだ
「木《もく》」
「火《か》」
「土《ど》」
「水《すい》」
正確には「木《もく》」から「土《ど》」へとつながって、気が流れたわけ
なるほど「木《もく》」から「土《ど》」か…
「思い」が「地」につながる…ってわけだね
その通り。そしてこれは何度も言うように
魂にとって進化の道、つまり「かくある べき道」なんだ
(注)
しかしさ…
姿勢だけでもこんなに簡単に治るものかね?
そう
ここには二つの理由がある
ひとつは「形」の力だ
よくスポーツなどで、まずはウエアだけでもビシッと決めてかかるだろ
「形から入る」ってやつだよ
そうそう。うまくなったような気になるんだよね
その「気になる」ってとこが大切!
思いも「気」の一種だからね

(注)第16話117ページ参照。

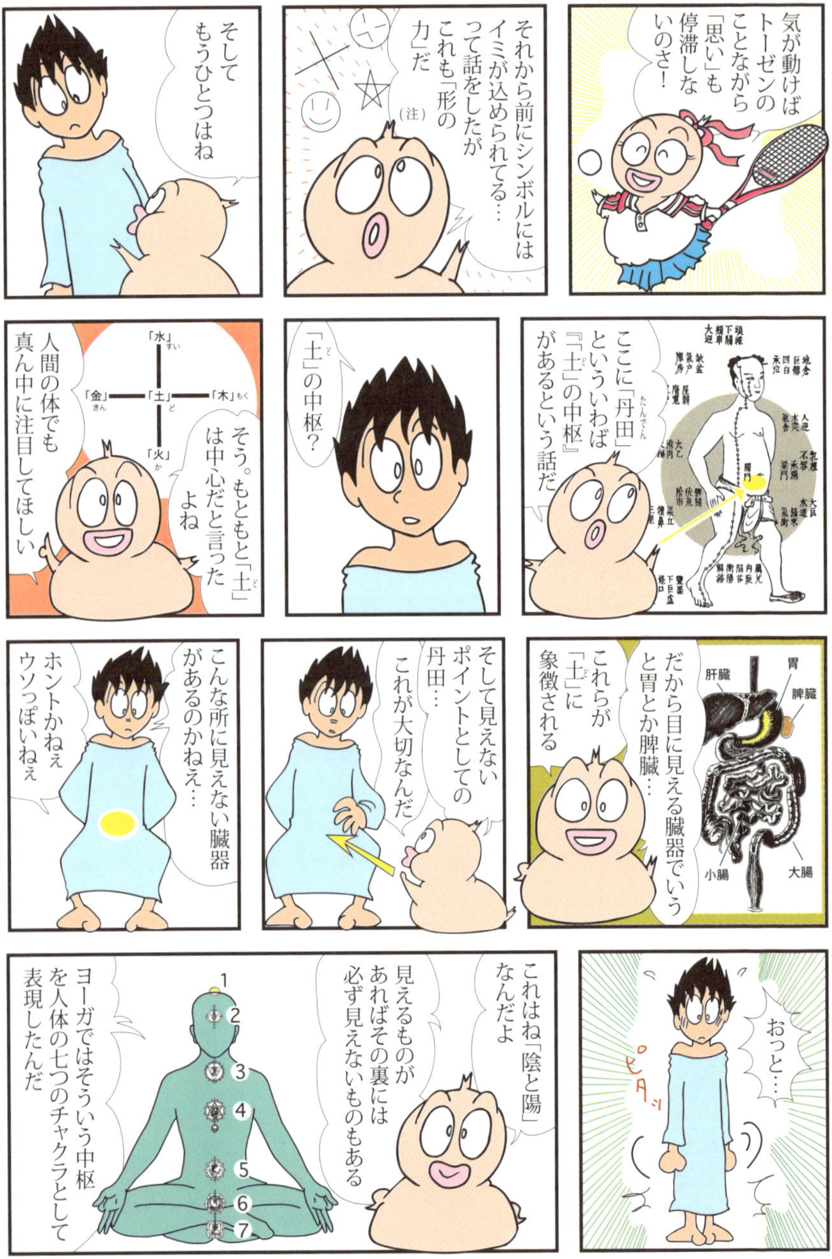
気が動けばトーゼンのことながら「思い」も停滞しないのさ！
それから前にシンボルにはイミが込められてる…って話をしたがこれも「形の力」だ(注)
そしてもうひとつはね
ここに「丹田《たんでん》」といういわば『「土《ど》」の中枢』があるという話だ
「土《ど》」の中枢？
「水」《すい》
「金」《きん》
「土」《ど》
「木」《もく》
「火」《か》
そう。もともと「土《ど》」は中心だと言ったよね
人間の体でも真ん中に注目してほしい
胃
肝臓
脾臓
小腸
大腸
だから目に見える臓器でいうと胃とか脾臓…
これらが「土《ど》」に象徴される
そして見えないポイントとしての丹田…これが大切なんだ
こんな所に見えない臓器があるのかねえ…
ホントかねぇウソっぽいねぇ
おっと…
ピタッ
これはね「陰と陽」なんだよ
見えるものがあればその裏には必ず見えないものもある
1
2
3
4
5
6
7
ヨーガではそういう中枢を人体の七つのチャクラとして表現したんだ

(注) 第8話62ページ参照。

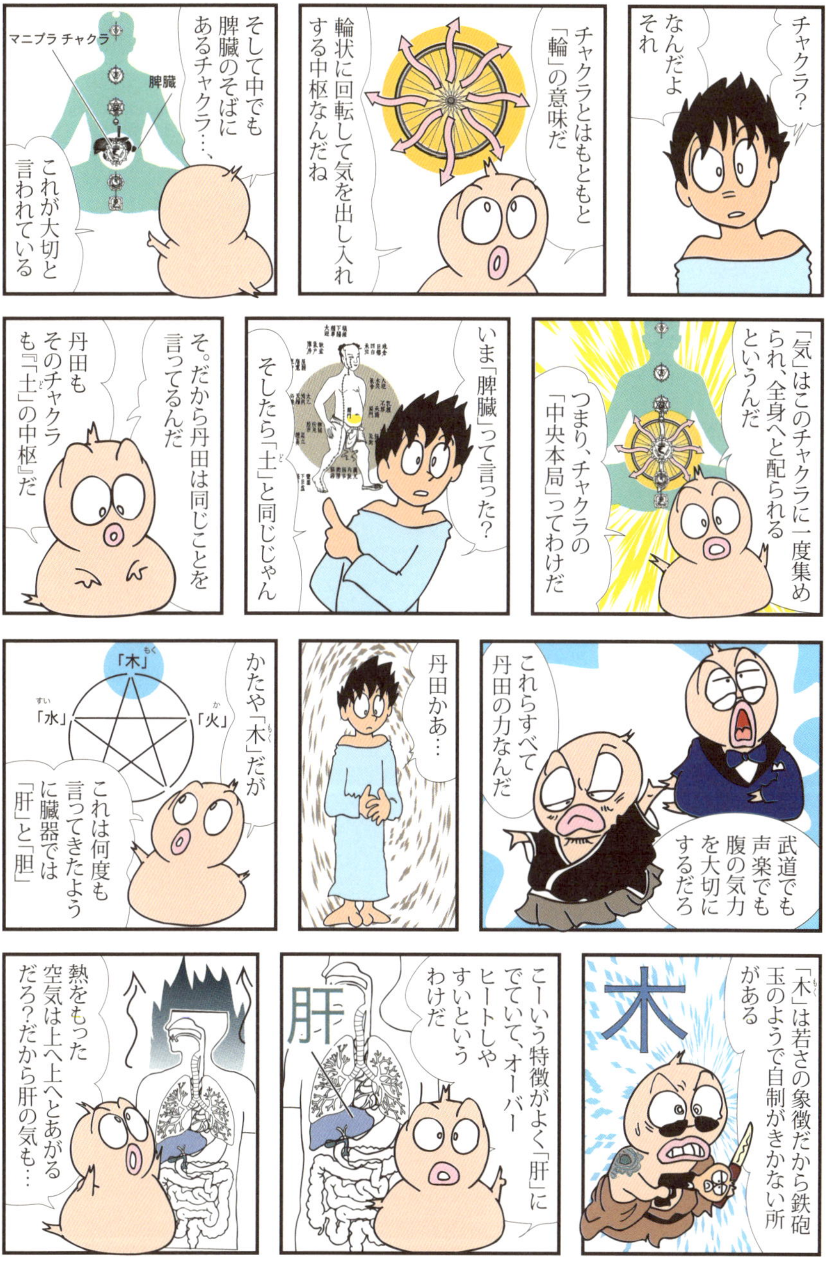
チャクラ？
なんだよ それ
チャクラとはもともと「輪」の意味だ
輪状に回転して気を出し入れする中枢なんだね
マニプラ チャクラ
脾臓
そして中でも脾臓のそばにあるチャクラ…、
これが大切と言われている
「気」はこのチャクラに一度集められ、全身へと配られるというんだ
つまり、チャクラの「中央本局」ってわけだ
いま「脾臓」って言った？
そしたら「土《ど》」と同じじゃん
そ。だから丹田は同じことを言ってるんだ
丹田も そのチャクラも『「土《ど》」の中枢』だ
これらすべて丹田の力なんだ
武道でも声楽でも腹の気力を大切にするだろ
丹田かあ…
「木《もく》」
「火《か》」
「水《すい》」
かたや「木《もく》」だが
これは何度も言ってきたように臓器では「肝」と「胆」
木
「木《もく》」は若さの象徴だから鉄砲玉のようで自制がきかない所がある
肝
こーいう特徴がよく「肝」にでていて、オーバーヒートしやすいというわけだ
熱をもった空気は上へ上へとあがるだろ？だから肝の気も…

なるほど…
上へ上へとあがって、時には「思いの殻」を作るわけだ
そうだ
これを東洋医学などでは『「木《もく》」の亢進《こうしん》』と言う。いわば「頭に血が昇る」わけだ
「頭に血が昇る」?
だからイライラするんだね
そう
そしてそーいう時は丹田に意識を持ってくると
うん。なんかスッキリするね
おかげでイライラが治ったよ
ジリリ～ン
ムニャ
今日はもう少し寝よ…
「木《もく》」つまり肝の健康を保つには朝が一番大切なんだ
「木《もく》」気は時間なら朝の五時から七時を表す
この時間に「肝」が一番健全に働けるということさ
「金」
「土」
「木」もく
だから朝は早起きして軽い運動などするのがいい!
ね、すがすがしいだろ?
毎朝やろうね
なんだか今度は胃が痛くなりそ…

check! 考えがまとまらずにイライラする姿は「木」たる「肝」の気が亢進（オーバー）する姿に一致する。従って、「土」たる「丹田」へと気を降ろすのが一番の治療法となる。

28　記憶のメカニズム①

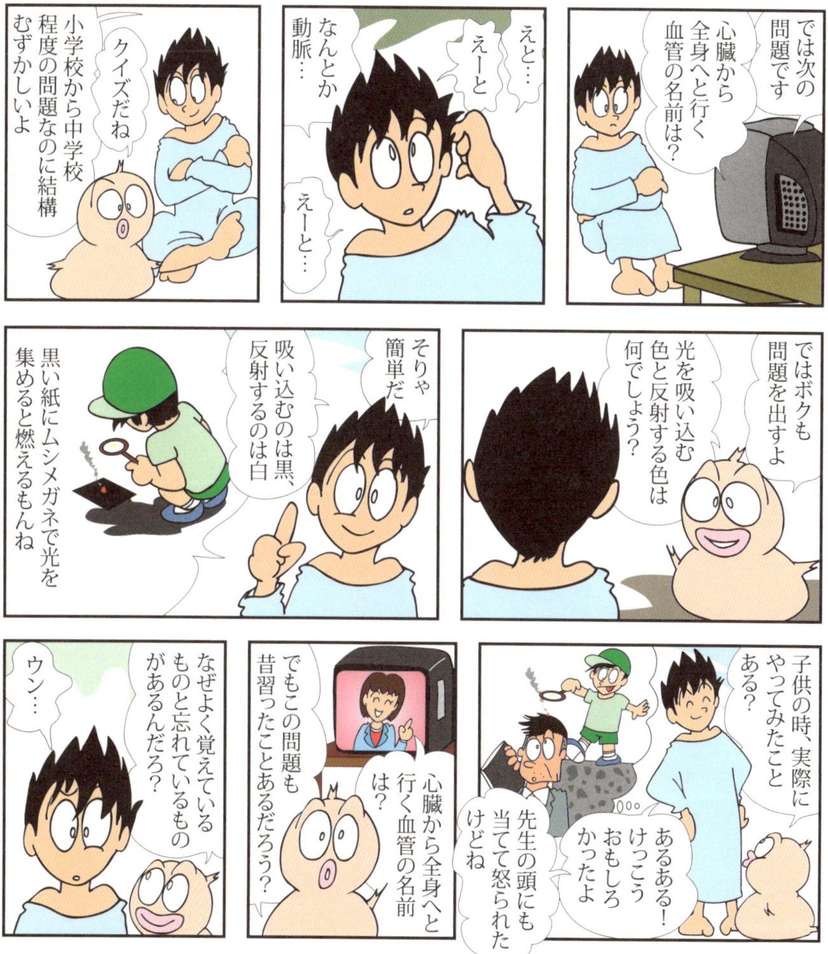

では次の問題です
心臓から全身へと行く血管の名前は？
えと…
えーと
なんとか動脈…
えーと…
クイズだね
小学校から中学校程度の問題なのに結構むずかしいよ
ではボクも問題を出すよ
光を吸い込む色と反射する色は何でしょう？
そりゃ簡単だ
吸い込むのは黒、反射するのは白
黒い紙にムシメガネで光を集めると燃えるもんね
子供の時、実際にやってみたことある？
あるある！けっこうおもしろかったよ
先生の頭にも当てて怒られたけどね
でもこの問題も昔習ったことあるだろう？
心臓から全身へと行く血管の名前は？
なぜよく覚えているものと忘れているものがあるんだろ？
ウン…

たとえば試験直前に一夜漬けで覚えた事は後になるとものの見事に忘れてしまうだろ?
あのね…
ボクなんかほとんどそれだよ
そうそう
自慢じゃないけど…
ではいつまでも覚えていることと、忘れる事の違いはどこにあると思う?
ん?
実は「感情」が関わっているんだ。
楽しかったり悲しかったりしたことはいつまでも覚えているもんだ
うーん、そうか
感情を伴うようにすれば忘れないんだな
そうだ。そこでね…
ん?
なんだよこの服装は…
さっ
な…、な…なんのマネだよ
いきなり…!
心配すんなよ
ちょっとこれから秘密結社の参入儀礼を体験してもらう
うあーーっ!
大丈夫。おどしているだけ
ここまでされたらここの秘密結社で聞いたことは一生忘れないよね
これが感情の力だ

あれじゃあヤクザのおどしと同じだい！
まあそれにも似てるね
しかし大切な「教義」はあそこまでして記憶に留め残してきたことも事実だ
実は「感情」というのは
「木」《もく》
「火」《か》
「土」《ど》
「水」《すい》
「木《もく》」と「土《ど》」をつなげるひとつの要素なんだ
そして記憶とは、「思い」が「地につく」ことと同じなんだ
思い
地につく
感情はそれを助けてるわけだね
ではちょっと記憶のメカニズムを覗いてみようか
記憶の倉庫は大脳新皮質にあると言われているのだが…
ここではものごとをもう少し霊的にとらえてみる
そうすると「記憶の倉庫」とは…
アストラル体つまり「木《もく》」なんだ
な…なにこれ？
ま…いーや、ともかく記憶ってえのは「木《もく》」に象徴されるのね…
いや、違うよ！勘違いしないで！
記憶の倉庫が「木《もく》」なんだ
「記憶の倉庫」と「記憶」は違うの？
ナゼ？
ちょっとためしてみよう
「光を吸い込む色は何か？」と考えてみて！
うん

おや？
とこ
とこ
ハイ
あいよ
えーと、「光」…、「吸い込む色」…ね。
ガサ
ガサ
よっしゃ！このカギだ
えーと…
ピン
よし、この棚だ
ホイ！
ああして、カギから棚のパズルを見つける
そしてそれを合わせると
ほー
「黒」だね
えー、ちょっと失礼…
ボク、こっちへおいで
この子はボクだよ
なんだ？
しかもあの時のボクだ…
その子はあの時のキミの「楽しかった」という感情だ
感情も一種の「思い」だが、それを動かす力がある
じゃあ、このヒトは？
彼はエーテル体つまり「土《ど》」だ
この「記憶の倉庫」の番人をしている

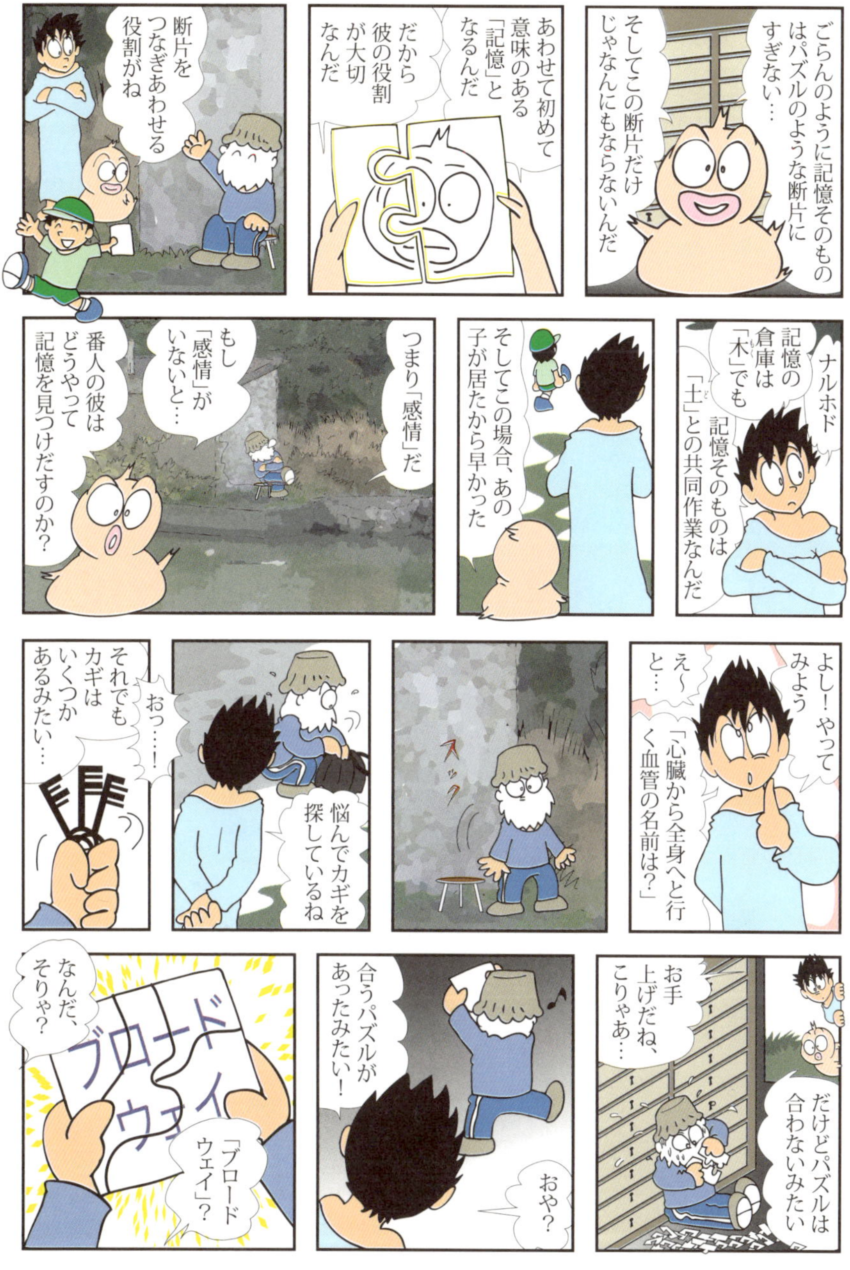
ごらんのように記憶そのものはパズルのような断片にすぎない…
そしてこの断片だけじゃなんにもならないんだ
あわせて初めて意味のある「記憶」となるんだ
だから彼の役割が大切なんだ
断片をつなぎあわせる役割がね
ナルホド
記憶の倉庫は「木《もく》」でも
記憶そのものは「土《ど》」との共同作業なんだ
そしてこの場合、あの子が居たから早かった
つまり「感情」だ
もし「感情」がいないと…
番人の彼はどうやって記憶を見つけだすのか？
よし！やってみよう
え〜と…
「心臓から全身へと行く血管の名前は？」
スック
おっ…！
悩んでカギを探しているね
それでもカギはいくつかあるみたい…
お手上げだね、こりゃあ…
だけどパズルは合わないみたい
合うパズルがあったみたい！
おや？
なんだ、そりゃ？
ブロードウェイ
「ブロードウェイ」？

あ！昔見た映画だ
心臓から血液に乗って血管内を行くミクロの探検隊が言うんだ
こりゃあ大きい血管だ
まるでブロードウェイだね
なるほど
つまり記憶とはそういうものなんだ
その人の思いによって事実が違ったまま記憶となることもあるってことさ
だからね
「思い」を「思い」のまま放置しておくとやがて暴走してしまう
「思い」は「地につけて」体験することだ
そこに感情が伴えばなお結構だ
こうして学んだことは正確な「知識」や「記憶」となるってわけだ
なるほどね。そういう姿勢が科学の時代を生んだんだ
そうだ。つまり「木《もく》」から「土《ど》」だ。だけど、そのあと「土《ど》」のままで居てもいけない。このあたりが現代科学の問題でもあるんだけどね
(注)
科学ついでに聞くけど
さっきの正解は？ホラ、血管のはなし
ああ「大動脈」だよ
大動脈
大静脈
肺動脈
肺静脈
左心房
右心房
左心室
右心室
たしかにブロードウェイみたいに「大きい」ねェ
なんだい！当たらずとも遠からじ…じゃないか！
オレもなかなかだね
あれだけ喜んで感情が出たら、もう忘れないね

check! 我々の記憶は、五行的には「木」と「土」がつながる事でできる。「木」は感情という「思い」を伴うと動きやすくなり、「土」の現実の体験として記憶に残りやすい。

(注)「土」は「水」へとつながっていく。第29話196ページ参照。

29　記憶のメカニズム②

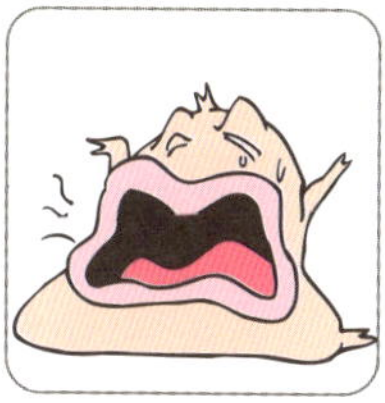

あ
ここは いつぞやの 神社だね
ん…
よし！
ズッ
ほ
何にも おきないぞ
よかった
あ
考えてみればこれも「感情を伴った記憶」だね！
うん… そう だね
キミは かつて苦しい体験を した。それとこの神社が 重なってしまっていたんだよね
そう…だから この神社に来ると 怖くなっていた…（注）
ウーム
しかし こうしてみると 確かに感情を 伴った記憶 は強烈だ
忘れようったって 忘れやしない！

（注）第19話131ページ参照。

しかしィ〜
世の中には…
忘れたほうがいいこともあるよなぁ…
このことみたいにさ…
うん
いいところに気がついたね
ちょっと来てごらん
彼は驚異的な記憶の持ち主と言われた男だ。一度見たものは二度と忘れなかったそうだ
(注)
そういうヒトもこの世にはいるんだねえ
ところが晩年はその記憶力を見せ物にする位しかできなくなってしまった
なぜだかわかる?
彼の記憶の倉庫を見てみよう
ちょっと「光を吸収する色」を聞いてみてくれ!
わかった
スック
記憶の番人が動き出したぞ
あれ?
意外とカギの数は少ないよ
おお!パズルができたぞ!
やっぱり「黒」だよ。フツーじゃん!
黒
ところがこれで終わらないんだよ

(注)　ロシアの記者だったシュレシェプスキーは「すべてを覚えていた男」として有名だった。他にも同様の事例はある。

あれ？
ピン
ピン
ピン
同じカギで開く棚がいくつもあるよ！
そうだ。実はここが盲点だ。我々はひとつのカギにはひとつのカギ穴しかないと思い込んでいるのだが…
実は、合うカギ穴はいくつもある
だからぼく大なパズルが飛び出てくる…
…
母の濃紺の洋服
喫茶スワンの窓際のイス
…
…
黒
そしてそれらが記憶となって次々に出てくるのだからたまらない…
やがて記憶に圧倒されてこの世を去ったそうだ…
記憶にとって大切なのは「何を覚えているか」ではなく「何を思い出すか」なんだよ！
だからね、わかる？
それはひとえに記憶の番人のあり方にかかっているんだ！
なかでも感情がある時は思い出しやすいわけなんだ
また、感情のない場合でも記憶を思い出すことはできるが
その場合には彼がどのパズルをとり出すか…だ
あの男の場合は、適合するすべてのパズルが取り出されちゃったから問題なんだよ
いいかい？言い換えてみればね
番人がどのパズルを取り出すか…とはどのパズルを取り出さないか…と言うことに等しい
つまり「どれだけ忘れられるのか？」ということでもある！

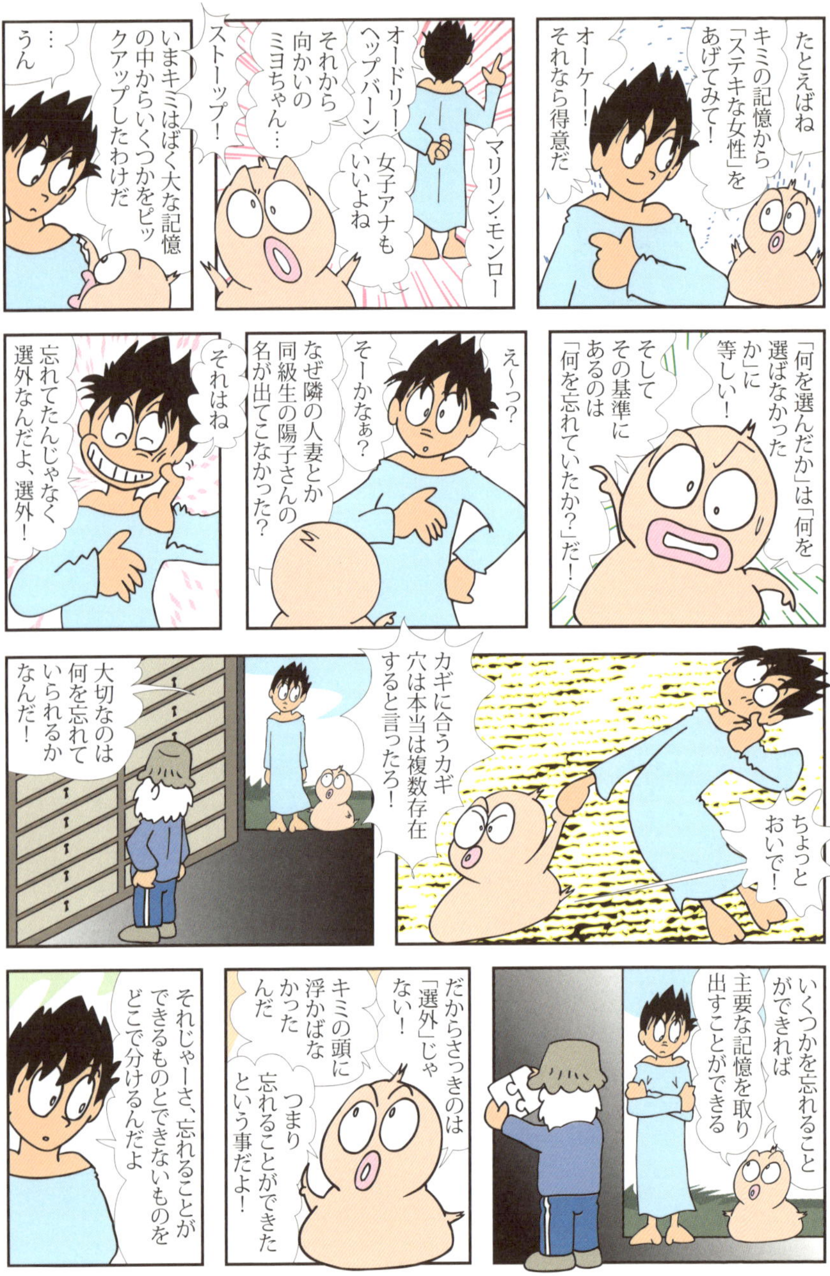
たとえばね
キミの記憶から「ステキな女性」をあげてみて!
オーケー! それなら得意だ
マリリン・モンロー
オードリー・ヘップバーン
女子アナもいいよね
それから向かいのミヨちゃん…
ストーップ!
いまキミはばく大な記憶の中からいくつかをピックアップしたわけだ
…うん
「何を選んだか」は「何を選ばなかったか」に等しい!
そしてその基準にあるのは「何を忘れていたか?」だ!
え~っ?
そーかなぁ? なぜ隣の人妻とか同級生の陽子さんの名が出てこなかった?
それはね
忘れてたんじゃなく選外なんだよ、選外!
ちょっとおいで!
カギに合うカギ穴は本当は複数存在すると言ったろ!
大切なのは何を忘れていられるかなんだ!
いくつかを忘れることができれば主要な記憶を取り出すことができる
だからさっきのは「選外」じゃない! キミの頭に浮かばなかったんだ
つまり忘れることができたという事だよ!
それじゃーさ、忘れることができるものとできないものをどこで分けるんだよ

答えはふたつある
記憶にのぼるものとは…
オーケー
ひとつは感情を伴っている場合。これはさんざん話した
そしてもうひとつは彼、番人の好み、つまり「個性」というわけだ
そうかあ…
キミに牛耳られてるわけだったのかぁ…
ね、
さっきはどうして
「同級生の陽子さん」を忘れてたのか教えてよ
ん？
こいつ…
ボクだよ！
そうだよ
きまってんじゃん！
彼はキミのエーテル、つまり「土《ど》」の要素なんだから！
だからね
「個性」とは自分の記憶が作っているとも言えるんだよ
なかでも「何を忘れることができるか」！
これが個性を作っていくことになる
これは五行で言うと「土《ど》」から「水《すい》」の段階だ
「土《ど》」は今の番人のようなエーテルだし、「水《すい》」はキミの個性つまり「自我」を象徴するんだ
「木」《もく》
「火」《か》
「土」《ど》
「金」《きん》
「水」《すい》

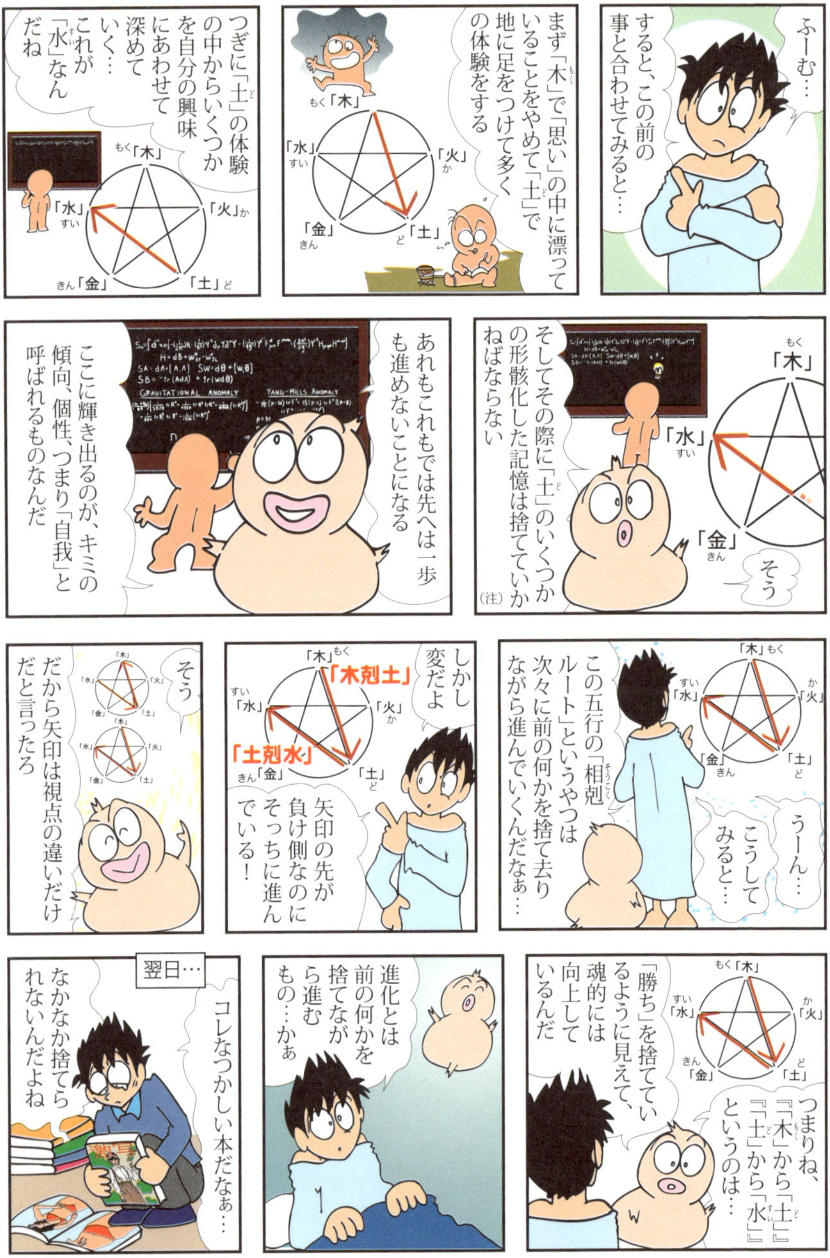

ふーむ…
すると、この前の事と合わせてみると…
まず「木《もく》」で「思い」の中に漂っていることをやめて「土《ど》」で地に足をつけて多くの体験をする
もく「木」 「火」か 「水」すい 「金」きん 「土」ど
つぎに「土《ど》」の体験の中からいくつかを自分の興味にあわせて深めていく…これが「水《すい》」なんだね
もく「木」 「火」か 「水」すい 「金」きん 「土」ど
そしてその際に「土《ど》」のいくつかの形骸化した記憶は捨てていかねばならない
(注)
そう
もく「木」 「水」すい 「金」きん
あれもこれもでは先へは一歩も進めないことになる
ここに輝き出るのが、キミの傾向、個性、つまり「自我」と呼ばれるものなんだ
GRAVITATIONAL ANOMALY
YANG-MILLS ANOMALY
この五行の「相剋《そうこく》ルート」というやつは次々に前の何かを捨て去りながら進んでいくんだなぁ…
うーん…
こうしてみると…
「木」もく 「火」か 「水」すい 「金」きん 「土」ど
しかし変だよ
矢印の先が負け側なのにそっちに進んでいる!
「木剋土」
「土剋水」
「木」もく 「火」か 「水」すい 「金」きん 「土」ど
そう
だから矢印は視点の違いだけだと言ったろ
つまりね、『木《もく》』から『土《ど》』『土《ど》』から『水《すい》』というのは…
「勝ち」を捨てているように見えて、魂的には向上しているんだ
もく「木」 「火」か 「水」すい 「金」きん 「土」ど
進化とは前の何かを捨てながら進むもの…かぁ
翌日…
コレなつかしい本だなぁ…
なかなか捨てられないんだよね

check! 「木」「土」がつながって生じた記憶から取捨選択されて知識が生じ、個性ができあがっていく。この「個性」とは「自我」であり、五行では「水」に象徴される。

(注) この際、捨てようとする力として「金」が介在する。「火」の章第 115 話 112 ページ参照。

30　なぜキレるのか？

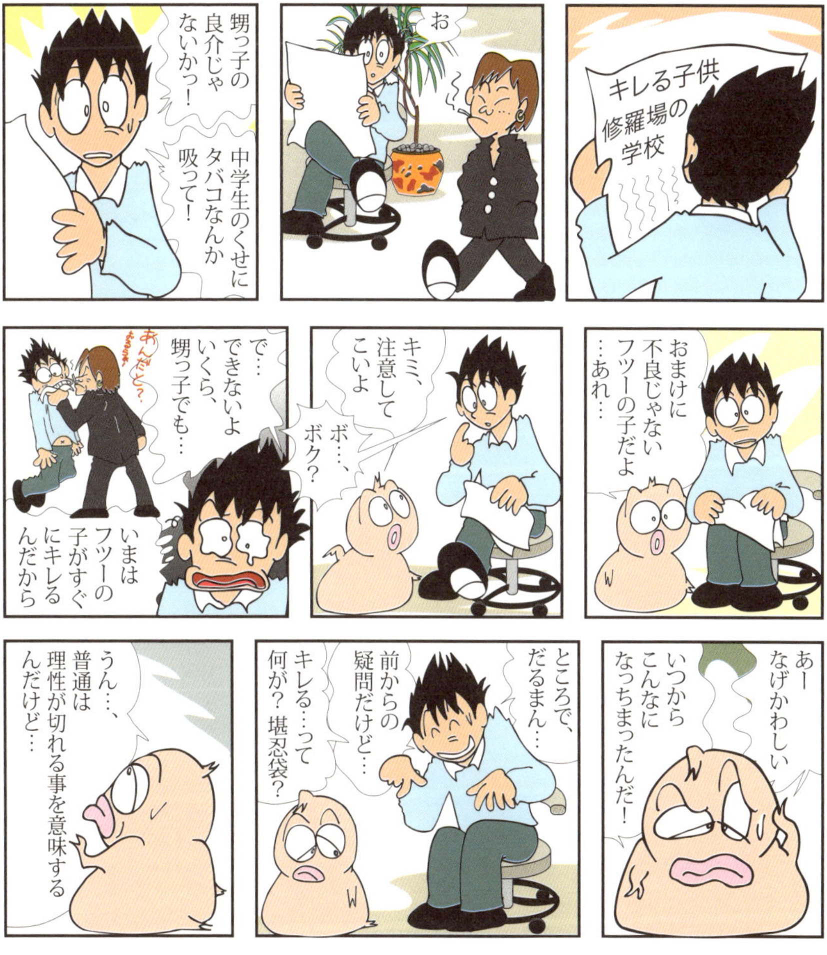

キレる子供
修羅場の
学校
お
甥っ子の良介じゃないかっ!
中学生のくせにタバコなんか吸って!
おまけに不良じゃないフツーの子だよ
…あれ…
キミ、注意してこいよ
ボ…、ボク?
で…できないよいくら、甥っ子でも…
あんだとっ?
いまはフツーの子がすぐにキレるんだから
あーなげかわしい
いつからこんなになっちまったんだ!
ところで、だるまん…
前からの疑問だけど…
キレる…って何が? 堪忍袋?
うん…、普通は理性が切れる事を意味するんだけど…

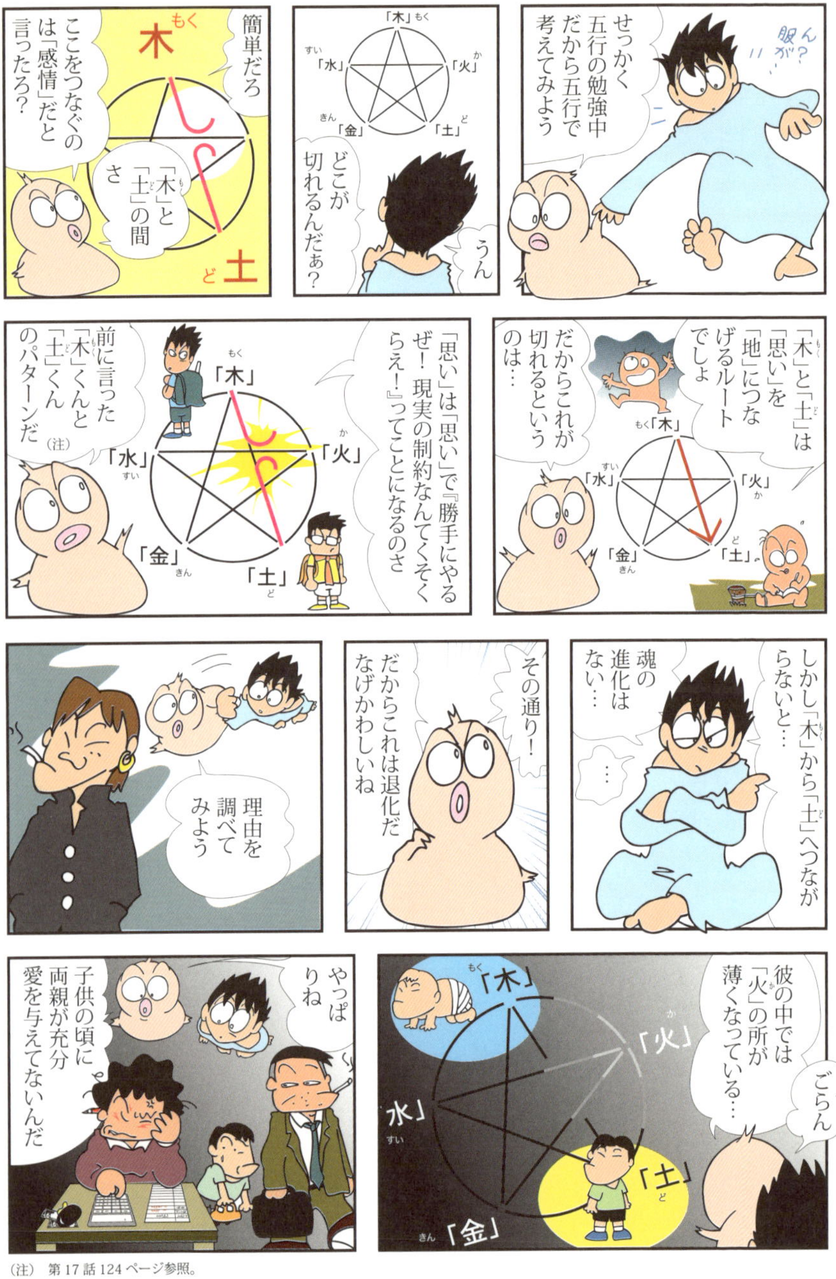

せっかく五行の勉強中だから五行で考えてみよう
「木」もく
「火」か
「土」ど
「金」きん
「水」すい
うん
どこが切れるんだぁ？
簡単だろ
「木《も》」と「土《ど》」の間さ
ここをつなぐのは「感情」だと言ったろ？
木 もく
土 ど
「木《もく》」と「土《ど》」は「思い」を「地」につなげるルートでしょ
だからこれが切れるというのは…
「思い」は「思い」で『勝手にやるぜ！ 現実の制約なんてくそくらえ！』ってことになるのさ
前に言った「木《もく》」くんと「土《ど》」くんのパターンだ（注）
しかし「木《もく》」から「土《ど》」へつながらないと…
魂の進化はない…
…
その通り！
だからこれは退化だなげかわしいね
理由を調べてみよう
彼の中では「火《か》」の所が薄くなっている…
ごらん
やっぱりね
子供の頃に両親が充分愛を与えてないんだ

（注） 第17話124ページ参照。

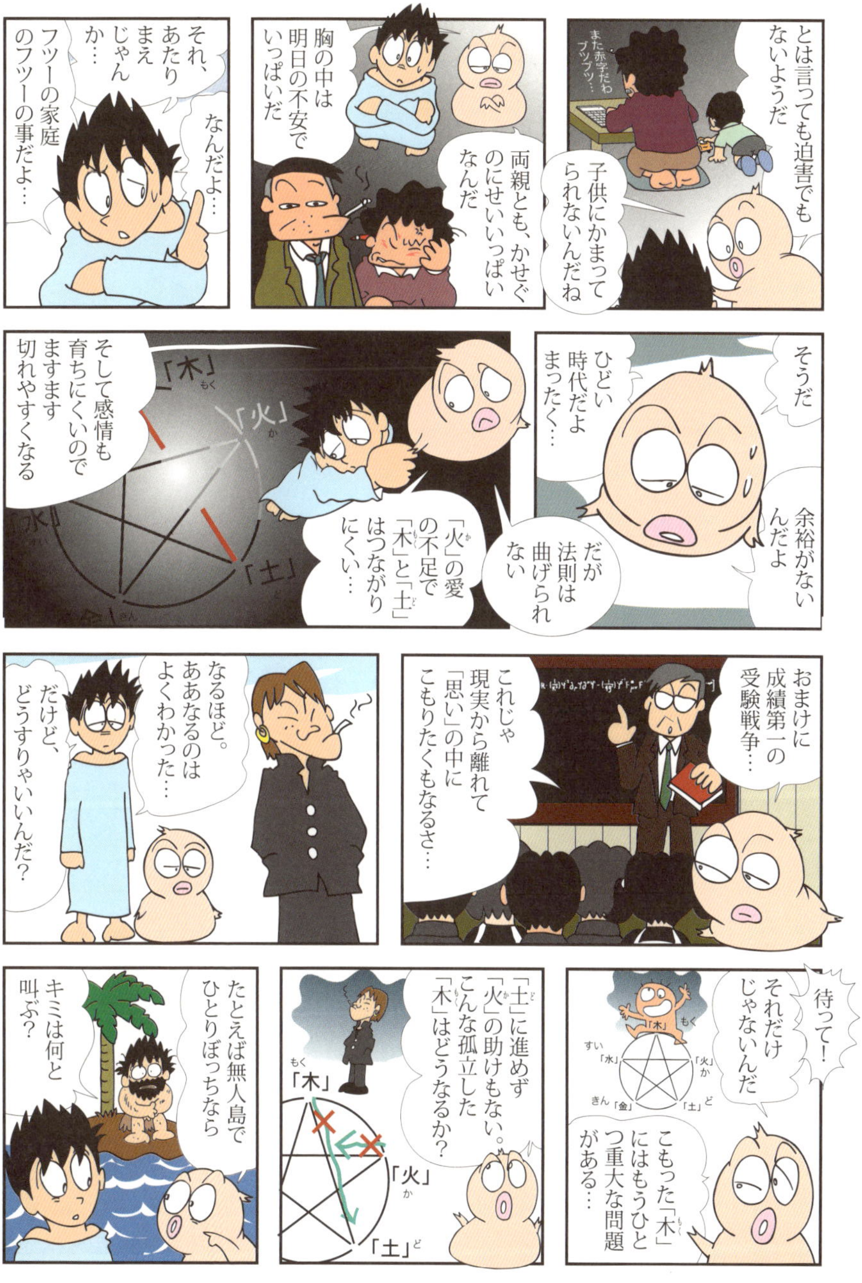

とは言っても迫害でもないようだ
また赤字だわ ブツブツ…
子供にかまってられないんだね
両親とも、かせぐのにせいいっぱいなんだ
胸の中は明日の不安でいっぱいだ
なんだよ…
それ、あたりまえじゃんか…
フツーの家庭のフツーの事だよ…
そうだ
ひどい時代だよまったく…
余裕がないんだよ
だが法則は曲げられない
「火《か》」の愛の不足で「木《もく》」と「土《ど》」はつながりにくい…
そして感情も育ちにくいのでますます切れやすくなる
「木」もく
「火」か
「土」ど
「水」すい
「金」きん
おまけに成績第一の受験戦争…
これじゃ現実から離れて「思い」の中にこもりたくもなるさ…
なるほど。ああなるのはよくわかった…
だけど、どうすりゃいいんだ?
待って!
それだけじゃないんだ
「木」もく
「水」すい
「火」か
「金」きん
「土」ど
こもった「木《もく》」にはもうひとつ重大な問題がある…
「土《ど》」に進めず「火《か》」の助けもない。こんな孤立した「木《もく》」はどうなるか?
もく「木」
「火」か
「土」ど
たとえば無人島でひとりぼっちなら
キミは何と叫ぶ?

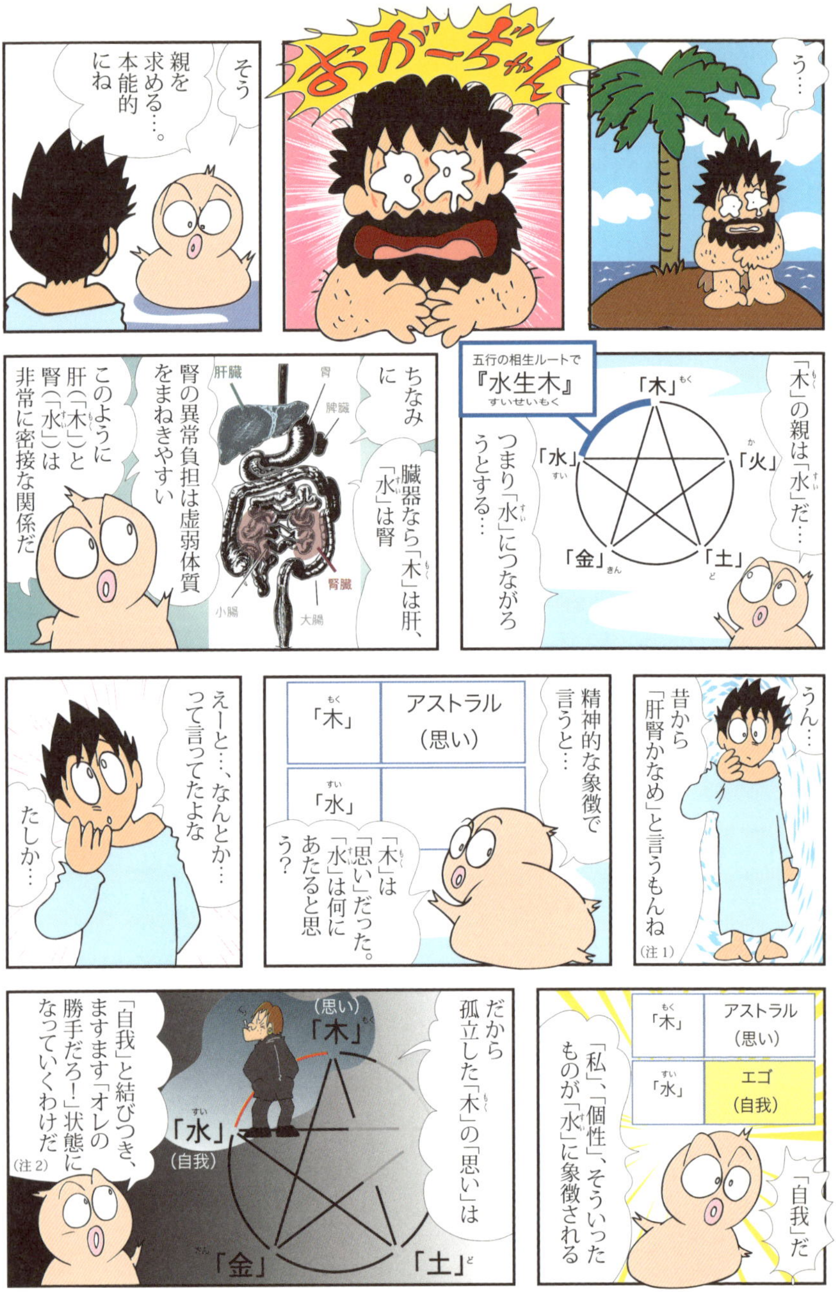
う…
おかーちゃん
そう
親を求める…。本能的にね
「木《もく》」の親は「水《すい》」だ…
五行の相生ルートで
『水生木《すいせいもく》』
「木」もく
「火」か
「土」ど
「金」きん
「水」すい
つまり「水《すい》」につながろうとする…
ちなみに
臓器なら「木《もく》」は肝、「水《すい》」は腎
肝臓
胃
脾臓
腎臓
小腸
大腸
腎の異常負担は虚弱体質をまねきやすい
このように肝（「木《もく》」）と腎（「水《すい》」）は非常に密接な関係だ
うん…
昔から「肝腎かなめ」と言うもんね
（注1）
精神的な象徴で言うと…
「木《もく》」
アストラル（思い）
「水《すい》」
「木《もく》」は「思い」だった。「水《すい》」は何にあたると思う？
えーと…、なんとか…って言ってたよな
たしか…
「木《もく》」
アストラル（思い）
「水《すい》」
エゴ（自我）
「自我」だ
「私」、「個性」、そういったものが「水《すい》」に象徴される
だから孤立した「木《もく》」の「思い」は
（思い）
「木」もく
「水」すい
（自我）
「金」
「土」ど
「自我」と結びつき、ますます「オレの勝手だろ！」状態になっていくわけだ
（注2）

（注1）「肝心」とも書く　（注2）エゴイズム。エゴのインフレーション状態。性的にはナルシシズムにも至る。社会心理学者エーリッヒ・フロムはこれを悪に至る一要因としている。五行的にはこのとき「土」への力が働くが「土」の章にて詳しい。

これがひどくなると
他人の痛みなど全く眼中になくなる
殺人すら平気になるんだ
う…
だるまん！
なんとかしてよ！
殺人犯にしないでよぉっ！
…
陽が沈むね…
な…
なにっ？
そ…そーじゃなくってさ！
陽の沈む方向は何だった？
西だけど…
西は「金《きん》」。
もく「木」
「水」すい
「火」か
「金」きん
「土」ど
ごらん後はもう「金《きん》」しかない
五行の相剋ルートで
「金剋木」
きんこくもく
もく「木」
「水」すい
「火」か
きん「金」
ど「土」
そして
「金剋木」だ。暴発した「木《もく》」を抑えるのはもはや「金《きん》」しか居ない
じゃっ！
「金《きん》」って何よっ！教えてくれよ早く
え？

陽が沈んだね…
…
早く教えろよおっ!
なんだよぉう…
たのむようおっ!
こんなんじゃ困るんだよおっ
それだっ
涙なんだよっ
なみだぁ?
西は陽の沈む所
せつなさ、さみしさ、そして…
「金《きん》」は西…
すべてを洗い流す涙なんだ
洗い流すということは捨て去ることでもある
「金《きん》」にはそんな排泄の意味がからんでいるんだ
彼にもいずれそうした自浄の日が来る…
その時すごい悔悟の念が押し寄せて…
涙と共に「木《もく》」をたたきつぶすんだ
「木」もく
「水」すい
「金」きん
「土」ど
五行の相剋ルートで
「金剋木」
きんこくもく
そうして、「木《もく》」からの再出発が始まる…
「木」もく
「火」か
「金」きん
…
その日を待つんだね…
待つのも愛のうちだからね…

check! 「木」「土」間がキレると「木」の「思い」は「水」の「自我」と結びつき、自我が膨張したエゴイストになりやすい。これを解消するのは「金」の排泄作用であり、五行では「金剋木」で説明される。

解説

スターウォーズに見る陰陽《いんよう》五行《ごぎょう》

ここでは、ちょっと視点を変えて映画『スターウォーズ』初期六部作に表れている陰陽五行を眺めてみたい。言わずと知れた有名な映画なので、興味深い方も多いと思う。この映画は監督のルーカスが陰陽五行に造詣が深いのではないかと思えるほどに、見事な内容になっている。

まずは、前三作と後三作という構成が易《えき》と同じ陰陽六爻《こう》になっており、正しいジェダイとダークサイドに墜ちたジェダイという陰陽の構成もはっきりしている。さらには、どちらもかならず師匠と弟子が二人で行動するという行動パターンまでが陰陽の相対性に適合している。内容的には、後からできた前三部がダークサイドに墜ちた父親アナキン（ダースベイダー）の物語であり、その十年前に公開された後三部が息子ルークの物語であることはよく御存じだと思う。

前三部のアナキン編では、彼がダークサイドに陥るまでの過程が五行相生《そうせい》ルート（「水《すい》」、「木《もく》」、「火《か》」、「土《ど》」、「金《きん》」）で進んでいる。ジェダイのマスターであるヨーダが少年のアナキンに出会った時、彼には恐怖があり、それは怒りにつながると言う。恐怖は「水《すい》」で怒りは「木《もく》」だ。この時点で相生《そうせい》ルートの進行が予言がされているのだ。やがて事実、成長したアナキンは母が土着民のサンドピープルに拉致されたことをきっかけに怒りを爆発させ、大量殺人を行ってしまう。これが「木《もく》」。その後、ジェダイの掟に反してアミダラを妻に迎えるが、その愛は「火《か》」。しかし、愛はそれを失う恐怖を背後に持つ（「火《か》」の背後にあるのが「水《すい》」）ことに悪の帝王は目をつけ、彼を破滅させる。こうして至ったダークサイドとは、邪の停滞しやすい「土《ど》」的世界観に一致する。「土《ど》」はそこから脱出するにはかなりの抵抗を伴うもので（第二巻「土《ど》」の章に詳しい）、アナキンはもとの師匠であるオビワンとの決闘の末、大やけどを負い皮膚呼吸のできない体になる。呼吸は「金《きん》」であり、ダースベイダーとなった彼はまさに「金神《こんじん》（「火《か》」の章参照）」のような悪魔性を持った存在となる。

後三部のルーク編では相剋《そうこく》ルート（「木《もく》」、「土《ど》」、「水《すい》」の順。「木《もく》」と「土《ど》」の間で触媒的に「火《か》」が介入し、「土《ど》」と「水《すい》」の間で触媒的に「金《きん》」が介入）で展開していく。若さゆえに暴発しがちなルークは自分が何者であるかも知らぬままに巨悪に挑むが、これは「木《もく》」。そしてハンソロなどの友人の助けがあるが、これが「木《もく》」から「土《ど》」に至る間の「火《か》」の触媒に相当する。やがて帝国の巨大さという現実に向き合うとともに辺鄙《へんぴ》な惑星での修行に入るのは、人生の学生時代である「土《ど》」に一致する。この時、師ヨーダは彼に洞窟の中で、彼の中にある父ダースベイダーの姿を見せるくだりがあるが、これはまさに「土《ど》」がその内側に影を持つという二面性（「土《ど》」の章に詳しい）を象徴している。父親がダースベイダーであるかもしれないという認めたくない現実に直面したルークが、自らの片腕を犠牲にしてまで受け入れるに至るのが「土《ど》」から「水《すい》」の間に介入する「金《きん》」に当たる。こうして独り立ちしたルークは「水《すい》」となるが、「水《すい》」にはエゴに陥りやすいという大きな欠点がある。最後の決戦の時、悪の帝王はまさにこれを利用しようとする。「おまえの方が強い。父に代わって我に仕えよ。父を殺せ」。彼はそのように誘惑する。しかしルークは「水《すい》」の欠点に陥ることなく、相剋《そうこく》ルートの次の道である「火《か》」の方を見ようとする。すなわち我を越えた本当の愛である。彼は、そのことを捨て身で父のダースベイダーに訴える。そしてベイダーはついにダークサイドを捨て、悪の帝王を葬る道を選ぶのである。しかし、それは同時に彼の死をも意味していた。彼の生命は閉じるが、後に息子ルークの前に輝くアナキンの姿の霊体で復活するのである。

五行の相生《そうせい》ルートとは放っておいても進む道筋であり、相剋《そうこく》ルートは抵抗を伴うが魂的には進化の道筋である（一一七ページ）と述べているが、この父子の物語にそれがそのまま表れているのにお気づきになるだろうか。相《そう》剋《こく》ルートを生きた息子のルークは、相生《そうせい》ルートで流されるがままに生きた父の過ちまで救うに至るのである。

参考文献

東洋医学講座　小林三剛（著）　自然社　1979〜1981
1　基礎編
2　肝臓・心臓編
3　脾臓・肺臓・腎臓編
6　取穴編
7　病因編
8　臨床心理編
9　診断編
10　経絡積聚治療編
11　病症治療編1
15　気学九星編1

健康のメカニズム　織田啓成（著）　たにぐち書店　1998
東洋的生命観と学問〔新しい生命学をさぐる〕　石川三男（著）　三信図書　1983
免疫の意味論　多田富雄（著）　青土社　1993
陰陽五行説〔その発生と展開〕　根本幸夫　根井義智（著）　薬業時報社　1991
陰陽五行と日本の民俗　吉野裕子（著）　人文書院　1983
元型論　C．G．ユング（著）　林道義（訳）　紀伊國屋書店　1999
個性化とマンダラ　C．G．ユング（著）　林道義（訳）　みすず書房　1991
ユングと東洋（上・下）　湯浅泰雄（著）　人文書院　1989
ナルシシズムという病い　A．ローウェン（著）　森下伸也（訳）　新曜社　1990
岩波心理学小辞典　宮城音弥（著）　岩波書店　1985
悪について　エーリッヒ・フロム（著）鈴木重吉（訳）　紀伊國屋書店　1965
記憶は嘘をつく　ジョン・コートル（著）石山鈴子（訳）　講談社　1997
化学の結婚　ヨーハン・ヴァレンティン・アンドレーエ（著）種村季弘（訳）　紀伊國屋書店　1993

易学大講座1〜8　加藤大岳（著）　紀元書房　1992〜1994
プラトンと五重塔〔かたちから見た日本文化史〕　宮崎興二（著）人文書院　1987
驚異の小宇宙・人体1〜6　NHK取材班／編　日本放送出版協会　1989
故宮1〜3〔至宝が語る中華五千年〕　陳舜臣　阿辻哲次（著）　NHK出版　1996〜97
図説・金枝篇　J．J．フレイザー（著）内田昭一郎　吉岡晶子（訳）　東京書籍　1994
人間アナーキー　コリーヌ・ブレ（編著）　2002　モジカンパニー
日本の神様読み解き辞典　川口謙二（編）　1999　柏書房
神智学大要1エーテル体 2アストラル体 3メンタル体 4コーザル体　アーサー・E．パウエル（編著）仲里誠桔（訳）　たま出版　1981〜1983
ミトラ神学〔古代ミトラ教から現代神智学へ〕　東条真人（著）　国書刊行会　1996
医師の神霊研究30年　C．A．ウイックランド（著）　田中武（訳）　日本神霊科学協会　1983
チャクラ・異次元への接点　本山博（著）　宗教心理学研究所　1978
神殿伝説と黄金伝説　R．シュタイナー（著）高橋巖（訳）　国書刊行会　1997
オカルト生理学　R．シュタイナー（著）高橋巖（訳）　イザラ書房　1989
シュタイナーコレクション　R．シュタイナー（著）高橋巖（訳）筑摩書房　2003〜2004
1　子どもの教育
2　内面への旅
3　照応する宇宙
4　神々との出会い
5　イエスを語る
6　歴史を生きる
7　芸術の贈りもの
シュタイナー用語辞典（新装版）　西川隆範（著）　風濤社　2008

マンガで解るシリーズNo.1
だるまんの陰陽五行
「木」の章　ココロの不思議を測るの巻

平成21年6月25日 初版印刷
平成21年7月15日 初版発行
平成27年4月10日 初版第2刷発行

著　者：堀内信隆
発行者：佐藤公彦
発行所：株式会社 三冬社
〒104-0028
東京都中央区八重洲2-11-2 城辺橋ビル
TEL 03-3231-7739 FAX 03-3231-7735

印刷・製本／中央精版印刷株式会社
◎落丁・乱丁本は本社または書店にてお取り替え致します。
◎定価はカバーに表示してあります。
 ISBN978-4-904022-52-8